U0076566

重點整理、有效學習！

高中化學

二見總研

二見太郎／著

陳朕疆／譯

前言

我撰寫這2本書的目的，是為了幫助第一次接觸高中「化學基礎」與「化學」的同學們更有效率地學好這些課程。

第1本《高中基礎化學》的主題是化學理論（化學鍵、基本計算、酸鹼、氧化還原），第2本的《高中化學》除了提到化學理論（化學平衡等）之外，也會講到無機化學、有機化學、高分子化合物以及各種物質的性質。

書中有許多插圖，如果一直盯著文字會讓你疲勞的話，不妨簡單看過一張張插圖，先大概了解就好。

閱讀本書時，基本上建議從頭開始看起。不過，書中說明淺顯易懂，所以就算從中間看起也可以理解內容。

另外，各章節中的「速成重點！」會列出特別需要注意的要點。如果你能在看到「速成重點！」的同時，回想起學過的內容，就表示你已經掌握這些內容了。

希望透過這2本書能夠幫助各位提升化學能力。讓我們一起加油吧！

二見總研
二見太郎

本書特色與使用方式

本書為日本高中課程中「化學」的參考書。
為了讓學生們「更有效率的學習化學」，因此會用淺顯易懂的方式說明化學原理。
不管是學校課程的預習、複習，還是準備大考，本書都可以幫到你的忙。

💡 速成重點！

各章節中需特別注意的重點。先記住這些
重點，學習本章內容時會更有效率。也可
做為考試前的重點複習。

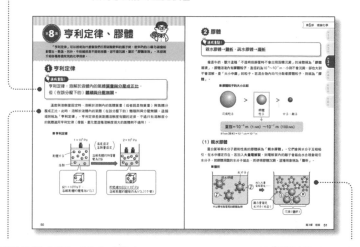

詳細說明「速成重點」的內容。這裡會
用上色的文字或粗體字來強調重要的
專有名詞。

這些簡單明瞭的示意圖，可以
幫助你直觀理解化學現象。

在講到計算的章節中，會準備練習用的例題。透過例題的解題過程就可以
熟悉各種計算方法。

這些皆為與內文相關的「了解就會很有幫助的內容」或「稍微艱深一些的內
容」。閱讀之後，有助於拓展知識的深度及廣度。特別是「延伸」的部分，
雖然有些超出課程綱要的範圍，但透過這些內容就能夠更加掌握知識的脈
絡。

CONTENTS

前言 ……………………………………………………………… 2

本書特色與使用方式 ……………………………………………… 3

第1編 理論化學

第1章 化學鍵與結晶 …………………………………… 7

第1講 晶格 ……………………………………………………… 8

第2章 氣體 ……………………………………………… 19

第2講 波以耳定律與查理定律 ………………………………… 20
第3講 理想氣體狀態方程式 …………………………………… 23
第4講 蒸氣壓與相圖 …………………………………………… 27
第5講 理想氣體與實際氣體 …………………………………… 32

第3章 溶液 ……………………………………………… 35

第6講 溶液、溶解度 …………………………………………… 36
第7講 稀薄溶液的性質 ………………………………………… 42
第8講 亨利定律、膠體 ………………………………………… 50

第4章 物質與能量 ……………………………………… 57

第9講 熱化學方程式 …………………………………………… 58
第10講 赫斯定律 ……………………………………………… 65
第11講 反應速率 ……………………………………………… 68

第5章 化學平衡 ………………………………………… 73

第12講 化學平衡 ……………………………………………… 74
第13講 解離常數 ……………………………………………… 83
第14講 緩衝液 ………………………………………………… 90
第15講 溶度積 ………………………………………………… 92

第6章 電池與電解 97

　第16講 電池 98

　第17講 電解 102

2 無機化學

第1章 無機化學簡介 109

　第18講 元素分類 111

第2章 無機化學超常考的3大主題 115

　第19講 氣體製造方法與性質 116

　第20講 金屬離子的性質 137

　第21講 無機化學工業 151

第3章 非金屬元素、金屬元素 159

　第22講 非金屬元素 160

　第23講 金屬元素 176

3 有機化學

第1章 有機化學簡介 187

　第24講 有機化學基礎 188

第2章 脂肪族化合物 199

　第25講 脂肪族化合物Ⅰ 200

　第26講 脂肪族化合物Ⅱ 222

　第27講 脂肪族化合物Ⅲ 243

第**3**章 芳香族化合物 ································· 255

第28講 芳香族化合物 I ································· 256
第29講 芳香族化合物 II ································· 266

4 高分子化合物

第**1**章 天然高分子化合物 ························· 287

第30講 醣類（碳水化合物） ····················· 288
第31講 胺基酸、蛋白質 ·························· 306
第32講 核酸 ····································· 324

第**2**章 合成高分子化合物 ························· 329

第33講 加成聚合與縮合聚合 ····················· 330
第34講 塑膠 ····································· 342
第35講 功能性高分子化合物 ····················· 348

第**3**章 高分子化合物與人類生活 ··············· 355

第36講 橡膠 ····································· 356
第37講 纖維 ····································· 361

索引 ··· 364

第**1**章

化學鍵與
結晶

晶格 **p.8**

第 1 講 晶格

當粒子（原子、離子等）依照一定規則排列，就會形成結晶。「晶格」，特別是金屬結晶中的原子排列中，最小單位稱為「單位晶格」。以下將說明晶格中，原子半徑、配位數等「題目常問數值」的計算方式。

 金屬結晶的晶體結構

（1）金屬結晶的晶格

速成重點！

面心立方晶格與體心立方晶格的「**單位晶格**」為「**立方體**」。

金屬結晶中的原子排列，主要可以分成「**面心立方晶格**」、「**體心立方晶格**」、「**六方最密堆積**」等3種。這些立體的原子排列結構稱為「**晶格**」，而最小的重複單位稱為「**單位晶格**」。

■ **金屬結晶的原子排列**

單位晶格

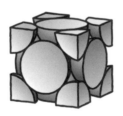 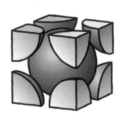 

面心立方晶格的單位晶格　　體心立方晶格的單位晶格　　六方最密堆積

什麼是「晶格」？

看過「方格圖樣」嗎？許多縱線與許多橫線交錯，可形成許多「正方形」，這就是方格圖樣。結晶為立體圖形，所以「晶格」的單位——單位晶格一般為「立方體」[※]。

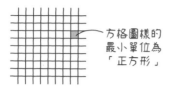

方格圖樣的
最小單位為
「正方形」

晶格的最小單位
（單位晶格）
為「立方體」

※如前頁所述，六方最密堆積的單位晶格並非立方體。

（2）粒子（原子）的計數方式

首先要說明的是如何計算面心立方晶格與體心立方晶格等立方體晶格內的粒子數。單位晶格內若有一整顆粒子，需算成「**1個**」粒子。在面上的粒子亦同時存在於相鄰晶格，故需算成「$\frac{1}{2}$ **個**」。同樣的，在邊上的粒子需算成「$\frac{1}{4}$ **個**」；在頂點上的粒子需算成「$\frac{1}{8}$ **個**」。

■ **粒子的記數方式**

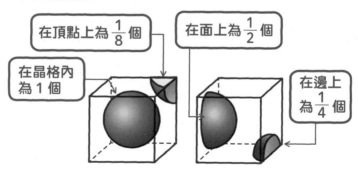

在頂點上為 $\frac{1}{8}$ 個

在面上為 $\frac{1}{2}$ 個

在晶格內
為 1 個

在邊上
為 $\frac{1}{4}$ 個

六方最密堆積的單位晶格粒子記數法，將於p.15中說明。

（3）面心立方晶格

① 單位晶格內的原子數

面心立方晶格的單位晶格中，含有**4個原子**。

　　若有1個原子正好位於單位晶格的面（正方形）的中央，就是所謂的「**面心立方晶格**」。單位晶格有6個面，8個頂點，故單位晶格內的原子數為

$$\frac{1}{2}×6+\frac{1}{8}×8=3+1=\textbf{4〔個〕}$$

■面心立方晶格的單位晶格結構

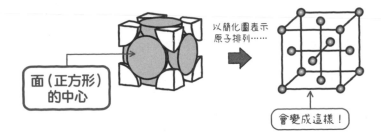

以簡化圖表示原子排列……

面（正方形）的中心

會變成這樣！

② 原子半徑

設面心立方晶格中，單位晶格的邊長為a，

原子半徑為$\dfrac{\sqrt{2}}{4}a$

　　設單位晶格的邊長為a，考慮正方形的對角線長度，可將原子半徑r表示如下。

$$\sqrt{2}\,a=4r$$

$$r=\frac{\sqrt{2}}{4}a$$

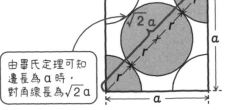

由畢氏定理可知
邊長為a時，
對角線長為$\sqrt{2}a$

③ 配位數

速成重點!

面心立方晶格中，1個原子**與12個原子相鄰**。

與1個原子相鄰的原子數稱為「**配位數**」。面心立方晶格中，1個原子「**與12個原子相鄰**」。

■ 考慮與「☆」原子相鄰的原子……

① 與4個位於面上的原子相鄰。
※圖中只有畫出3個，
不過背面還有1個!!

② 與4個位於頂點的原子相鄰。

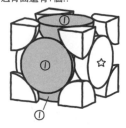

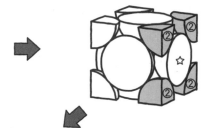

③ 「☆」的另一半在右邊的單位晶格內，而在這個單位晶格內，與①一樣和4個位於面上的原子相鄰。
（標有②的4個原子已經算過了，所以這裡不再重複計算）

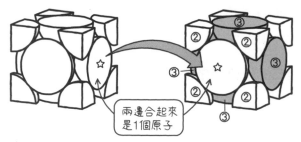

兩邊合起來是1個原子

綜上所述，與「☆」原子相鄰的原子數共有4＋4＋4＝12〔個〕。
　　　　　　　　① ② ③

④ 填充率

原子體積佔單位晶格體積的比例，稱為**填充率**。設單位晶格的邊長為a，原子半徑為r，則原子體積為$\frac{4}{3}\pi r^3$（π為圓周率：$\pi = 3.14\cdots$），單位晶格內有4個原子，故填充率為

$$\frac{\frac{4}{3}\pi r^3 \times 4}{a^3} \times 100 = \frac{\frac{4}{3}\pi \left(\frac{\sqrt{2}}{4}a\right)^3 \times 4}{a^3} \times 100$$

$$= \frac{\sqrt{2}}{6}\pi \times 100$$

$$= \frac{1.41}{6} \times 3.14 \times 100 \fallingdotseq \mathbf{74}\,(\%)$$

74%是填充率的最大值。原子堆積排列時一定會產生空隙，而74%就是堆積得最緊密時的填充率。

鋁（**Al**）與銅（**Cu**）都是面心立方晶格。

（4）體心立方晶格

① 單位晶格內的原子數

若有1個原子正好位於單位晶格（立方體）的正中央，就是所謂的「**體心立方晶格**」。單位晶格的中心有1個原子，另有8個頂點，故單位晶格內的原子數為

$$1 + \frac{1}{8} \times 8 = 1 + 1 = \mathbf{2}\,(個)$$

第1部 理論化學

第1章
第2章
第3章
第4章
第5章
第6章

■體心立方晶格的單位晶格結構

以簡化圖表示
原子排列……

體（立方體）
的中心

② 原子半徑

設面心立方晶格中，單位晶格的邊長為a，則

原子半徑為 $\dfrac{\sqrt{3}}{4}a$

設單位晶格的邊長為a，考慮立方體的對角線長度，可將原子半徑r表示如下。

$$\sqrt{3}\,a=4r$$

$$r=\frac{\sqrt{3}}{4}a$$

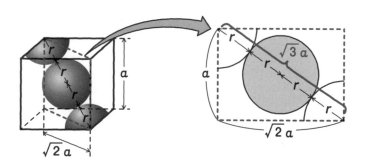

③ 配位數

體心立方晶格中，1個原子與8個原子相鄰。

體心立方晶格中，1個原子「**與8個原子相鄰**」。

8個頂點上的
原子皆與
中央原子相鄰

④ 填充率

體心立方晶格的**填充率為68%**。

設單位晶格的邊長為a，原子半徑為r，則原子體積為$\frac{4}{3}\pi r^3$（π為圓周率：$\pi = 3.14\cdots$），單位晶格內有2個原子，故填充率為

$$\frac{\frac{4}{3}\pi r^3 \times 2}{a^3} \times 100 = \frac{\frac{4}{3}\pi \left(\frac{\sqrt{3}}{4}a\right)^3 \times 2}{a^3} \times 100$$

$$= \frac{\sqrt{3}}{8}\pi \times 100$$

$$= \frac{1.73}{8} \times 3.14 \times 100 \fallingdotseq \mathbf{68}\,〔\mathbf{\%}〕$$

與面心立方晶格的74%相比，稍微小了一些。

鈉（Na）、鉀（K）、常溫的鐵（Fe）等都是體心立方晶格。

（5）六方最密堆積

① 單位晶格內的原子數

六方最密堆積的單位晶格中，含有**2個原子**。

第1章
第2章
第3章
第4章
第5章
第6章

如下圖所示，「**六方最密堆積**」由許多六角柱構成，每個六角柱內各有6個原子。

六角柱底面的一個內角為120°，上底的原子數共有

$$\left(1+\frac{1}{3}\times6\right)\times\frac{1}{2}=\frac{3}{2}〔個〕$$

下底的原子數也相同。

六角柱的中間還有3個原子，故整個六角柱的原子數

$$\frac{3}{2}\times2+3=6〔個〕$$

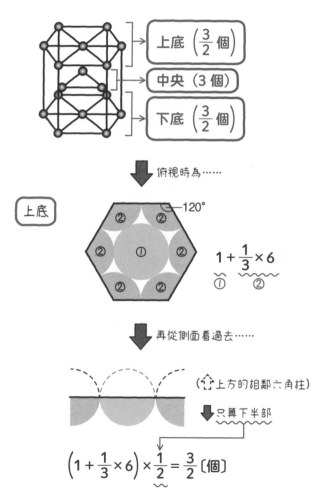

上底 $\left(\frac{3}{2}個\right)$

中央（3個）

下底 $\left(\frac{3}{2}個\right)$

俯視時為……

上底

——120°

$1+\frac{1}{3}\times6$

① ②

再從側面看過去……

（上方的相鄰六角柱）

只算下半部

$$\left(1+\frac{1}{3}\times6\right)\times\frac{1}{2}=\frac{3}{2}〔個〕$$

六方最密堆積的單位晶格相當於 $\frac{1}{3}$ 個六角柱。因此，單位晶格內的原子數為

$6 \times \frac{1}{3} = 2$〔個〕

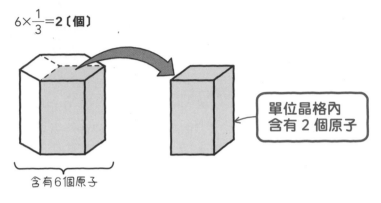

單位晶格內
含有 2 個原子

含有6個原子

② 配位數與填充率

六方最密堆積中，

• 1個原子**與12個原子相鄰**。

• **填充率為74%**，是最大值。

回到最初的六角柱。以位於上底正六邊形中央的原子為基準，由下圖可以看出，這個原子與3＋6＋3＝**12〔個〕原子**相鄰。

相鄰原子與面心立方晶格同樣是「12個」，填充率亦為**74%**。

鎂（Mg）就是六方最密堆積。

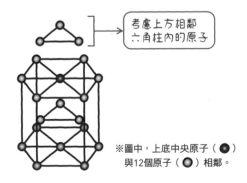

考慮上方相鄰
六角柱內的原子

※圖中，上底中央原子（●）
與12個原子（○）相鄰。

16

2 離子結晶的晶體結構

（1）氯化鈉（NaCl）的結晶結構

第1章

第2章

第3章

第4章

第5章

第6章

> 💡 速成重點！
>
> **氯化鈉**的結晶結構中，
> - 只看其中一種離子時，可以看到如「**面心立方晶格**」的結構。
> - 單位晶格中，含有鈉離子（**Na⁺**）與氯離子（**Cl⁻**）**各4個**。
> - 鈉離子與氯離子**彼此的配位數為6**。

　　氯化鈉結晶中，鈉離子與氯離子彼此交互排列。因為晶格內的粒子有2種，所以乍看之下，單位晶格好像很大。不過只看其中一種離子時，其實**排列方式和面心立方晶格完全相同**，單位晶格內含有鈉離子與氯離子**各4個**（前面有提到面心立方晶格中，單位晶格含有4個原子!!）。

■ **氯化鈉的結晶結構**

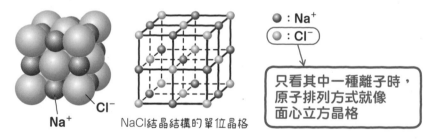

● : Na⁺
○ : Cl⁻

只看其中一種離子時，原子排列方式就像面心立方晶格

Na⁺　Cl⁻

NaCl結晶結構的單位晶格

　　此外，**1個鈉離子與6個（前後、左右、上下）氯離子相鄰**；同樣的，**1個氯離子與6個鈉離子相鄰**。

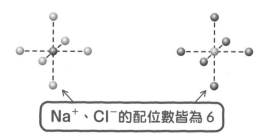

Na⁺、Cl⁻的配位數皆為 6

（2）氯化銫（CsCl）的結晶結構

氯化銫的結晶結構中，

- 原子排列如「**體心立方晶格**」。
- 單位晶格中，含有銫離子（Cs^+）與氯離子（Cl^-）**各1個**。
- 銫離子與氯離子**彼此的配位數為8**。

氯化銫的結晶結構中，銫離子（Cs^+）位於立方體中心，氯離子（Cl^-）位於立方體頂點。

■ **氯化銫的結晶結構**

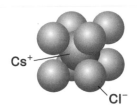 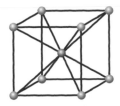

● : Cs^+
○ : Cl^-

CsCl結晶的單位晶格

單位晶格中有**1個**銫離子。8個頂點各有1個氯離子，故單位晶格內有 $\frac{1}{8} \times 8 = 1$〔個〕氯離子。1個銫離子與8個氯離子相鄰，故**銫離子的配位數**為「**8**」。

另外，考慮由8個單位晶格所組成的結構，每個位於頂點的氯離子也分別與8個銫離子相鄰，故**氯離子的配位數**亦為「**8**」。

第**2**章

氣體

第2講　波以耳定律與查理定律 ⋯⋯⋯⋯⋯⋯ p.20

第3講　理想氣體狀態方程式 ⋯⋯⋯⋯⋯⋯⋯ p.23

第4講　蒸氣壓與相圖 ⋯⋯⋯⋯⋯⋯⋯⋯⋯⋯ p.27

第5講　理想氣體與實際氣體 ⋯⋯⋯⋯⋯⋯ p.32

第 **2** 講 波以耳定律與查理定律

當壓力與溫度改變時，氣體的體積也會依照一定的「規律」跟著改變。以下將以代表性的波以耳定律、查理定律為核心，說明這些規律。

❶ 氣體的性質

氣體分子的動能**由氣體的溫度決定**。

氣體會以分子的狀態在空間中各自飛行。當氣體分子撞擊容器壁時，會產生「壓力」。

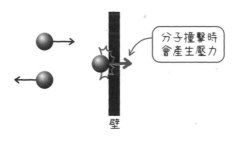

專欄 氣體分子的壓力與氣溫的關係

在物理課程中會提到，設氣體分子的質量為m，速度為v時，動量可表示為mv，動能則為$\frac{1}{2}mv^2$。

當氣體分子正面撞向容器壁，並以相同速度v反方向彈回時，動量變化為「$2mv$」。這個動量變化由容器壁造成，稱為「衝量」。這個衝量就是氣體壓力的來源。

■ **氣體分子動量與壓力的關係**

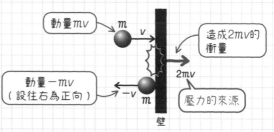

第**1**部 理論化學

第1章
第2章
第3章
第4章
第5章
第6章

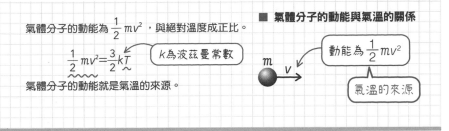

氣體分子的動能為 $\frac{1}{2}mv^2$，與絕對溫度成正比。

■ **氣體分子的動能與氣溫的關係**

$$\frac{1}{2}mv^2 = \frac{3}{2}kT$$

k為波茲曼常數

氣體分子的動能就是氣溫的來源。

動能為 $\frac{1}{2}mv^2$

氣溫的來源

2 波以耳定律

速成重點！

波以耳定律：**壓力與體積成反比。**

定量**理想氣體**（詳情將於第3講中說明）在溫度固定的情況下，「**氣體體積與壓力成反比**」。這又叫做「**波以耳定律**」（波以耳是發現者的名字）。舉例來說，當氣體的壓力變為2倍時，體積就會變成原來的 $\frac{1}{2}$。

■ **波以耳定律**

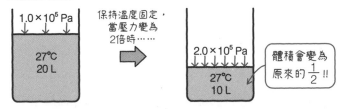

1.0×10^5 Pa

27℃
20 L

保持溫度固定，當壓力變為2倍時……

2.0×10^5 Pa

27℃
10 L

體積會變為原來的 $\frac{1}{2}$!!

溫度固定時

$$PV = 定值$$

壓力 體積

※ $\begin{cases} Pa（帕斯卡）：壓力單位 \\ L（公升）：體積單位 \end{cases}$

3 查理定律

速成重點！

查理定律：**絕對溫度與體積成正比**。

定量理想氣體在壓力固定的情況下，**「氣體體積與溫度（絕對溫度）成正比」**。這又叫做**「查理定律」**（查理是發現者的名字）。也就是說，氣體溫度變為2倍時，氣體體積也會變成2倍。

■查理定律

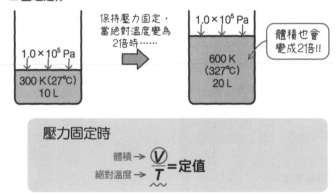

壓力固定時

體積 → V，絕對溫度 → T

$$\frac{V}{T}=\text{定值}$$

4 波以耳－查理定律

速成重點！

波以耳－查理定律：**壓力與體積的乘積，與絕對溫度成正比**。

對定量理想氣體而言，**「壓力與體積的乘積，與溫度（絕對溫度）成正比」**。這又叫做**「波以耳-查理定律」**，由前面提到的波以耳定律與查理定律組合而成。

$$\frac{PV}{T}=\text{定值}$$

溫度（T）固定時…… → $PV=$**定值**（波以耳定律）

壓力（P）固定時…… → $\frac{V}{T}=$**定值**（查理定律）

第3講 理想氣體狀態方程式

理想氣體的壓力、體積、物質量（莫耳數）、絕對溫度會滿足「狀態方程式」。方程式的重點在於連結各項的「氣體常數」。

1 理想氣體的狀態方程式

> 速成重點！
>
> 狀態方程式$PV = nRT$
> **包含了波以耳定律與查理定律。**

假設有一種氣體分子本身沒有體積、沒有分子間作用力，這種氣體就叫做「理想氣體」。設理想氣體的壓力為P、體積為V、物質量為n、氣體常數為R、絕對溫度為T，那麼關係式「$PV = nRT$」恆成立，稱為「理想氣體狀態方程式」。這個狀態方程式囊括了波以耳定律、查理定律、波以耳–查理定律。

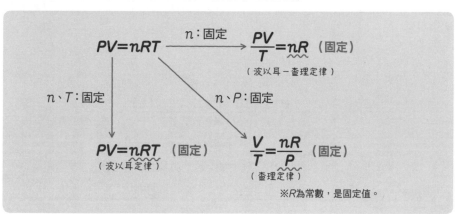

讓我們先來熟悉一下這裡用的單位。

首先，壓力的單位是Pa（帕斯卡），有時也會以hPa（百帕）或kPa（千帕）的形式出現。大氣壓的精確數值為101325 Pa，不過通常會取其概數表示為「1.013×10^5 Pa」。這裡的h是100倍（hecto-）的意思，k是1000倍（kilo-）的意思，故1.013×10^5 Pa＝1013 hPa＝101.3 kPa。

體積的單位是L（公升）。1 L為邊長10 cm的立方體體積。

物質量的單位是mol（莫耳）。這個應該沒問題吧。

這裡的溫度是絕對溫度。攝氏溫度為t〔℃〕時，絕對溫度$T = t + 273$〔K〕。單位為「K（克耳文）」。

$$PV = nRT$$
〔Pa〕〔L〕〔mol〕 〔K〕

氣體常數可以想成是「調整用」的數字。

其他物理量（壓力、體積、溫度、物質量）依照各自標準訂出單位，為了讓這些單位互通，需用到氣體常數R。以狀態方程式解出R，就可以得到氣體常數的單位了。

$$PV = nRT$$

$$\Rightarrow R = \frac{PV}{nT} \left(\frac{Pa \cdot L}{mol \cdot K} \right)$$

氣體常數的單位

標準狀態（0℃，1.013×10^5 Pa）下，無論氣體種類為何，1 mol氣體（視為理想氣體）的體積皆為22.4 L。將這些數字代入狀態方程式後，即可得到氣體常數的數值。

$$R = \frac{PV}{nT}$$

$$= \frac{1.013 \times 10^5 〔Pa〕 \times 22.4〔L〕}{1〔mol〕 \times 273〔K〕}$$

0℃

$$\fallingdotseq 8.3 \times 10^3 \left(\frac{Pa \cdot L}{mol \cdot K} \right)$$

💡 **速成重點！**

氣體常數R是為了讓其他物理量（壓力P、體積V、絕對溫度T、物質量n）的單位互通而定出的「**調整用**」數字。

2 混合氣體、分壓、總壓

速成重點！

分壓是假設「只有這種氣體」時的壓力。
總壓是各個分壓的總和，也就是「實際氣壓」。

2種以上的氣體經充分混合後，會得到**混合氣體**。混合氣體中，某種氣體的「**分壓**」指的是該成分氣體的壓力。

舉例來說，空氣中有80％的氮氣，20％的氧氣（皆為莫耳分率※），那麼在 1.0×10^5 Pa的房間中，氮氣的分壓為 8.0×10^4 Pa，氧氣的分壓為 2.0×10^4 Pa。也就是說，由「**總壓與莫耳分率的乘積（＝總壓×莫耳分率）**」可以求出各氣體的分壓。

※莫耳分率：混合物中各成分的物質量佔比。

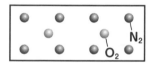

空氣

1.0×10^5 Pa

只看氮氣的話……

➡ **氮氣的分壓**

$P_{N_2} = 1.0 \times 10^5 \times 0.80 = 8.0 \times 10^4$ 〔Pa〕

N₂的莫耳分率

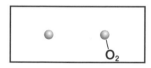

只看氧氣的話……

➡ **氧氣的分壓**

$P_{O_2} = 1.0 \times 10^5 \times 0.20 = 2.0 \times 10^4$ 〔Pa〕

O₂的莫耳分率

這裡有個重點，那就是各氣體「體積皆相同」。房間內每個角落都有氧氣（不然我們就會窒息），故房間體積等於氧氣體積，同樣也等於氮氣體積。溫度皆相同（這也不證自明。不可能出現「只有氮氣的溫度比較高」的情況），故分壓與物質量成正比。這表示我們可以從物質量的比例，求出氮氣與氧氣的分壓。

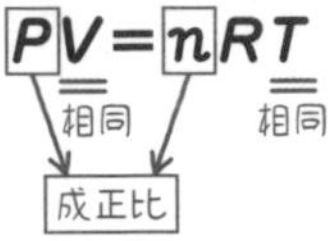

$$P\underset{\text{相同}}{V}=n\underset{\text{相同}}{R}T$$

成正比

　　再來，分壓的總和即為實際混合氣體的壓力，亦稱為「**總壓**」（**道耳吞分壓定律**）。若題目只有寫「壓力」的話，就是在問「總壓」。

$$P_{N_2}+P_{O_2}=\underset{\text{分壓的總和}}{8.0\times10^4\,(Pa)+2.0\times10^4\,(Pa)}$$

$$=\underset{\text{總壓}}{1.0\times10^5\,(Pa)}$$

第 4 講 蒸氣壓與相圖

1大氣壓下，水的沸點為100℃。不過水在常溫下也會自然蒸發，這也是為什麼洗完的衣物能自然風乾。水蒸氣的分壓稱為蒸氣壓。另外，學會本節的相圖之後，就知道「為什麼乾冰會乾乾的（＝不會變成液體）？」。

1 蒸氣壓

以風乾洗滌過的衣物為例。在1.013×10^5 Pa下，水的沸點為100℃。但在一般氣溫下，水也會自然蒸發。

所謂的「沸騰」，指的是「液體從內部氣化」，此時液體內會咕嚕咕嚕地冒出許多水蒸氣。在壓力為1.013×10^5 Pa時，溫度必須達到100℃才會出現這種現象。

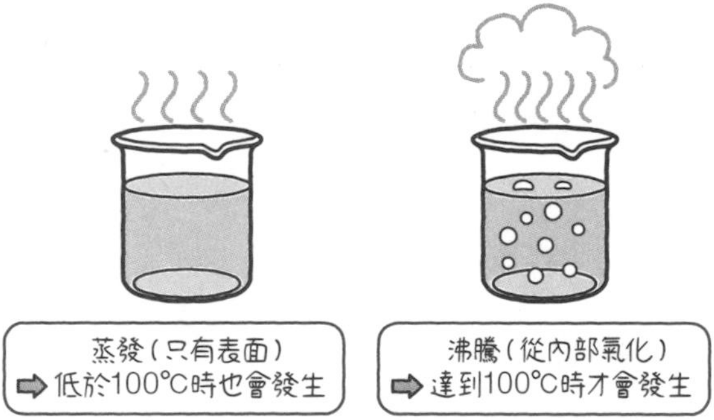

蒸發（只有表面）
➡ 低於100℃時也會發生

沸騰（從內部氣化）
➡ 達到100℃時才會發生

液體蒸發時，蒸氣所產生的壓力稱為「**蒸氣壓**」。溫度愈高，分子的動能愈大，轉變成氣體的分子愈多，故蒸氣壓也愈高。以水為例，水在100℃時的蒸氣壓為1.013×10^5 Pa，故「**水的沸點為100℃**」。

高山上的氣壓較低，故水沸騰的溫度低於100℃。而在太空之類壓力極低的地方，常溫（20℃左右）下就會沸騰。

■ 水的蒸氣壓曲線 其1

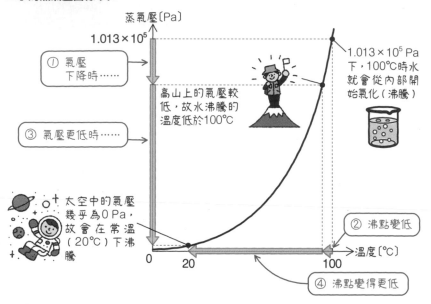

蒸氣壓〔Pa〕

1.013×10^5

① 氣壓
下降時……

③ 氣壓更低時……

高山上的氣壓較低，故水沸騰的溫度低於100℃

1.013×10^5 Pa
下，100℃時水
就會從內部開
始氣化（沸騰）

太空中的氣壓
幾乎為0 Pa，
故會在常溫
（20℃）下沸
騰

② 沸點變低

溫度〔℃〕

0   20   100

④ 沸點變得更低

2 蒸氣壓的意義

速成重點！

設蒸氣壓為 P，

當（分壓）＝ P 時，存在液態形式。

當（分壓）＜ P 時，全都是氣態。

蒸氣壓由溫度決定。以水為例，60℃時的蒸氣壓為 2.0×10^4 Pa。這表示「水可以持續蒸發，直到水蒸氣的分壓達 2.0×10^4 Pa」。

■ 水的蒸氣壓曲線 其2

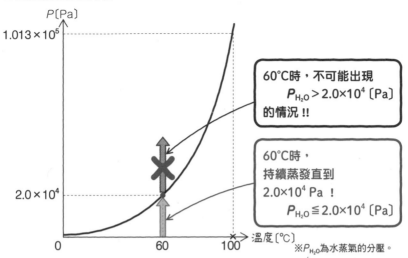

60°C時，不可能出現
$P_{H_2O} > 2.0×10^4$〔Pa〕
的情況 !!

60°C時，
持續蒸發直到
$2.0×10^4$ Pa !
$P_{H_2O} ≦ 2.0×10^4$〔Pa〕

※P_{H_2O}為水蒸氣的分壓。

試考慮一個溫度保持60°C的密閉容器，假設一開始容器內的水蒸氣分壓P_{H_2O}為 $1.0×10^4$ Pa，然後陸續把水加進容器內。因為一開始的水含量很少，所以「所有水分都會蒸發」。不過，加入更多水後，容器內就會充滿水蒸氣，當水蒸氣的分壓達到$2.0×10^4$ Pa時，後來加入的水就不再蒸發，而是「以液態形式存在」。

■ 溫度固定下，陸續加水時的狀態變化
　（以60°C，一開始的水蒸氣分壓為$1.0×10^4$ Pa為例）

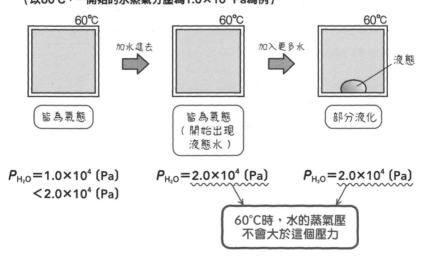

参考. **容器內存在其他氣體時的情況？**

這種問題常出現在考試中。「就算容器內存在其他氣體（譬如一開始就充填氧氣後密封）」，結果也一樣。分壓「僅考慮該氣體的壓力」，就算存在其他氣體，分壓仍不變。

真正考試時，只要記得以下結果就可以了。

> 蒸氣壓為$2.0×10^4$ Pa時
> $\begin{cases} \text{存在液態} \xleftrightarrow{\text{亦即}} \text{（分壓）}=2.0×10^4 \text{ Pa} \\ \text{全為氣態} \xleftrightarrow{\text{亦即}} \text{（分壓）}<2.0×10^4 \text{ Pa} \end{cases}$

③ 氣液平衡

在液態存在的狀態下，單位時間內物質從氣態轉變成液態（＝凝結）的分子數，與物質從液態轉變成氣態（＝蒸發）的分子數相同，從外界看來是如同靜止一般的狀態。這種狀態也稱為「氣液平衡」。

氣液平衡在概念上與「化學平衡」（→將在第12講中學到）類似，不過氣液平衡是「狀態變化」的平衡（不是化學變化！）。

④ 相圖

前面我們學過了物質的三態（固態、液態、氣態）。一個物質的「相圖」中，畫出了該物質在各種溫度、壓力下的狀態。每種物質都有自己的特定相圖。其中，液態與氣態的界線是「蒸氣壓曲線」，固態與液態的界線是「熔化曲線」，固態與氣態的界線則是「昇華壓曲線」。當環境條件位於這些曲線上時，物質的2種狀態並存。

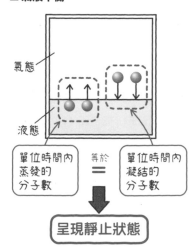

■ **氣液平衡**

氣態

液態

單位時間內蒸發的分子數 **等於** 單位時間內凝結的分子數

呈現靜止狀態

　　蒸氣壓曲線右端為「**臨界點**」，超過這個點之後，就無法區別物質處於液態還是氣態了。

　　另外，在特定溫度、壓力下，物質的固態、液態、氣態同時存在，此點稱為「**三相點**」。二氧化碳的相圖中，三相點的壓力比1大氣壓（1.013×10^5 Pa）高，故二氧化碳**在1大氣壓下不存在液態，而是會直接昇華**。

■ 二氧化碳（CO_2）的相圖　　　　　　　　■ 水（H_2O）的相圖

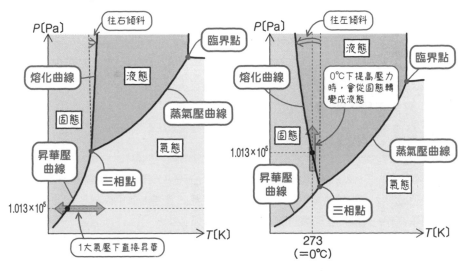

　　一般因為固態在高壓下比較穩定，所以熔化曲線會往右傾斜。但水的相圖中，熔化曲線反而往左傾斜。這表示壓力提高會讓水從固態轉變成液態。

參考 **為什麼滑冰鞋會滑滑的呢？**

　　因為冰具有「在高壓下會融化成水」的性質，所以穿著滑冰鞋的人們可以在冰上滑動。體重加在冰刀上的壓力會讓冰融化成水，使冰面變得滑溜。

第5講 理想氣體與實際氣體

完全符合狀態方程式的氣體為「理想氣體」，實際存在於現實中的氣體則是「實際氣體」。也就是說，理想氣體「實際上並不存在」！重點在於「實際氣體與理想氣體有多相似？」。

1 理想氣體與實際氣體

速成重點！

理想氣體沒有、實際氣體擁有的性質包括
① 分子本身的體積
② 分子間力

前面提到，完全符合理想氣體狀態方程式（$PV=nRT$）的氣體稱為「理想氣體」（→p.23）。理想氣體畢竟只是理想中的氣體，實際上並不存在。

相較之下，實際存在的氣體則稱為「實際氣體」。

實際氣體大致上仍符合狀態方程式，但有一些些偏差。原因有2個（請記好以下重點！）。

第1個原因是「**分子本身的體積**」。分子小到眼睛看不到，但體積並不是零。然而討論理想氣體時，會假設氣體分子本身的體積為零。

第2個原因是「**分子間力**」。氣體的分子間距離相當長，故分子間作用力非常弱，但畢竟不是零。討論理想氣體時，則會假設分子間力為零。

■ 實際氣體與理想氣體的差異

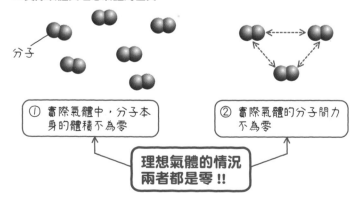

2 趨近於理想氣體的實際氣體

💡 **速成重點！**

實際氣體趨近於理想氣體的條件為

① 高溫。

② 低壓。

　　什麼樣的實際氣體會趨近於理想氣體呢？實際氣體的「分子本身體積」與「分子間力」都不是零，不過只要讓這兩者「趨近零」，就能讓實際氣體趨近於理想氣體了。

　　那麼，該怎麼做呢？事實上，有個一石二鳥的方法，那就是「**增加氣體體積**」！

　　氣體體積愈大，分子本身的體積相對就愈小，最後小到可以無視的程度。而且，氣體體積愈大，分子間的距離會被拉得很開，使分子間力變小，最後小到可以無視的程度。

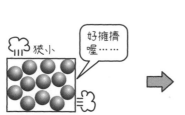

氣體體積小時，
無法忽視分子本身的體積，
且分子間的距離相當短，
使分子間力相對較強。

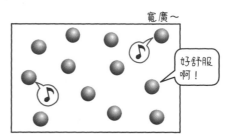

寬廣～

氣體體積大時， 可以無視分子本身的體積。
分子間的距離拉長後，
分子間力也會變得比較弱，
弱到可以無視。

　　那麼，具體來說，該怎麼做才能增加氣體體積呢？這裡讓我們以狀態方程式中的 V 為基準，將方程式變形。若要讓 V 變大，就必須增加 T 或減少 P。也就是說，若要讓實際氣體趨近理想氣體，只要「**高溫、低壓就可以了**」。

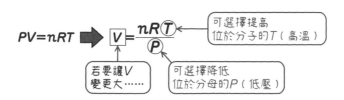

$$PV = nRT \implies V = \frac{nRT}{P}$$

可選擇提高
位於分子的 T（高溫）

若要讓 V
變更大……

可選擇降低
位於分母的 P（低壓）

對於1 mol的氣體來說，設縱軸為 $\dfrac{PV}{RT}$、橫軸為 P，可得到下圖。

■ **氣體壓力P與 $\dfrac{PV}{RT}$ 之間的關係**

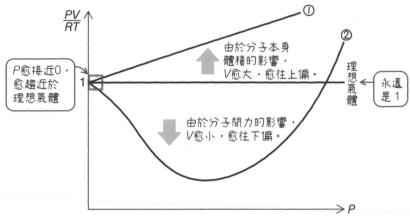

P愈接近0，愈趨近於理想氣體

由於分子本身體積的影響，V愈大，愈往上偏。

理想氣體

永遠是1

由於分子間力的影響，V愈小，愈往下偏。

① 分子間力較小的氣體（He、H_2、N_2等）
→分子間力的影響較小，受分子本身體積的影響較大。

② 分子間力較大的氣體（NH_3、CO_2）
→在分子間力的影響下，分子會彼此吸引，減少體積。

分子間力較大的氣體（②的氣體）在圖中的曲線與理想氣體有很大的差距。對於分子間力大的氣體來說，隨著壓力增加，體積減少得特別快，凝結得特別快，有著「**容易液化**」的性質。

第**3**章

溶液

第**6**講 溶液、溶解度 ································· p.36

第**7**講 稀薄溶液的性質 ····························· p.42

第**8**講 亨利定律、膠體 ····························· p.50

第6講 溶液、溶解度

定量溶劑能溶解的溶質的最大量,稱為「溶解度」。溫度愈高,通常固體的溶解度也會愈大,而氣體的溶解度則下降。另外,本節還會說明什麼是「水合」。

① 溶液

（1）溶液

我們在化學基礎的部分學過了什麼是溶液。以食鹽水為例,水（溶解用的液態物質）是「**溶劑**」,食鹽（溶在溶劑中的物質）是「**溶質**」,食鹽水則是「**溶液**」。而溶劑是水的溶液,特別稱為「**水溶液**」。

（2）極性溶劑與非極性溶劑

💡 **速成重點!**

同為極性的物質,或同為非極性的物質,親合力比較強。

由水這種極性分子組成的溶劑稱為「**極性溶劑**」;由苯這種非極性分子組成的溶劑稱為「**非極性溶劑**」。

由極性分子組成的物質或離子性物質易溶於極性溶劑,有機化合物等非極性分子則難溶於極性溶劑。相對地,由非極性分子組成的物質易溶於非極性溶劑,極性分子所組成的物質或離子性物質則難溶於非極性溶劑。

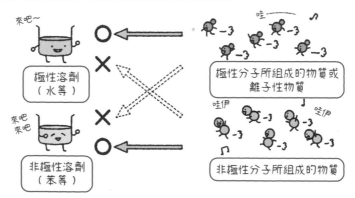

　　為什麼會這樣呢？原因在於分子的極性。非極性溶劑與非極性分子會藉由「擴散」現象，自然地彼此混合。因此，非極性分子易溶於非極性溶劑。

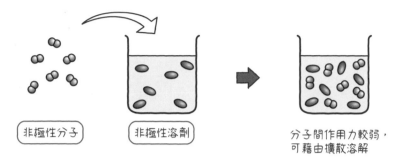

非極性分子　　　非極性溶劑　　　分子間作用力較弱，
可藉由擴散溶解

　　那麼，水（極性溶劑）與非極性分子之間又如何呢？水分子之間會以氫鍵彼此吸引。故非極性分子難溶於水（極性溶劑）中。

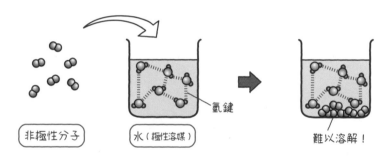

非極性分子　　　水（極性溶媒）　　　氫鍵　　　難以溶解！

　　再來考慮非極性溶劑與極性分子（或離子性物質）的情況。極性分子或離子性物質的粒子間吸引力很強，故難以溶解在溶劑中。

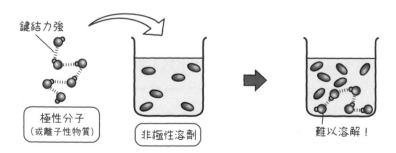

鍵結力強

極性分子
（或離子性物質）　　　非極性溶劑　　　難以溶解！

那麼，極性溶劑與極性分子（或離子性物質）之間又是如何呢？考慮氯化鈉溶解在水中的情況。這2種物質的粒子間吸引力都相當強，水還會與鈉離子、氯離子彼此吸引（這種現象又叫做「水合」），故氯化鈉易溶於水。

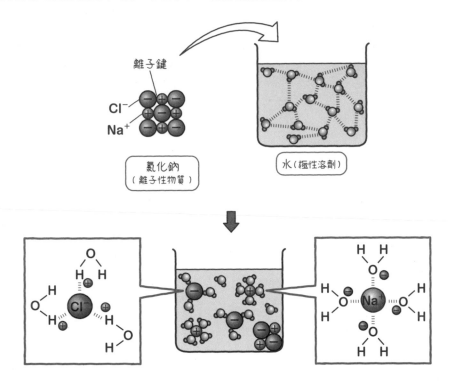

物質溶解於水中時，水分子會與溶質分子（或離子）「水合」。「水合」這個用詞常出現在考試的填空題中，請一定要記熟。

💡 速成重點！

分子或離子溶於水中時，會出現「**水合**」現象。

2 濃度

質量莫耳濃度

> **💡 速成重點!**
>
> **質量莫耳濃度**是以每**1 kg「溶劑」**為準（**莫耳濃度**是以每**1 L「溶液」**為準）

　　在化學基礎中，我們學過「質量百分濃度〔%〕」與「莫耳濃度〔mol/L〕」。這裡要講的是「**質量莫耳濃度（mol/kg）**」。

　　質量莫耳濃度是用來**表示「每1 kg溶劑」所溶解的溶質物質量〔mol〕**。常用於描述凝固點下降度與沸點上升度（→第7講）。

　　莫耳濃度〔mol/L〕是以「**每1 L溶液**」為基準，而質量莫耳濃度〔mol/kg〕是以「**每1 kg溶劑**」為基準。是「溶劑」而不是「溶液」，一定要特別注意！

$$質量百分濃度〔\%〕 = \frac{溶質質量〔g〕}{溶液質量〔g〕} \times 100$$

$$莫耳濃度〔mol/L〕 = \frac{溶質物質量〔mol〕}{溶液體積〔L〕}$$

$$\mathbf{質量莫耳濃度〔mol/kg〕 = \frac{溶質物質量〔mol〕}{「溶劑」質量〔kg〕}}$$

3 溶解度

（1）溶解度

> **💡 速成重點!**
>
> **溫度愈高**，則溶解度
> **固體 → 通常愈大。　氣體 → 愈小。**

　　「**溶解度**」通常是指「**100 g水可溶解的溶質g數（最大質量）**」。舉例來說，「溶解度20」的意思是「100 g水可溶解20 g的該物質」。令橫軸為溫度，縱軸為溶解度，可以畫出「**溶解度曲線**」。

通常，**固體的溶解度會「隨著溫度提升而增加」**。這是因為，溫度升高時，分子的動能也會隨之增加（分子的運動速度變快），使固體粒子間的連結容易被拆開。

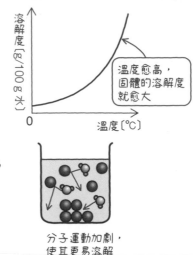

■ 溶解度曲線

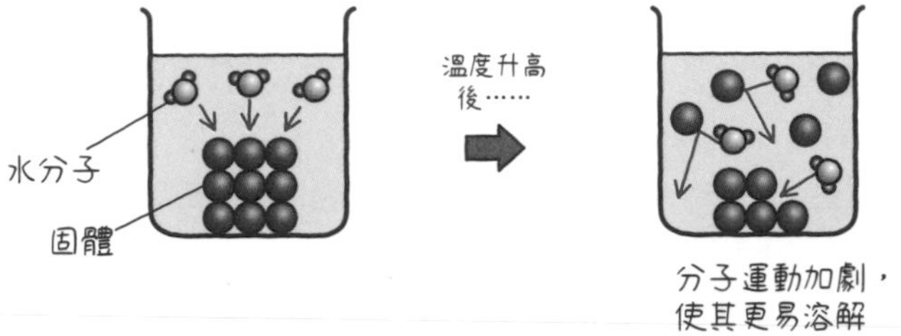

溫度愈高，固體的溶解度就愈大

另一方面，氣體的溶解度則隨著溫度升高而下降（將可樂等碳酸飲料加熱後，二氧化碳會紛紛冒出散逸）。溫度升高時，分子動能也隨之增加，但這也讓水分子與氣體分子的連結容易被拆開。故**氣體的溶解度會「隨著溫度提升而降低」**。

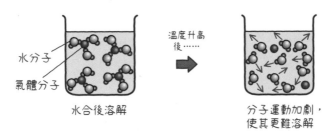

■ 氣體的溶解度

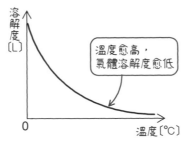

溫度愈高，氣體溶解度愈低

（2）再結晶

> 藉由「**溶解度的變化**」可使物質再結晶。

　　回到固體溶解度的話題。氯化鈉的溶解度曲線十分接近水平線，這表示氯化鈉的溶解度不易受到溫度變化的影響（低溫時就有一定程度的溶解度，但提高溫度後，溶解度也不會增加多少）。我們可以藉由這種性質來分離不同物質，稱為「**再結晶（法）**」。

　　假設有一樣品為硝酸鉀（**KNO₃**）與少量氯化鈉（**NaCl**）的混合物，欲從樣品分離出硝酸鉀。由於2種藥品都是白色固體，故無法由外觀分離兩者。但只要用少量熱水溶解該樣品再冷卻，就能「**僅析出硝酸鉀**」。

■ **以再結晶法分離出KNO₃**

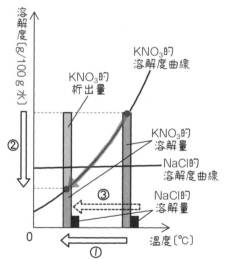

① 冷卻溶有混合物的水溶液。
② 僅析出**KNO₃**。
③ 不會析出**NaCl**。

第7講 稀薄溶液的性質

溶液的凝固點比純溶劑還要低,且溶液的沸點比純溶劑還要高。在「溶液濃度低(也就是稀薄溶液)時」,這段溫差與質量莫耳濃度幾乎成正比。這是因為質量莫耳濃度「以粒子數為基準」。

1 凝固點下降

(1)凝固點下降

> **速成重點!**
>
> 凝固點下降度與**質量莫耳濃度成正比**(注意「粒子數」!)。

考慮溶液的冷卻過程。溶液內存在溶質粒子,故當溫度降至溶劑凝固點時,溶液仍不會凝固。因此,溶液的凝固點會比純溶劑還要低。以水為例,純水會在0℃時凝固,但水溶液則要當溫度下降到0℃以下時,才會開始凝固。

■ 水與水溶液開始冷卻時的情況

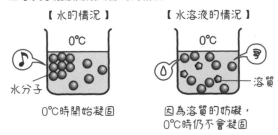

【 水的情況 】　　【 水溶液的情況 】

0℃　　　　　　　0℃

水分子　　　　　　　　　　　　溶質

0℃時開始凝固　　　因為溶質的妨礙,
　　　　　　　　　0℃時仍不會凝固

純溶劑凝固點與溶液凝固點的差,稱為「**凝固點下降度**」。在溶液濃度低時,凝固點下降度與溶液的「**質量莫耳濃度**」成正比,可寫成以下關係式。

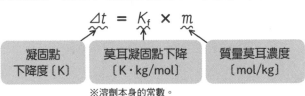

$$\Delta t = K_f \times m$$

| 凝固點
下降度〔K〕 | 莫耳凝固點下降
〔K·kg/mol〕 | 質量莫耳濃度
〔mol/kg〕 |

※溶劑本身的常數。

　　比例常數K_f為「**莫耳凝固點下降**」，是溶劑本身的常數。題目通常會給定這個數值，其中，水的莫耳凝固點下降為 1.85〔K・kg/mol〕，苯為 5.12〔K・kg/mol〕。

　　這裡要注意的是，質量莫耳濃度算的是「粒子數」。如果溶質是氯化鈉或硫酸鈉等電解質，會因為解離使粒子數增加，需特別注意。

$$NaCl \longrightarrow \underline{Na^+ \ + \ Cl^-}$$
粒子數為2倍

$$Na_2SO_4 \longrightarrow \underline{2Na^+ \ + \ SO_4{}^{2-}}$$
粒子數為3倍

　　此外，也會有像是溶解於苯中的安息香酸一樣，藉由**締合**[※1]作用使粒子數減少的情況。

形成二聚體[※2]

粒子數變為$\frac{1}{2}$倍

※1　締合：2個以上的同種類分子，藉由氫鍵等分子間力連接後，會如同1個分子般活動。
※2　二聚體：由2個分子締合而成的粒子。

（2）冷卻曲線

> 💡 **速成重點！**
>
> **純溶劑**在開始凝固後，**溫度會維持固定**，
> 但**溶液**在開始凝固後，**溫度仍持續下降**。

　　液體冷卻過程中的溫度變化可畫成「**冷卻曲線**」。讓我們來看看溶劑與溶液在冷卻時的冷卻曲線吧。

首先考慮純溶劑（譬如水）冷卻時的情況。請見下方左圖。水會在0℃時凝固，若持續靜置不攪拌，那麼在降至0℃以下時，水仍暫時不會凝固，溫度仍持續下探。這個現象叫做「過冷」。

接著請看下方右圖。過冷時，「水的溫度低於0℃，卻仍是液態」，因此相對不穩定。開始凝固後，溫度會迅速升回0℃。且在整杯水凝固以前，會一直維持0℃。

■ **水的冷卻曲線**

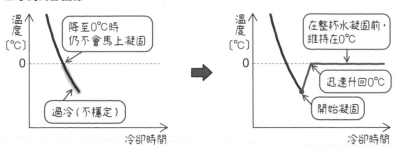

冷卻溶液時，若靜置溶液，一樣也會出現過冷現象。待其開始凝固時，溫度也會迅速回升。

不過，在開始凝固後，溶液的溫度仍會持續下降。這是因為「只有溶劑在凝固」，使溶液的濃度愈來愈高，凝固點下降度也跟著愈來愈大。

■ **水溶液的冷卻曲線**

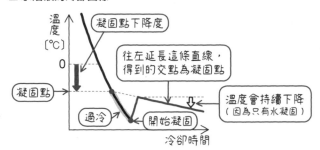

第1部 理論化學

第1章
第2章
第3章
第4章
第5章
第6章

2 沸點上升

速成重點！

對於**非揮發性物質**的溶液來說，**蒸氣壓下降→沸點上升**

（1）蒸氣壓下降

溶有非揮發性物質的溶液（譬如蔗糖[※]水溶液等）中，水分子比例相對較低，故在相同溫度下，其蒸氣壓會比純溶劑（水等）還要低。這種現象叫做「**蒸氣壓下降**」。

※ 蔗糖：砂糖的主成分。

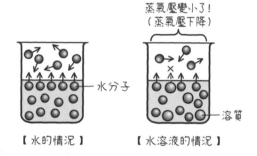

蒸氣壓變小了！
（蒸氣壓下降）

水分子

溶質

【 水的情況 】 　 【 水溶液的情況 】

（2）沸點上升

例如，在大氣壓力（1.013×10^5 Pa）下，水會在100℃時沸騰，但水溶液即使加熱到100℃也不會沸騰。因為水溶液的蒸氣壓還未達1.013×10^5 Pa。要讓水溶液沸騰，必須繼續加熱到溫度高於100℃才行。這種沸點升高的現象叫做「**沸點上升**」。

以水為例，加熱到100℃時，蒸氣壓會達到1.013×10^5Pa，開始沸騰

但是…

水溶液的話，即使加熱到100℃，蒸氣壓也不會達到1.013×10^5Pa（蒸氣壓下降）

所以…

若要讓水溶液的蒸氣壓達到1.013×10^5Pa（使其沸騰），需繼續加熱至超過100℃才行（沸點上升）

溶液沸點與純溶劑沸點的差異，稱為「**沸點上升度**」。沸點上升度與**溶液的**
「**質量莫耳濃度〔mol/kg〕」成正比**，故可寫成以下關係式。與凝固點下降類似，
這裡看的也是「粒子數」的質量莫耳濃度。因此，如果溶質是電解質的話，需特別
注意。

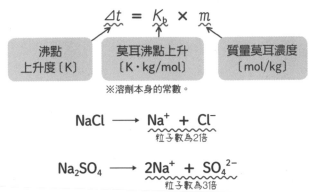

比例常數 K_b 稱為「**莫耳沸點上升**」，是溶劑本身的常數。題目通常會給定這個
數值，其中，水的莫耳沸點上升為0.52〔K・kg/mol〕。

速成重點！

沸點上升度**與質量莫耳濃度成正比**（要特別注意「粒子數」！）。

第1章
第2章
第3章
第4章
第5章
第6章

③ 滲透壓

🔆 速成重點！

滲透壓<u>與莫耳濃度、絕對溫度成正比</u>（要注意「粒子數」！）。

　　在U型管中央放置**半透膜**[※]隔開兩側，一側加入水溶液，另一側加入純水。靜置一陣子後，會發現水溶液的液面變得比原本高。若在水溶液側施加壓力，使液面高度與純水側相同，那麼此時所施加的壓力，就是水溶液的「**滲透壓**」。

※半透膜：膜上的小洞僅可讓溶劑分子通過，較大的溶質無法通過。

■ 水溶液的滲透壓

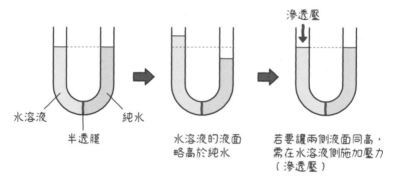

水溶液　　　純水

半透膜

水溶液的液面
略高於純水

若要讓兩側液面同高，
需在水溶液側施加壓力
（滲透壓）

　　那麼，以半透膜隔開溶液與純溶劑時，為什麼溶液側的液面會比較高呢？溶劑分子比較小，可以穿過半透膜上的洞；溶質分子比較大，無法穿過這些洞。因此，溶劑分子會從溶劑往溶液的方向移動，直到兩側的濃度相等為止。這種溶劑分子在水溶液中擴散的現象，就叫做「**滲透**」。

■ 溶液的滲透

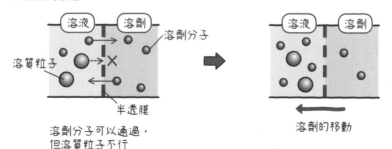

溶質粒子

溶劑分子

半透膜

溶劑分子可以通過，
但溶質粒子不行

溶劑的移動

稀薄溶液的滲透壓與溶液的莫耳濃度、絕對溫度成正比（與理想氣體狀態方程式相同。這又叫做「**凡特何夫定律**」）。另外，滲透壓取決於粒子數，故像氯化鈉這種物質溶於水中解離後，粒子數會變成2倍，滲透壓也會變成2倍。

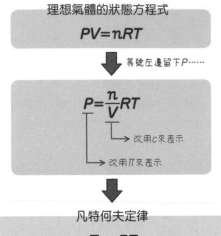

理想氣體的狀態方程式

$$PV=nRT$$

等號左邊留下 P……

$$P=\frac{n}{V}RT$$

改用 c 來表示

改用 π 來表示

凡特何夫定律

$$\pi=cRT$$

π：滲透壓〔Pa〕（π 為圓周率 π 的大寫）
c：莫耳濃度〔mol/L〕
R：比例常數〔Pa・L/（mol・K）〕（與氣體常數相同）
T：絕對溫度〔K〕

※ 這裡的莫耳濃度 c〔mol/L〕為1 L溶液內「粒子數」的物質量。以氯化鈉為例，
$NaCl \longrightarrow Na^+ + Cl^-$，故濃度需乘以「2倍」。

參考 壓力的單位①〈大氣壓〔atm〕〉

現在常用的壓力單位是「帕斯卡〔Pa〕」，但過去常用「大氣壓〔atm〕」做為氣壓單位。考試中也偶爾會看到atm這個單位。地面的氣壓為1大氣壓（1 atm），相當於 1.013×10^5 Pa。舉例來說，標準狀態現在會寫成「0℃、1.013×10^5 Pa」，但過去會寫成「0℃、1 atm」。

氣體常數的數值也不一樣。$PV=nRT$ 可改寫成 $R=\frac{PV}{nT}$，將標準狀態的數值代入（1 mol理想氣體的體積為22.4 L），可以得到

$$R=\frac{1〔atm〕\cdot 22.4〔L〕}{1〔mol〕\cdot 273〔K〕}$$

$$\fallingdotseq 0.082〔atm \cdot L/（mol \cdot K）〕$$

單位也從〔Pa〕變成了〔atm〕。

第**1**部 理論化學

第**1**章
第**2**章
第**3**章
第**4**章
第**5**章
第**6**章

參考 壓力的單位② 〈公分汞柱、公分水柱〉

壓力也可以用汞液面高度或水面高度來表示。

17世紀時，義大利的物理學家托里切利在單向開口的玻璃管內灌滿汞（水銀），然後將封閉端朝上，在裝有汞的容器內垂直豎起玻璃管。因為汞很重，故管內的汞液面會下降，最後管內的汞液面高度與容器的汞液面高度相差76 cm。也就是說，玻璃管內會出現一段「真空（精確來說，這個空間內仍含有少量汞蒸氣）」。這個區域也稱為「托里切利真空」。

■ **汞的情況（托里切利真空）**

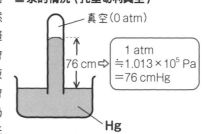

因此，大氣壓力相當於76 cm高的汞柱，可表示如下。

$$1 \text{ atm} ≒ 1.013 \times 10^5 \text{ Pa} = 76 \text{ cmHg}$$
（1大氣壓）　　　　　　↳ 也可寫成760 mmHg

如果把汞換成水的話又會如何呢？汞的密度為13.6 g/cm^3，水的密度為1.0 g/cm^3。汞柱的密度是水柱的13.6倍，故水柱的高度會是汞柱的13.6倍。若將前述實驗的汞換成水的話，水柱高度會是

$$76 \times 13.6 = 1033.6 \text{ (cm)}$$

也就是說，需要準備10 m以上的玻璃管才行。由以上結果可得以下關係式。

$$1.013 \times 10^5 \text{ Pa} = 76 \text{ cmHg}$$
$$= 1033.6 \text{ cm H}_2\text{O}$$

■ **水的情況**

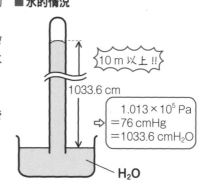

「cmHg」與「cm H$_2$O」也是壓力單位。在某些情況下，用汞液面或水面高度差來表示壓力會方便許多。

舉例來說，在稀薄水溶液中，假設水面高度相差10 cm，就表示溶液滲透壓為10 cmH$_2$O，改用Pa為單位的結果如下。

$$1.013 \times 10^5 \text{ Pa} \times \frac{10}{1033.6} ≒ 9.8 \times 10^2 \text{ (Pa)}$$

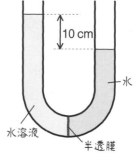

第8講 亨利定律、膠體

「亨利定律」可以說明為什麼當我們打開碳酸飲料的蓋子時，飲料內的二氧化碳會紛紛冒出、散逸。另外，牛奶雖然是不透明液體，卻不會沉澱，屬於「膠體溶液」。本節將介紹各種身邊常見的化學現象。

1 亨利定律

💡 **速成重點！**

亨利定律：溶解於液體內的氣體**質量與分壓成正比**，但（在該分壓下的）**體積與分壓無關**。

　　溫度與溶劑量固定時，溶解於溶劑內的氣體質量（或者說是物質量）與氣體分壓成正比。此時，溶解於液體內的氣體（在該分壓下的）體積則與分壓無關。這個規則稱為「**亨利定律**」。亨利定律是與氣體溶解度有關的定律，不過只有溶解度小的氣體適用亨利定律（像氨、氯化氫這種溶解度很大的氣體則不適用）。

■ **亨利定律**

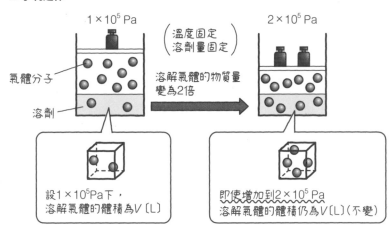

2 膠體

速成重點！

親水膠體→**鹽析**，疏水膠體→**凝析**

像是牛奶、墨汁這種「不透明但靜置時不會出現固體沉澱」的液體稱為「膠體**溶液**」。膠體溶液內有**膠體粒子**，直徑約為10^{-9}～10^{-7} m，小到不會沉澱，卻也大到不會溶解，是「大小中庸」的粒子。若混合物內均勻分散著膠體粒子，則稱為「膠體」。

■**膠體粒子的大小比較**

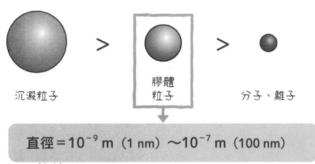

沉澱粒子　＞　膠體粒子　＞　分子、離子

$$直徑 = 10^{-9}\,m\ (1\,nm)\ \sim 10^{-7}\,m\ (100\,nm)$$

※$1\,nm$（奈米）$= 10^{-7}\,cm = 10^{-9}\,m$

（1）親水膠體

蛋白質等與水分子親和性高的膠體稱為「**親水膠體**」。它們會與水分子互相吸引，在水中穩定存在。若加入**大量電解質**，則電解質內的離子會藉由水合現象吸引水分子，把膠體周圍的水分子搶走，而使得膠體沉澱。這種現象稱為「**鹽析**」。

■**鹽析**

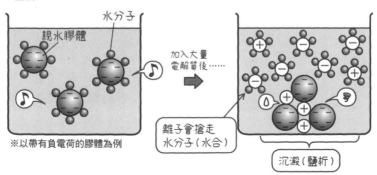

水分子

親水膠體

加入大量電解質後……

離子會搶走水分子（水合）

沉澱（鹽析）

※以帶有負電荷的膠體為例

（2）疏水膠體

氫氧化鐵（Ⅲ）、金、碳等與水分子親和性較低的膠體稱為「疏水膠體」。疏水膠體在水中並不穩定，加入**少量電解質**後，會中和掉膠體表面的電荷，使膠體粒子失去互斥力而沉澱。這種現象又稱為「凝析」。

■ 凝析

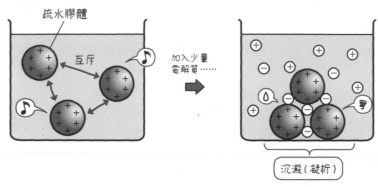

（3）保護膠體

若在疏水膠體的溶液內加入親水膠體，那麼親水膠體會圍繞在疏水膠體外側，形成保護膜，使疏水膠體不容易凝析。譬如墨汁是碳的膠體溶液，碳是疏水膠體，但加入親水膠體「明膠」後，會變得相當穩定。這種會保護疏水膠體的親水膠體，就稱為「保護膠體」。

■ 保護膠體（例：墨汁）

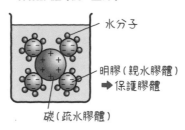

第**1**章

第**2**章

第**3**章

第**4**章

第**5**章

第**6**章

（4）廷得耳效應

　　若從側面以強光照向膠體溶液，可以看到光的行進路線。這叫做「**廷得耳效應**」。因為膠體粒子會散射這些光線，我們才看得到這道光線。一般溶液內則不會出現廷得耳效應。

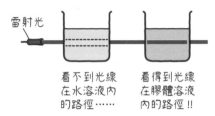

■ **廷得耳效應**

雷射光

看不到光線
在水溶液內
的路徑⋯⋯

看得到光線
在膠體溶液
內的路徑!!

（5）布朗運動

💡 **速成重點！**

> 布朗運動是<u>水分子的熱運動</u>。

　　以超顯微鏡※觀察膠體溶液時，可以看到膠體粒子搖搖晃晃的樣子，這種現象稱為「**布朗運動**」。這並不是膠體粒子本身在動，而是水分子（超顯微鏡看不到水分子!!）的熱運動不規則地衝撞膠體粒子，才使得膠體粒子搖搖晃晃。

※超顯微鏡：可以看到極小粒子的顯微鏡。

■ **布朗運動**

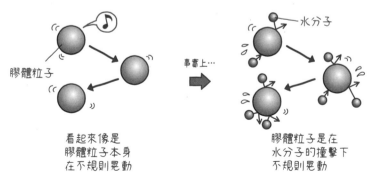

膠體粒子

事實上⋯

水分子

看起來像是
膠體粒子本身
在不規則晃動

膠體粒子是在
水分子的撞擊下
不規則晃動

（6）氫氧化鐵（Ⅲ）膠體的濃縮、透析

在沸騰的水中慢慢加入少量濃氯化鐵（Ⅲ）水溶液，會生成紅色的氫氧化鐵（Ⅲ）膠體。氫氧化鐵（Ⅲ）沉澱為「紅褐色」，**氫氧化鐵（Ⅲ）膠體則是「紅色[※]」**。

※氫氧化鐵（Ⅲ）膠體的顏色分布範圍很廣，在「朱色～酒紅色」之間。

$$FeCl_3 + 3H_2O \longrightarrow Fe(OH)_3 + 3HCl$$

氫氧化鐵（Ⅲ）　　解離後生成
膠體〈紅色〉　　　H^+與Cl^-

這個反應通常會往左進行，是「只會在特殊條件下進行的反應」。然而這也是常出的膠體考題，請牢記這個反應式！

 氫氧化鐵（Ⅲ）與鹽酸的「一般反應」是什麼？

在鹽酸內加入固體氫氧化鐵（Ⅲ）後，會溶解形成氯化鐵（Ⅲ）水溶液。反應式則與上方膠體生成反應式方向相反。

$$Fe(OH)_3 + 3HCl \longrightarrow FeCl_3 + 3H_2O$$

將生成的氫氧化鐵（Ⅲ）膠體溶液放入半透膜內，再將其放入裝有純水的燒杯內。膠體粒子較大，無法通過透析膜上的洞，較小的氯離子與氫離子則可通過半透膜上的洞來到膜外的水中。

像這樣去除多餘離子，濃縮膠體溶液的過程，稱為「透析」。

■ 透析（例：氫氧化鐵（Ⅲ）的膠體溶液）

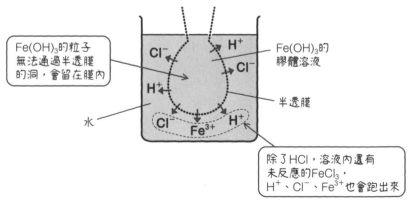

54

透析後，取少量半透膜外側的溶液進行以下操作，可以確認這些溶液中含有H^+及Cl^-。

① 用藍色石蕊試紙測試，試紙轉變成紅色。→含有 H^+（酸性）

② 加入硝酸銀水溶液後呈白色混濁狀。→含有 Cl^-（$Ag^+ + Cl^- \longrightarrow AgCl \downarrow$〈白〉）

專欄　腎臟的人工透析

　　透析常用於治療惡化的腎臟病。原理和前面的實驗一樣。血液中的蛋白質、紅血球等無法通過半透膜上的小洞，尿素等老舊廢物則可通過這小洞，故可藉此淨化血液。

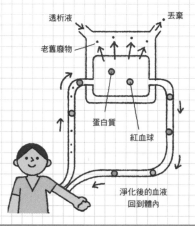

透析液　　　丟棄

老舊廢物

蛋白質

紅血球

淨化後的血液
回到體內

（7）電泳

💡**速成重點！**

電泳是利用帶有電荷的膠體粒子。

　　對膠體溶液通以直流電壓後，表面帶有正電的膠體粒子會往陰極方向移動，表面帶有負電的膠體粒子則會往陽極方向移動。這個操作稱為「**電泳**」。

　　氫氧化鐵（Ⅲ）的膠體粒子表面帶有正電。若在裝有氫氧化鐵（Ⅲ）膠體溶液的U型管兩端通以直流電，膠體粒子會往陰極方向移動。

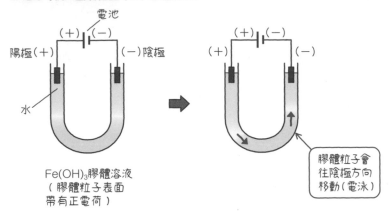

■電泳（例：氫氧化鐵（Ⅲ）膠體溶液）

※電泳時，粒子只有「移動而已」。與電解不同，陽極與陰極不會發生氧化還原反應。請不要搞混。

（8）凝析的效果

💡 速成重點！

符號相反之離子的**價數愈大**，**凝析效果也愈大**。

在疏水膠體內加入少量電解質使其凝析時，凝析效果取決於膠體粒子表面的電荷及符號相反之離子的「**價數**」（凝析效果會與「離子價數的6次方」成正比，不過這個不用特別背誦。舉例來說，價數為1、2、3的離子，凝析效果分別為$1^6=1$、$2^6=64$、$3^6=729$倍。或者說，離子濃度對凝析效果的影響小，故考慮價數即可）。

舉例來說，要凝析氫氧化鐵（Ⅲ）水溶液時，使用的「陰離子」價數愈大，凝析效果愈好。

另外，泥土的膠體粒子表面通常帶有負電，故「陽離子」價數愈大，凝析效果愈好。

$Fe(OH)_3$（表面為正）

⇨凝析效果為 　PO_4^{3-} > SO_4^{2-} > Cl^-
　　　　　　　（3價）　　（2價）　　（1價）

黏土（表面為負）

⇨凝析效果為 　Al^{3+} > Mg^{2+} > Na^+
　　　　　　　（3價）　　（2價）　　（1價）

第**4**章

物質與能量

第**9**講 熱化學方程式 ⋯⋯⋯⋯⋯⋯⋯⋯⋯⋯⋯⋯⋯⋯ p.58

第**10**講 赫斯定律 ⋯⋯⋯⋯⋯⋯⋯⋯⋯⋯⋯⋯⋯⋯⋯ p.65

第**11**講 反應速率 ⋯⋯⋯⋯⋯⋯⋯⋯⋯⋯⋯⋯⋯⋯⋯ p.68

熱化學方程式

熱化學方程式與化學反應式很像，卻是用以表示「左右兩邊的能量相等」的「方程式」！以下將介紹熱化學方程式以及與之對應的能量圖。

1 反應熱

速成重點！

釋放熱的反應是「**放熱反應**」，
吸收熱的反應是「**吸熱反應**」。

化學反應時，釋放或吸收的熱稱為「**反應熱**」。

熱量的單位是 J（**焦耳**）。能量的單位也是 J。也就是說「**熱量是能量**」！化學領域中通常會以 kJ（**千焦耳**）做為熱量或能量的單位，kJ 是 J 的 1000 倍。

請參考下圖（稱為「**能量圖**」）。反應物與生成物的能量有差異，這個差異稱為反應熱。

若生成物的能量比反應物低，就表示反應時會釋放能量，屬於「**放熱反應**」。相反的，如果生成物的能量比反應物高，就表示反應時會吸收能量，屬於「**吸熱反應**」。

■**能量圖**

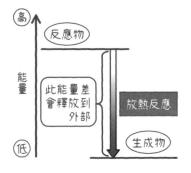

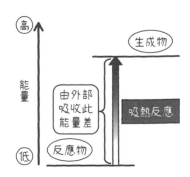

2 熱化學方程式

速成重點！

熱化學方程式中的熱量是**每1 mol之係數為1的物質**的能量變化。

在化學反應式的右邊加上反應熱，並將箭頭（——→）換成等號（＝）便可得到「**熱化學方程式**」。

舉例來說，燃燒氫氣產生水（液態）的熱化學方程式如下所示。

$$H_{2(g)} + \frac{1}{2}O_{2(g)} = H_2O_{(l)} + 286 \text{ kJ}$$

看起來和化學反應式（$2H_2 + O_2 \longrightarrow 2H_2O$）很像，讓我們來看看兩者有何不同吧。

① 首先，方程式中有熱量（本例中為286 kJ），代表「**每1 mol之係數為1的物質**」反應時的熱量變化。也就是說，每消耗1 mol的氫氣，或者每生成1 mol的水時的能量變化為286 kJ。熱量符號為「＋」時是放熱反應，「－」時是吸熱反應。

② 不是箭頭（——→）而是等號（＝）。這表示「**左邊的能量與右邊的能量相同**」。

③ 氧氣的係數為 $\frac{1}{2}$。熱化學方程式中，係數可以寫成分數（化學反應式中，係數必須是整數）。

④ 需寫出各物質的狀態（氣態為g、液態為l、固態為s、水溶液為aq）。因為相同物質在不同狀態下的能量並不一樣（請參考下面 **3** **伴隨著狀態變化的熱量改變**）。

3 伴隨著狀態變化的熱量改變

速成重點！

熱化學方程式**亦可表示**「固態 ↔ 液態 ↔ 氣態」的**狀態變化**。

即使沒有發生化學反應，物質含有的熱量也可能會改變。狀態變化時，物質也會釋放或吸收熱量，故**熱化學方程式亦可用於表示狀態變化**。

伴隨著狀態變化的熱量改變可以分為以下3種。

熔化熱（1 mol固態物質熔化成液態時所吸收的熱量）
汽化熱（1 mol液態物質蒸發成氣態時所吸收的熱量）
昇華熱（1 mol固態物質昇華成氣態時所吸收的熱量）

舉例來說，水的蒸發可以用以下熱化學方程來表示。

$$H_2O_{(l)} \ = \ H_2O_{(g)} \ - \ 44 \ kJ$$

熱化學方程式與能量圖彼此對應。由以上熱化學方程式可以看出，水的蒸發為「吸熱反應」，將水加熱蒸發後會得到水蒸氣，故氣態水蒸氣的能量比液態水還要高。能量圖與方程式可對照如下。

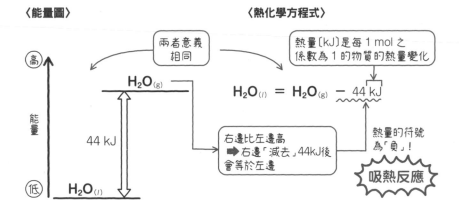

4 各種反應熱

速成重點！

反應熱包括**燃燒熱**、**生成熱**、**中和熱**、**溶解熱**等。

每種反應熱都有其特殊名稱，代表性的反應熱如下所示。

（1）燃燒熱

1 mol物質「**完全燃燒**」時的反應熱稱為「**燃燒熱**」。一般而言，燃燒熱為「放熱反應」。以下讓我們來看看一氧化碳的完全燃燒與甲烷的完全燃燒反應。

$$CO_{(g)} + \frac{1}{2}O_{2(g)} = CO_{2(g)} + 283 \text{ kJ}$$

一氧化碳的燃燒熱為 283 kJ/mol

$$CH_{4(g)} + 2O_{2(g)} = CO_{2(g)} + 2H_2O_{(l)} + 891 \text{ kJ}$$

甲烷的燃燒熱為 891 kJ/mol

甲烷的燃燒熱為 891 kJ/mol。以下來看看如何寫出甲烷燃燒的熱化學方程式。

① 在左邊寫出甲烷（CH_4）。因為是「燃燒熱」，故為完全燃燒反應。反應後，所有的碳（C）皆會變成二氧化碳（CO_2）。

$$CH_{4(g)} = CO_{2(g)}$$

完全燃燒

② 氫氣燃燒後會變成水（H_2O）。甲烷有4個氫原子，故燃燒後會生成2個水分子。

$$CH_{4(g)} = CO_{2(g)} + 2H_2O_{(l)}$$

燃燒

③ 接著要決定氧氣（O_2）的係數。右邊有4個氧原子，故需2個氧氣分子。

$$CH_{4(g)} + 2O_{2(g)} = CO_{2(g)} + 2H_2O_{(l)}$$

平衡O的個數

④ 最後寫上反應熱。因為「甲烷的係數為1」，故此方程式表示「每1 mol甲烷的燃燒熱為891 kJ」。因為這是放熱反應，故符號為「＋」。在熱化學方程式反應中，不能把單位寫成「kJ/mol」，請特別注意!!

$$CH_{4(g)} + 2O_{2(g)} = CO_{2(g)} + 2H_2O_{(l)} + 891 \text{ kJ}$$

係數1 　　　每1mol

請看以下熱化學方程式。你知道這是什麼意思嗎？

$$C_{(s,石墨)} + \frac{1}{2}O_{2(g)} = CO_{(g)} + 111 \text{ kJ}$$

「石墨的燃燒熱嗎？」如果你這麼想的話，請再確認一次燃燒熱的定義。燃燒熱需為「完全燃燒」才行！一氧化碳為不完全燃燒的產物，若是完全燃燒的話，應該會得到「二氧化碳」才對。

確實，這並不是燃燒熱。在下面的（2）中會提到，這其實是「一氧化碳的生成熱」。

如果要計算「石墨的燃燒熱」，需將石墨完全燃燒成二氧化碳才行，而其熱化學方程式請見下方！

$$C_{(s,石墨)} + O_{2(g)} = CO_{2(g)} + 394 \text{ kJ}$$

這個反應的方程式與能量圖對照如下。

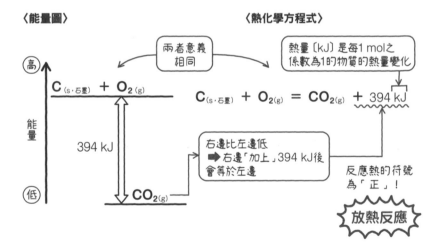

（2）生成熱

由成分元素的穩定「**單質**」生成 1 mol 物質時的反應熱，稱為「**生成熱**」。以下讓我們來看看一氧化碳與氨的生成熱。

$$C_{(s,石墨)} + \frac{1}{2}O_{2(g)} = CO_{(g)} + 111 \text{ kJ}$$

一氧化碳的生成熱為
111 kJ/mol

$$\frac{1}{2}N_{2(g)} + \frac{3}{2}H_{2(g)} = NH_{3(g)} + 46 \text{ kJ}$$

氨的生成熱為
46 kJ/mol

　　讓我們來看看生成熱的定義。一種物質常有多種生成方式，換言之，有各式各樣的化學反應可以「生成」出某種特定物質，且每種反應的反應熱都不一樣。如果每種生成方式的反應熱都可以叫做生成熱的話，就會存在多種生成熱。

　　定義中提到，由穩定「單質」生成的反應熱才能叫生成熱。這麼一來，「生成」的途徑只有1種，所以生成熱也只會有1種數字。所以重點就在於穩定的「單質」!!舉例來說，氯化鈉的生成如下。

$$\underline{Na_{(s)} + \frac{1}{2}Cl_{2(g)}} = NaCl_{(s)} + 411 \text{ kJ}$$

穩定的單質!!

氯化鈉的生成熱為
411 kJ/mol

　　有些熱化學方程式的反應熱可以解釋成燃燒熱，也可以解釋成生成熱。以下為2個代表性的方程式。

① $C_{(s,石墨)} + O_{2(g)} = CO_{2(g)} + 394 \text{ kJ}$

　　這是石墨的「完全燃燒」，故可解釋成「碳（石墨）的燃燒熱為394 kJ/mol」。另外，式中的二氧化碳由穩定的「單質」生成，故亦可解釋成「二氧化碳的生成熱為394 kJ/mol」。

② $H_{2(g)} + \frac{1}{2}O_{2(g)} = H_2O_{(l)} + 286 \text{ kJ}$

　　這是氫氣的完全燃燒，故可解釋成「氫的燃燒熱為286 kJ/mol」。另外，式中的水（液態）由穩定的「單質」生成，故亦可解釋成「水（液態）的生成熱為286 kJ/mol」。

（3）中和熱

　　酸與鹼的中和反應時，生成1 mol水的反應熱稱為「**中和熱**」。通常為放熱反應。

$$HCl_{(aq)} + NaOH_{(aq)} = NaCl_{(aq)} + H_2O_{(l)} + 57\ kJ$$

　　aq為「大量的水」的意思（aqua為拉丁語的水）。$HCl_{(aq)}$為氯化氫的水溶液，也就是「鹽酸」。$NaOH_{(aq)}$則是「氫氧化鈉水溶液」。

（4）溶解熱

　　1 mol物質溶解於大量溶劑時的反應熱稱為「**溶解熱**」。

$$H_2SO_{4(l)} = H_2SO_{4(aq)} + 95\ kJ$$

硫酸的溶解熱為
95 kJ/mol

　　最後，各種狀態變化時的熱量改變，以及反應熱分別整理如下。

狀態變化時的熱量改變

- **熔化熱**（1 mol固態物質熔化成液態時）
- **汽化熱**（1 mol液態物質蒸發成氣態時）　　吸熱反應
- **昇華熱**（1 mol固態物質昇華成氣態時）

反應熱

- **燃燒熱**（1 mol物質完全燃燒時）　　放熱反應
- **生成熱**（由成分元素單質生成1 mol物質時）　　放熱反應 or 吸熱反應
- **中和熱**（酸與鹼中和生成1 mol水時）　　放熱反應
- **溶解熱**（1 mol物質溶於大量溶劑時）　　放熱反應 or 吸熱反應

第10講 赫斯定律

　　熱化學方程式也和代數方程式一樣可以加減，因為「赫斯定律」成立。關鍵在於「與反應途徑無關」。

① 赫斯定律

速成重點！

即使反應途徑不同，只要反應物與生成物相同，**反應熱的大小就相同**。

　　化學家赫斯從許多實驗結果中，歸納出一個定律「物質發生變化時的反應熱大小，僅由反應物與生成物的種類與狀態決定，與反應途徑無關」，這也叫做「**赫斯定律**」。

　　舉例來說，假設A物質轉變成C物質的反應熱為Q_1，A物質轉變成B物質的反應熱為Q_2，B物質轉變成C物質的反應熱為Q_3，那麼$Q_1 = Q_2 + Q_3$成立。也就是說，不管A是直接變成C，還是先變成B再變成C，反應熱都不會改變。

　　赫斯定律中最重要的一點是「**與反應途徑無關**」！

■ 赫斯定律

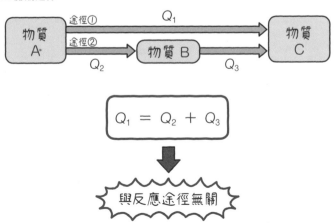

$$Q_1 = Q_2 + Q_3$$

與反應途徑無關

2 赫斯定律的應用

💡 速成重點！

反應熱可由**熱化學方程式的加減**求得。

　　舉例來說，測定一氧化碳的生成熱並不容易，因為燃燒碳（石墨）之後，必定有一部分的碳會轉變成二氧化碳。

$$C_{(s, 石墨)} + \frac{1}{2}O_{2(g)} = CO_{(g)} + Q\,[kJ] \quad \leftarrow \boxed{難以測定}$$

　　不過，碳（石墨）的燃燒熱，以及一氧化碳的燃燒熱，可藉由完全燃燒兩者測出，相對容易許多。

$$\left.\begin{array}{l} C_{(s, 石墨)} + O_{2(g)} = CO_{2(g)} + 394\,kJ \\[2mm] CO_{(g)} + \frac{1}{2}O_{2(g)} = CO_{2(g)} + 283\,kJ \end{array}\right\} \leftarrow \boxed{容易測定}$$

　　這時候，使用赫斯定律，就可以簡單求出一氧化碳的生成熱！

■ 以赫斯定律求出一氧化碳生成熱的方法

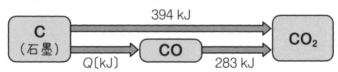

$$394 = Q + 283$$
$$Q = 111\,[kJ]$$

　　綜上所述，運用赫斯定律，就可以測出難以直接測定的反應熱。

　　實際解題時，需將「熱化學方程式」直接加減，就像計算數學中的代數方程式一樣。

$$C_{(s，石墨)} + O_{2(g)} = CO_{2(g)} + 394\,kJ$$

$$-\left) CO_{(g)} + \frac{1}{2}O_{2(g)} = CO_{2(g)} + 283\,kJ \right.$$

$$C_{(s，石墨)} - CO_{(g)} + \frac{1}{2}O_{2(g)} = 111\,kJ$$

移項

$$C_{(s，石墨)} + \frac{1}{2}O_{2(g)} = CO_{(g)} + 111\,kJ$$

　　也就是說，因為「赫斯定律」成立，所以「熱化學方程式可以加減」。

第11講 反應速率

反應速率指的是「反應進行的快慢」，也有其單位。而且，在某些條件下反應速率會變大（＝變快），在某些條件下則會變小（＝變慢）。本節還會提到什麼是「催化劑」。

1 可逆反應與不可逆反應

舉例來說，甲烷完全燃燒時的化學反應式如下。

$$CH_4 + 2O_2 \longrightarrow CO_2 + 2H_2O$$

無法逆向進行
➡ 不可逆反應

這個反應無法逆向進行。像這種單向進行的反應便稱為「**不可逆反應**」。

相對於上述反應，氫與碘混合加熱的反應則不同。加熱至500℃時，碘會昇華成氣體，並與氫反應生成碘化氫，但並非所有碘都會反應成碘化氫。一部分的碘化氫會分解回氫氣與碘。此時往右的反應（一般方向的反應）稱為「**正反應**」，往左的反應（反方向的反應）則稱為「**逆反應**」。

像這種會產生逆反應的化學反應，稱為「**可逆反應**」。

正反應

$$H_2 + I_2 \rightleftharpoons 2HI$$

逆反應 ← 存在逆反應
➡ 可逆反應

2 反應速率

（1）反應速率

💡 速成重點！

反應速率為「**單位時間的濃度變化**」。

所謂的「**反應速率**」，指的是反應進行的快慢，精確定義為「**單位時間的濃度變化**」。通常會用1秒做為「單位時間」，有時候也會用1分鐘。

$$v = \frac{\Delta C \, [\text{mol/L}]}{\Delta t \, [\text{s}]}$$

濃度變化

時間（s：秒，或min：分）

以下將用碘化氫的生成反應為例，說明反應速率的概念。正反應的反應速率（v_1）與反應物（左邊）的濃度積成正比。這種表示反應速率與反應物關係的式子，稱為「**反應速率式**」。

這裡的k_1稱為「**反應速率常數**」，為溫度的遞增函數（隨著溫度升高而增加）。

$$H_2 + I_2 \underset{v_2}{\overset{v_1}{\rightleftarrows}} 2HI$$

$$v_1 = k_1 [H_2][I_2]$$

[　]：莫耳濃度〔mol/L〕

反應速率常數

另外，逆反應的反應速率（v_2）與生成物（右邊）的濃度積成正比。右邊為2個碘化氫分子，故反應速率與碘化氫濃度的平方成正比。

這裡的k_2也是「反應速率常數」，亦為溫度的遞增函數（隨著溫度升高而增加）。

$$v_2 = k_2 [HI]^2$$

反應速率常數

反應速率式需由實驗求得，無法單純以係數決定。一般來說，反應式中物質的係數如果是2，反應速率就會與該物質濃度的平方成正比；係數如果是3，就與三次方成正比，但仍有例外，故需特別注意。舉例來說，將二氧化錳（Ⅳ）加進過氧化氫水時會產生氧氣，反應式如下。

$$2H_2O_2 \longrightarrow 2H_2O + O_2$$

理論上，因為過氧化氫水的係數是2，故本反應的反應速率應該會與過氧化氫濃度的平方成正比，但實際上反應速率僅與過氧化氫濃度的一次方成正比。請記得，化學式的係數與反應速率式的次數不一定相同。

$$v = k[\text{H}_2\text{O}_2]$$

→反應速率係數

（2）提升反應速率的條件

不同條件下，反應速率可能會變快（增加），也可能會變慢（減少）。提升反應速率的條件有3個，而要降低反應速率的話，只要反向操作就可以了。

① 提高濃度

化學反應需要分子間的碰撞。提高濃度後，分子間的碰撞頻率也會跟著增加，故反應速率會增加。

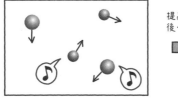 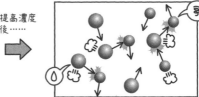

碰撞頻率增加！

「提高濃度」也包括「縮小體積」、「提高壓力」等。提高壓力後，體積也會變小，就結果而言「濃度會升高」。

同一件事！

② 提高溫度

　　提高溫度後，分子動能也會跟著增加。換言之「分子會動得更快」，進而使分子間的碰撞頻率增加。

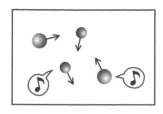 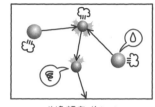

碰撞頻率增加！

　　還有一個重點。分子如果沒有「一定程度的能量」的話，即使碰撞也不會反應。而這種高能量狀態稱為「**過渡態**（也叫做**活化錯合物**）」，而觸發反應的最小能量則叫做「**活化能**」。溫度愈高，「能量大於活化能的分子數就愈多」，反應速率也跟著增加。

分子速率過慢，
無法產生反應

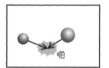

分子速率夠快，
能產生反應

■ 分子動能與分子數比例（會根據溫度而改變）

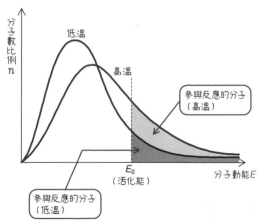

※溫度每增加10 K，反應速率會變成「2～4倍」。

③ 使用催化劑

在反應前後沒有改變,卻能夠大幅影響反應速率的物質稱為「**催化劑**」(有時也稱為觸媒)。幾乎所有催化劑都是藉由降低活化能的方式來加快反應速率。降低活化能,可增加大於活化能的分子數,使反應速率增加。

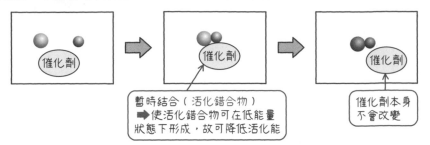

暫時結合(活化錯合物)
➡ 使活化錯合物可在低能量
狀態下形成,故可降低活化能

催化劑本身
不會改變

■ 分子動能與分子數比例(會根據催化劑而改變)

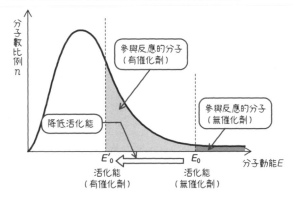

■ 無催化劑時的活化能

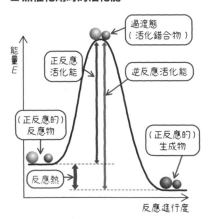

■ 有催化劑時的活化能

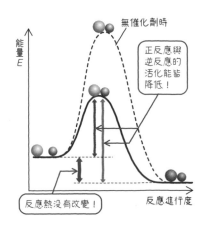

第**5**章

化學平衡

第**12**講　化學平衡 ··· p.74

第**13**講　解離常數 ··· p.83

第**14**講　緩衝液 ·· p.90

第**15**講　溶度積 ·· p.92

化學平衡

化學達到平衡時「外界看來，反應為靜止的狀態」。化學平衡的移動需考慮到「勒沙特列原理」！其中，「平衡常數」在「固定溫度下為固定值」是一大重點。

1 化學平衡

💡 速成重點！

化學平衡時「外界看來，反應為靜止」的狀態。

　　將氫氣與碘封在一個容器內，維持溫度在500℃。碘在這個溫度下會昇華，以氣態形式存在。

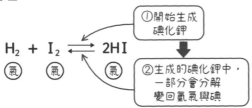

$$H_2 + I_2 \rightleftharpoons 2HI$$

①開始生成碘化鉀

②生成的碘化鉀中，一部分會分解變回氫氣與碘

　　這種可以往右也可以往左的反應稱為「**可逆反應**」。往右的反應稱為「**正反應**」，往左的反應稱為「**逆反應**」（→p.68）。

　　正反應的反應速率v_1一開始很大，但隨著反應的進行，氫氣與碘的濃度也逐漸降低，故v_1會愈來愈小。

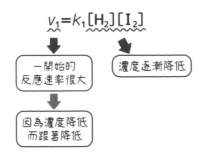

$$v_1 = k_1[H_2][I_2]$$

一開始的反應速率很大

濃度逐漸降低

因為濃度降低而跟著降低

　　一開始不存在碘化氫，故逆反應的反應速率v_2為零，但隨著碘化氫的生成，v_2也會愈來愈大。

第1部 理論化學

第1章
第2章
第3章
第4章
第5章
第6章

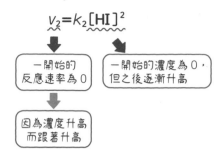

$$v_2 = k_2[HI]^2$$

一開始的反應速率為0

一開始的濃度為0，但之後逐漸升高

因為濃度升高而跟著升高

當 v_1 與 v_2 相同時，會呈現「**外界看來反應為靜止的狀態**」。這就是「**化學平衡**」。

■ $H_2 + I_2 \rightleftharpoons 2HI$ 反應時，反應速率與時間的變化

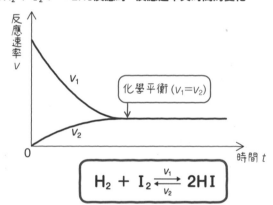

化學平衡時，外界看來反應停止，但內部分子仍持續反應著，只是因為正反應與逆反應的反應速率相等，所以看起來像是反應停止一樣。

外界看來反應停止……

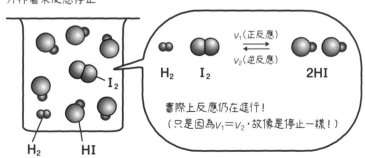

② 勒沙特列原理（平衡移動原理）

勒沙特列原理為：**平衡會往緩和變化的方向移動**。

反應達到化學平衡時，正反應與逆反應的速率相等，所以「外界看來反應靜止」；但只要改變條件，就可以改變平衡，稱為「平衡移動」。而平衡移動之後，又會達成新的化學平衡。

法國的勒沙特列提出**「可逆反應達成平衡狀態後，若濃度、壓力、溫度等條件改變，那麼平衡就會往緩和變化的方向移動」**。這也稱為「勒沙特列原理」或者是「平衡移動原理」。

「緩和」就是這個原理的基本概念。也就是說，平衡會「往緩和外界影響的方向移動」。

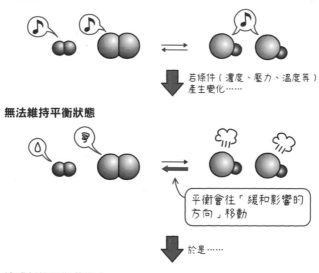

達成化學平衡時

若條件（濃度、壓力、溫度等）
產生變化……

無法維持平衡狀態

平衡會往「緩和影響的
方向」移動

於是……

達成新的平衡狀態！

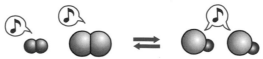

第1部 理論化學

第1章
第2章
第3章
第4章
第5章
第6章

（1）濃度的影響

　　首先，濃度改變時，**「多了什麼物質，平衡就往減少那種物質的方向移動；少了什麼物質，平衡就往增加那種物質的方向移動」**。請見以下平衡式。

$$N_2 + 3H_2 \rightleftharpoons 2NH_3$$

　　假設平衡後額外加入氫氣，此時氫氣「過多」，故平衡會往「減少氫氣的方向」移動。

　　因此，平衡會「往右移動」。

●額外加入H₂後……

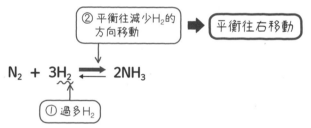

※雖然說「減少氫氣」，但平衡後的氫氣不會比額外加入前還要少。因為只是「將額外加入的部分減少」。
　另外，氮氣會因為平衡往右移動而跟著減少。

　　那麼，如果把氨移除的話會怎麼樣呢？此時氨會「過少」，故平衡會往「增加氨的方向」移動。

　　所以這時候平衡也會「往右移動」。

●移除NH₃後……

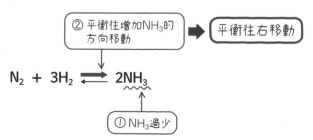

（2） 壓力的影響

　　接著是壓力，**「壓力提升時，平衡會往分子數較少的方向移動」**。在達成平衡的情況下，若提升壓力，會造成「壓力過大」，使平衡往降低壓力的方向移動。若體積與溫度不變，那麼要降低壓力就只能「減少物質量（莫耳數）」了。因此，平衡會往分子數較少（本例中為往右）的方向移動。

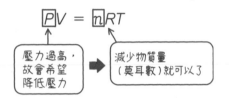

● 壓力過高的話……

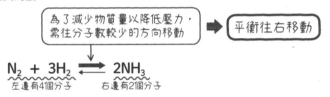

$$N_2 + 3H_2 \rightleftharpoons 2NH_3$$
左邊有4個分子　　　右邊有2個分子

※ 體積減少時也會有一樣的變化（減少體積時，壓力自然也會跟著提升）。

（3）溫度的影響

　　所謂的**提高溫度**，指的是「給予熱（也就是能量）」，故會**使平衡「往能量高的方向」**移動，也就是**使平衡「往吸熱反應的方向」移動**。相對的，**降低溫度時，平衡會「往能量低的方向」移動**，也就是**使平衡「往放熱反應的方向」移動**。

　　將熱化學反應式改以能量圖表示，便能輕鬆看出平衡會往哪個方向移動。先判斷能量圖中的物質會「往上還是往下」移動，再判斷平衡會「往右還是往左」移動。

$$N_{2(g)} + 3H_{2(g)} = 2NH_{3(g)} + 92\,kJ$$
（放熱反應）

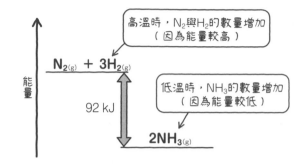

因此，就這個反應（放熱反應）來說，若溫度升高，「平衡會往左（吸熱反應的方向）移動」；若溫度降低，「平衡會往右（放熱反應的方向）移動」。

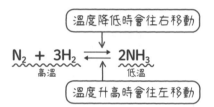

（4）催化劑的影響

💡 **速成重點！**

催化劑與平衡移動無關。

加入催化劑可提高反應速率，卻不會影響平衡。雖然催化劑可以提升正反應的反應速率，但逆反應的反應速率也會「依相同比例」提升。加入催化劑後，「（因為反應速率增加）**會提早達到化學平衡，但結果（最終平衡狀態）仍相同**」。

●加入催化劑後……

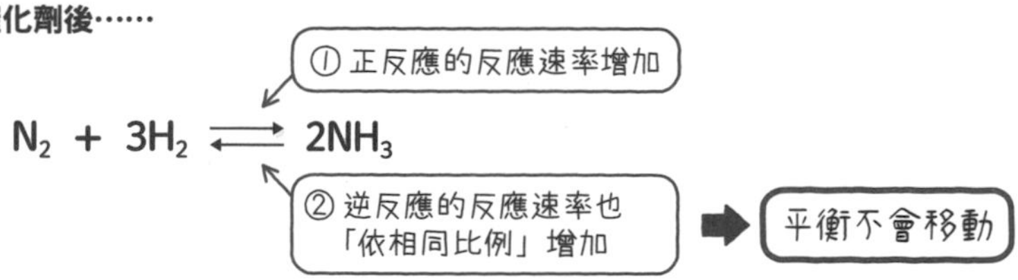

① 正反應的反應速率增加

$$N_2 + 3H_2 \rightleftarrows 2NH_3$$

② 逆反應的反應速率也「依相同比例」增加　➡　平衡不會移動

③ 化學平衡定律（質量作用定律）

速成重點！

左邊是分母，右邊是分子。

可逆反應達到化學平衡時，可以依照以下數學式定義「**平衡常數**」K的數值。溫度固定時，K恆為定值。

$$aA + bB \rightleftharpoons cC + dD$$

$$K = \frac{[C]^c[D]^d}{[A]^a[B]^b} = 定值$$

※〔 〕為各物質的莫耳濃度〔mol/L〕。

這個式子暗示了「**化學平衡定律**」（也稱為「**質量作用定律**」）。

用反應物質濃度表示的平衡常數稱為「**濃度平衡常數**」，用反應物質分壓表示的平衡常數稱為「**壓力平衡常數**」。一般來說，「平衡常數」指的通常是「濃度平衡常數」。

$$N_2O_4 \rightleftharpoons 2NO_2$$

以濃度表示…   以分壓表示…

$$K = \frac{[NO_2]^2}{[N_2O_4]} \qquad\qquad K_p = \frac{P_{NO_2}^{\ 2}}{P_{N_2O_4}}$$

濃度平衡常數   壓力平衡常數

濃度平衡常數與壓力平衡常數之間有什麼關係呢？將理想氣體狀態方程式稍加變形後，可將濃度表示如下。

NO₂貢獻的壓力（＝NO₂的分壓）   體積為整個體積   僅NO₂的物質量

$$P_{NO_2} \times V = n_{NO_2} \times RT$$

$$\Rightarrow [NO_2]\left(= \frac{n_{NO_2}}{V}\right) = \frac{P_{NO_2}}{RT}$$

將以上結果代入濃度平衡常數中。左邊的分子數與右邊的分子數相等時，可同時消去分子與分母的 RT，此時濃度平衡常數會等於壓力平衡常數。

● $N_2O_4 \rightleftharpoons 2NO_2$ 的反應中……

$$\left(\begin{array}{c}四氧化\\二氮\end{array}\right) \quad \left(\begin{array}{c}二氧\\化氮\end{array}\right)$$

$$K = \frac{[NO_2]^2}{[N_2O_4]} = \frac{\left(\dfrac{P_{NO_2}}{RT}\right)^2}{\left(\dfrac{P_{N_2O_4}}{RT}\right)}$$

$$= \frac{P_{NO_2}{}^2}{P_{N_2O_4}} \times \frac{1}{RT} = \frac{K_p}{RT}$$

● $H_2 + I_2 \rightleftharpoons 2HI$ 的反應中……

左邊2分子　右邊2分子

$$K = \frac{[HI]^2}{[H_2][I_2]} = \frac{\left(\dfrac{P_{HI}}{RT}\right)^2}{\left(\dfrac{P_{H_2}}{RT}\right)\left(\dfrac{P_{I_2}}{RT}\right)}$$

$$= \frac{P_{HI}{}^2}{P_{H_2} \times P_{I_2}} = K_p$$

那麼，來解解看例題吧。

例題

　　將物質量（莫耳數）相等的氫氣與碘封入一個體積固定的容器內，溫度維持在 450°C 時，發生以下反應，並達到平衡狀態。

$$H_2 + I_2 \rightleftharpoons 2HI$$

此反應的平衡常數可表示如下。

$$K = \frac{[HI]^2}{[H_2][I_2]} = 64$$

平衡狀態下，各成分皆以氣體形式存在，且氫氣與碘的莫耳濃度為 $[H_2] = [I_2] = 0.10$〔mol/L〕。

（1）　請問平衡狀態下的碘化氫濃度為多少mol/L？答案請取2位有效位數。

（2）　設正反應的反應速率為 $v_1 = k_1[H_2][I_2]$，逆反應的反應速率為 $v_2 = k_2[HI]^2$。試問，對於此溫度下的反應速率常數 k_1、k_2 而言，k_1 會是 k_2 的多少倍？答案請取2位有效位數。

解答・解説

(1)　$K = \dfrac{[HI]^2}{[H_2][I_2]} = \dfrac{[HI]^2}{0.10 \times 0.10} = 64$

由 $[HI] > 0$ 可知

$[HI] = \textbf{0.80 (mol/L)}$　…答

(2)　平衡狀態下 $v_1 = v_2$，故

$k_1[H_2][I_2] = k_2[HI]^2$

$\dfrac{k_1}{k_2} = \dfrac{[HI]^2}{[H_2][I_2]}$

由題目可知 $\dfrac{[HI]^2}{[H_2][I_2]} = 64$，故

$\dfrac{k_1}{k_2} = 64$

因此為 **64倍**　…答

解離常數

解離反應（物質分解成離子的反應）中的「解離常數」常用於弱酸與弱鹼的計算。水的離子積也是一大重點。

1 解離常數

解離常數是**解離平衡時的平衡常數**。

醋酸是弱酸，其水溶液中只有一部分的分子會釋放出氫離子。這種物質分解成離子的過程，稱為「解離」。

$$CH_3COOH \rightleftharpoons \underset{（1\%左右解離）}{CH_3COO^- + H^+}$$

酸或鹼在水溶液中的解離比例稱為「**解離度**」，常用 α 來表示。醋酸的解離度約為0.01（＝1%）。

解離反應達成平衡時稱為「**解離平衡**」，其平衡常數稱為「**解離常數**」。解離常數是一種平衡常數，所以在固定溫度下，解離常數會是定值。就算稀釋醋酸、或者加入氫氧化鈉水溶液中和，解離常數仍會維持定值。

$$K_a = \frac{[CH_3COO^-][H^+]}{[CH_3COOH]} = 定值$$

試求醋酸的pH值。首先，假設一開始醋酸的濃度為 c〔mol/L〕、醋酸根離子濃度為0〔mol/L〕，雖然氫離子的濃度不完全是0〔mol/L〕（因為水也會解離出極少量的氫離子），但幾乎等於0，故可表示為「（0）」。

假設平衡狀態下的解離度為 α，那麼醋酸根離子濃度與氫離子濃度就會轉變成 $c\alpha$〔mol/L〕，醋酸分子的濃度則會變成 $c - c\alpha = c(1-\alpha)$〔mol/L〕。

$$CH_3COOH \underset{}{\overset{\alpha}{\rightleftarrows}} CH_3COO^- + H^+$$

（解離前）	c	0	(0)
$+$〕（變化量）	$-c\alpha$	$+c\alpha$	$+c\alpha$
（解離後）	$c(1-\alpha)$	$c\alpha$	$c\alpha$

※單位為〔mol/L〕

平衡狀態下⋯ $\begin{cases} [CH_3COOH] = c(1-\alpha) \\ [CH_3COO^-] = c\alpha \\ [H^+] = c\alpha \end{cases}$

　　將這個數值代回解離常數的式子。消去1個c之後，分母會變成「$1-\alpha$」。這就是最重要的一點！

$$K_a = \frac{[CH_3COO^-][H^+]}{[CH_3COOH]}$$
$$= \frac{c\alpha \times c\alpha}{c(1-\alpha)} = \frac{c\alpha^2}{1-\alpha}$$

　　如前頁所述，醋酸為弱酸，解離度α「約為0.01（＝1%）」，故「$1-\alpha$」指的是「約少了1%」。舉例來說，如果各位手上有1000元的話，就算拿走10元，應該也會覺得「幾乎沒有變少」才對。同樣的，即使醋酸少了1%，也幾乎感覺不到醋酸有變少。

　　所以我們可以寫出「$1-\alpha \fallingdotseq 1$」這樣的關係式。

$$K_a = \frac{c\alpha^2}{1-\alpha} = c\alpha^2$$

α相當小（約1%），
故可以當做「$1-\alpha \fallingdotseq 1$」

這表示，解離常數幾乎等於$c\alpha^2$，由此可解出α如下。

$$K_a = c\alpha^2$$
$$\alpha = \sqrt{\frac{K_a}{c}}$$

請把這當成「公式」。考試時沒有時間給你推導，請務必把它背下來。

仔細觀察這個公式可以發現，c值愈大，α就愈小；相反的c值愈小，α就愈大。也就是說「**濃度愈高，解離度愈小；濃度愈低，解離度愈大**」。

$$\alpha = \sqrt{\frac{K_a}{c}} \qquad \begin{cases} c\text{大} \Rightarrow \alpha\text{小} \\ c\text{小} \Rightarrow \alpha\text{大} \end{cases}$$

因為$[H^+] = c\alpha$，將上式$\alpha = \sqrt{\frac{K_a}{c}}$代入，可得以下等式。

$$[H^+]\left(=c\alpha = c\times\sqrt{\frac{K_a}{c}}\right) = \sqrt{cK_a}$$

假設一開始的醋酸濃度為$c = 0.10$ mol/L，醋酸的解離常數為$K_a = 1.8\times10^{-5}$ mol/L，代入公式後可計算出$[H^+]$與pH如下。

$$[H^+] = \sqrt{cK_a} = \sqrt{0.10\times1.8\times10^{-5}} = \sqrt{18\times10^{-7}}$$
$$= 3\sqrt{2}\times10^{-\frac{7}{2}} \text{ (mol/L)}$$
$$pH = -\log_{10}[H^+] = -\log_{10}(3\sqrt{2}\times10^{-\frac{7}{2}})$$
$$= \frac{7}{2} - \log_{10}3 - \frac{1}{2}\log_{10}2 \quad \longleftarrow \boxed{\text{假設 }\log_{10}2 = 0.30 \text{、} \log_{10}3 = 0.48}$$
$$= \frac{7}{2} - 0.48 - 0.15$$
$$= 2.87$$

💡 **速成重點！**

對弱酸而言，**濃度愈高解離度愈小**，**濃度愈低解離度愈大**。

那麼，氨的解離常數又是如何呢？氨的解離平衡如下所示。

$$NH_3 + H_2O \rightleftharpoons NH_4^+ + OH^-$$

這個反應的解離常數如下所示，請注意「水H_2O」這一項。「水」是溶劑，大量存在於溶液中，濃度可視為一定，故可「將$[H_2O]$移至等號左邊與K相乘」。

$$K = \frac{[NH_4^+][OH^-]}{[NH_3][H_2O]}$$

水的濃度幾乎保持一定，故可移至等號左邊

可能你會覺得有些難懂，其實就是在寫出關係式的時候，「將所有常數集合到一個地方（等號左邊）」而已。這裡將這個數定義為氨的解離常數 K_b。

$$\underset{\text{氨的解離常數}}{K_b}(=K[H_2O]) = \frac{[NH_4^+][OH^-]}{[NH_3]}$$

那麼，來看看氨水的pH是多少吧。令一開始的氨濃度為$c〔mol/L〕$，解離度為α。與前面提到的醋酸一樣，可以列表如下（水可視為「定值」，故這裡省略水的濃度）。

$$NH_3 + H_2O \overset{\alpha}{\rightleftharpoons} NH_4^+ + OH^-$$

（解離前）	c	0	(0)
＋）（變化量）	$-c\alpha$	$+c\alpha$	$+c\alpha$
（解離後）	$c(1-\alpha)$	$c\alpha$	$c\alpha$

※單位為〔mol/L〕

將平衡狀態時各物質的濃度代回解離常數，可以得到與醋酸例子類似的結果。
因為氨的解離度為0.01（＝1%），故這裡也可以使用「$1-\alpha ≒ 1$」。

$$K_b = \frac{[NH_4^+][OH^-]}{[NH_3]} = \frac{c\alpha \times c\alpha}{c(1-\alpha)}$$

$$= \frac{c\alpha^2}{1-\alpha} = c\alpha^2$$

$$\alpha = \sqrt{\frac{K_b}{c}}$$

求出解離度後，還可計算出氫氧根離子的濃度。

$$[OH^-]\left(= c\alpha = c \times \sqrt{\frac{K_b}{c}} \right) = \sqrt{cK_b}$$

在此假設氨的解離常數為$K_b = 1.8 \times 10^{-5}$ mol/L、$[H^+][OH^-] = K_w = 1.0 \times 10^{-14}$ $(mol/L)^2$（稱為「**水的離子積**」→p.88）、$c = 0.10$ mol/L，那麼 $[OH^-]$、$[H^+]$、pH可計算如下。

$$[OH^-] = \sqrt{cK_b} = \sqrt{0.10 \times 1.8 \times 10^{-5}} = \sqrt{18 \times 10^{-7}}$$

$$= 3\sqrt{2} \times 10^{-\frac{7}{2}} \, [mol/L]$$

$$[H^+] = \frac{K_w}{[OH^-]} = \frac{1.0 \times 10^{-14}}{3\sqrt{2} \times 10^{-\frac{7}{2}}} = \frac{1}{3\sqrt{2}} \times 10^{-\frac{21}{2}} \, [mol/L]$$

$$pH = -\log_{10}[H^+] = -\log_{10}\left(\frac{1}{3\sqrt{2}} \times 10^{-\frac{21}{2}} \right)$$

$$= \frac{21}{2} + \log_{10}3 + \frac{1}{2}\log_{10}2 \quad \longleftarrow \boxed{\text{假設}\log_{10}2 = 0.30 \text{、} \log_{10}3 = 0.48}$$

$$= \frac{21}{2} + 0.48 + 0.15$$

$$= \underline{11.13}$$

💡 **速成重點！**

水的濃度變化極小，故可**視為「定值」**。

❷ 水的離子積

酸性水溶液中含有極少量的氫氧根離子，鹼性水溶液中亦含有極少量的氫離子。這是因為水會在水中少量解離。故當水達到解離平衡時，可定義平衡常數如下。

$$H_2O \rightleftharpoons H^+ + OH^-$$

$$K = \frac{[H^+][OH^-]}{[H_2O]}$$

水的濃度固定，
故可移至等號左邊

水大量存在於水溶液中，濃度可視為一定，故可將水的濃度移至等號左邊與K相乘，得到「**水的離子積**」。

水的離子積在概念上可以想成是「水的解離常數」。25℃時，水的離子積等於1.0×10^{-14}（mol/L）^{2}。

$$K_w(=K[H_2O]) = [H^+][OH^-] = 1.0 \times 10^{-14}\,(\text{mol/L})^2 \quad (25℃)$$

那麼，其他溫度時又會如何呢？

考慮中和熱。如以下熱化學方程式所示，中和反應為放熱反應。

$$H^+ + OH^- = H_2O + 57\,kJ$$

由此可知，水的解離反應是「吸熱反應」。

$$H_2O = H^+ + OH^- - 57\,kJ$$

溫度愈高，水的離子積就會愈大。譬如60℃的水，其離子積就會比1.0×10^{-14}（mol/L）^{2}還要大。

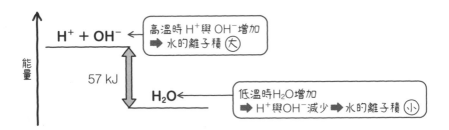

接著，讓我們透過例題來習慣解離常數的計算吧。

例題

氨水中的氨會依照以下反應式解離。

$$NH_3 + H_2O \rightleftharpoons NH_4^+ + OH^-$$

解離常數定義如下。

$$K_b = \frac{[NH_4^+][OH^-]}{[NH_3]}$$

設25℃、0.10 mol/L的氨水中，氨的解離度為0.013，試求25℃下，氨的解離常數是多少。請計算到2位有效數字。

解答·解說

設氨的濃度為c〔mol/L〕、解離度為α，那麼在平衡狀態下，$[NH_3]=c(1-\alpha)$〔mol/L〕、$[NH_4^+]=c\alpha$〔mol/L〕、$[OH^-]=c\alpha$〔mol/L〕。因為$1-\alpha \fallingdotseq 1$，故

$$K_b = \frac{[NH_4^+][OH^-]}{[NH_3]} = \frac{c\alpha \times c\alpha}{c(1-\alpha)} = \frac{c\alpha^2}{1-\alpha} = c\alpha^2$$

$$= 0.10 \times (0.013)^2 = 1.69 \times 10^{-5} \fallingdotseq \mathbf{1.7 \times 10^{-5} \text{〔mol/L〕}} \quad \cdots 答$$

（另解）

不使用「$1-\alpha \fallingdotseq 1$」，直接計算的話可以得到

$$K_b = \frac{c\alpha^2}{1-\alpha} = \frac{0.10 \times (0.013)^2}{0.987} = 1.71\cdots \times 10^{-5}$$

取2位有效數字，可以得到$\mathbf{1.7 \times 10^{-5} \text{〔mol/L〕}}$，答案相同。

加入少量酸或少量鹼後，pH仍不會改變的「緩衝液」，是常用於生物實驗的水溶液。

緩衝液

緩衝液的pH變化很小。

醋酸與醋酸鈉的混合溶液中，醋酸鈉幾乎完全解離。

$$CH_3COONa \longrightarrow CH_3COO^- + Na^+$$

另一方面，醋酸鈉解離後會產生許多醋酸根離子，這會抑制醋酸的解離。因此，幾乎所有醋酸都以分子形式存在於溶液中。

$$CH_3COOH \rightleftharpoons CH_3COO^- + H^+$$

也就是說，「醋酸與醋酸鈉的混合溶液」可以看成是「醋酸與醋酸根離子的混合溶液」。

$$\begin{cases} CH_3COOH \\ CH_3COONa \end{cases} \quad \longleftrightarrow \quad \begin{cases} CH_3COOH \\ CH_3COO^- \end{cases}$$

可視為相同

若在這個溶液內加入少量的酸，則氫離子會與醋酸根離子反應生成醋酸分子；若加入少量鹼，則氫氧根離子會與醋酸分子反應，生成醋酸根離子。

$$\begin{cases} CH_3COO^- + H^+ \longrightarrow CH_3COOH \\ CH_3COOH + OH^- \longrightarrow CH_3COO^- + H_2O \end{cases}$$

　　若在水中加入氫離子或氫氧根離子，pH值會大幅改變。不過如果是加到這個溶液內的話，氫離子與氫氧根離子會馬上被反應掉，故pH值不會改變。像這種加入少量的酸或鹼時，pH不易產生變化的溶液，就叫做「**緩衝液**」。

　　緩衝液有很多種。「醋酸與醋酸鈉」就是一種代表性的緩衝液，另外像是「氨與氯化銨」、「碳酸鈉與碳酸氫鈉」等，也是緩衝液。

■ 氨與氯化銨的緩衝液

$$\begin{cases} NH_3 \\ NH_4Cl \end{cases} \quad\longleftrightarrow\quad \begin{cases} NH_3 \\ NH_4^+ \end{cases}$$

可視為相同

加入少量的酸或鹼後……

$$\begin{cases} NH_3 + H^+ \longrightarrow NH_4^+ \\ NH_4^+ + OH^- \longrightarrow NH_3 + H_2O \end{cases}$$

> H^+會與NH_3反應，形成NH_4^+；
> OH^-會與NH_4^+反應，形成NH_3

■ 碳酸鈉與碳酸氫鈉的緩衝液

$$\begin{cases} Na_2CO_3 \\ NaHCO_3 \end{cases} \quad\longleftrightarrow\quad \begin{cases} CO_3^{2-} \\ HCO_3^- \end{cases}$$

可視為相同

加入少量的酸或鹼後……

$$\begin{cases} CO_3^{2-} + H^+ \longrightarrow HCO_3^- \\ HCO_3^- + OH^- \longrightarrow CO_3^{2-} + H_2O \end{cases}$$

> H^+會與CO_3^{2-}反應，形成HCO_3^-；
> OH^-會與HCO_3^-反應，形成CO_3^{2-}

※「緩衝」意為「減緩衝擊」。酸、鹼的衝擊會造成「pH變化」。「緩衝液」則可減緩這樣的變化。
　生物實驗中，為了維持酵素的活性，需讓pH維持在一定區間內。故實驗時加入緩衝液已是生物實驗的「常識」。

第15講 溶度積

離子性固體溶解（達到溶解平衡）時，我們會用「溶度積」來表示其平衡常數，通常用來描述會沉澱的金屬離子（→第20講）。可以把這想像成「溶解度」。

❶ 溶解平衡

💡 **速成重點！**

在氯化鈉的飽和水溶液中打入氯化氫氣體時，會使溶解平衡移動，**析出氯化鈉結晶。**

舉例來說，殘留固態氯化鈉的飽和水溶液達成了以下平衡。

$$NaCl_{(s)} \rightleftharpoons \underset{水合離子}{Na^+_{(aq)}} + \underset{水合離子}{Cl^-_{(aq)}}$$

這樣的平衡稱為「溶解平衡」。固態氯化鈉的溶解速度與固態氯化鈉的析出速度相等，故「**外界看來靜止不動**」。

要是將氯化氫氣體打入氯化鈉飽和水溶液的話，會發生什麼事呢？飽和水溶液內沒有固態氯化氫，故氯化氫的溶解平衡會大幅往右偏移。

氯化氫溶於大量水中時會形成鹽酸。鹽酸為強酸，故會使水溶液內的氯離子急速增加。

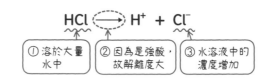

$$HCl \rightleftharpoons H^+ + Cl^-$$

① 溶於大量水中　② 因為是強酸，故解離度大　③ 水溶液中的濃度增加

氯化鈉達溶解平衡時，溶液內仍存在氯離子，所以當氯離子急速增加時，溶解平衡會往左移動，析出氯化鈉結晶。

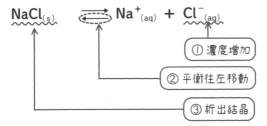

■ 將HCl氣體打入NaCl飽和水溶液時的情況

2 溶度積

速成重點！

溶度積可以從溶解平衡的**平衡常數推導出來**。

舉例來說，氯化銀是白色沉澱，但會微溶於水中，溶解平衡狀態如下。

$$AgCl_{(s)} \rightleftharpoons Ag^+_{(aq)} + Cl^-_{(aq)}$$

依定義，達成溶解平衡時，氯化銀的平衡常數如下。

$$K = \frac{[Ag^+][Cl^-]}{[AgCl_{(s)}]}$$

其中，氯化銀濃度幾乎不會改變，可視為固定值並移到等號左邊，故銀離子濃度與氯離子濃度的乘積為固定數值，稱為「**溶度積**」，寫做K_{sp}。氯化銀在25℃時，$K_{sp}=1.8\times10^{-10}$（mol/L）^{2}。

$$K_{sp}(=K[AgCl_{(s)}])=[Ag^+][Cl^-]$$

氯化銀的溶度積

※K_{sp}的sp為溶度積（solubility product）的首字母縮寫。

溶度積為平衡常數，但也可想成是「沉澱物質的溶解度」。不過這畢竟是一種「平衡常數」，所以會寫成「乘積」的形式。

舉例來說，假設我們想計算1.0 L的水可溶解多少mol的氯化銀。設有x〔mol〕的氯化銀溶解於水中，那麼銀離子濃度與氯離子濃度應該都會是x〔mol/L〕才對。

●x〔mol〕的AgCl溶於1.0 L的H₂O中

$$\begin{cases} Ag^+ : x \text{（mol）} \\ Cl^- : x \text{（mol）} \end{cases} \quad \Rightarrow \quad \begin{array}{l} [Ag^+]=x \text{（mol/L）} \\ [Cl^-]=x \text{（mol/L）} \end{array}$$

體積為 1.0 L

25℃時，氯化銀的溶度積為1.8×10^{-10}（mol/L）^{2}，代入公式可得

$$K_{sp}=[Ag^+][Cl^-]=x\times x$$
$$=x^2=1.8\times10^{-10} \text{（mol/L）}^2$$
$$x \fallingdotseq 1.34\times10^{-5} \text{ mol/L}$$

最後得$x=1.34\times10^{-5}$〔mol/L〕。因此，1.0 L的水可溶解$\underline{1.34\times10^{-5}\text{ mol}}$的氯化銀。

那麼，1.0 L的0.10 mol/L鹽酸可溶解多少mol的氯化銀呢？同樣的，假設可以溶解x〔mol/L〕的氯化銀，那麼平衡時銀離子的濃度為x〔mol/L〕。不過，氯離子濃度會保持在0.10 mol/L。雖然氯化銀溶解時也會產生氯離子，但溶出來的量非常少，對氯離子濃度的影響小到可以忽略。

●x〔mol〕的AgCl溶於1.0 L的HCl（0.10 mol/L）中

$$\begin{array}{ccccc}
\text{AgCl} & \rightleftharpoons & \text{Ag}^+ & + & \text{Cl}^- \\
x\,\text{〔mol/L〕} & & x\,\text{〔mol/L〕} & & x\,\text{〔mol/L〕}
\end{array}$$

$$\begin{array}{ccccc}
\text{HCl} & \longrightarrow & \text{H}^+ & + & \text{Cl}^- \\
\text{完全解離} & & 0.10\,\text{mol/L} & & 0.10\,\text{mol/L}
\end{array}$$

變成 $[\text{Cl}^-]=(0.10+x)\,\text{mol/L}$

將以上數字代入溶度積的公式

$$K_{sp}=[\text{Ag}^+][\text{Cl}^-]=x\times(0.10+x)=1.8\times10^{-10}\,(\text{mol/L})^2$$

因為氯化銀僅微量溶解於水中，故 $x\ll0.10$ mol/L，即 $0.10+x\fallingdotseq0.10$。
將其代入溶度積的式子可得

$$K_{sp}=x\times\underset{\text{近似於}0.10}{\underbrace{(0.10+x)}}=1.8\times10^{-10}$$
$$x\times0.10=1.8\times10^{-10}$$
$$x=1.8\times10^{-9}$$

最後得 $x=1.8\times10^{-9}$（mol/L）。也就是說，1.0 L的0.10 mol/L鹽酸可以溶解 1.8×10^{-9} mol的氯化銀。

氯化銀在1.0 L之0.10 mol/L鹽酸中的溶解量，大約是在1.0 L水中溶解量的10000分之1！

$$\frac{1.8 \times 10^{-9} (mol)}{1.34 \times 10^{-5} (mol)} \fallingdotseq 1.34 \times 10^{-4}$$

約 $\frac{1}{10000}$

鹽酸含有許多氯離子，故平衡會往左移動，產生比溶於水中時更多的氯化銀沉澱，也就是「更難溶」於鹽酸中的意思（這種現象叫做「**同離子效應**」）。

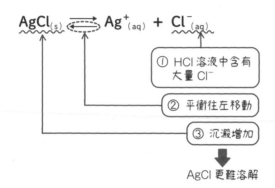

① HCl 溶液中含有大量 Cl⁻

② 平衡往左移動

③ 沉澱增加

AgCl 更難溶解

第**6**章

電池與電解

第**16**講　**電池** p.98

第**17**講　**電解** p.102

第16講 電池

　　我們在化學基礎中曾經談到電池，這裡將進一步說明電池的原理。讓我們先從正極與負極的半反應式開始講解。

1 電池

　　電池是藉由氧化還原反應來產生電能的裝置，「**離子化傾向大的物質是負極**」。負極（－）為「**電流流入→電子流出→被氧化**」的一端，發生「**氧化反應**」。同樣的，正極（＋）為「**電流流出→電子流入→被還原**」的一端，發生「**還原反應**」。

■ 電池的運作機制

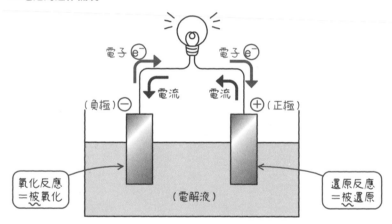

2 主要電池

（1）丹尼爾電池與應用

　　丹尼爾電池的正極為「**銅的半電池**」，負極為「**鋅的半電池**」。所謂的半電池，簡單來說就是「一半的電池」。

　　此時，若提高正極的硫酸銅（Ⅱ）（$CuSO_4$）水溶液濃度，或者是降低負極的硫酸鋅（$ZnSO_4$）水溶液濃度，都會提高**電動勢**。

■ **丹尼爾電池**

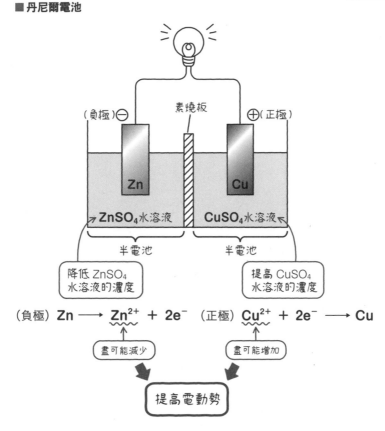

(負極) Zn ⟶ Zn^{2+} + $2e^-$ (正極) Cu^{2+} + $2e^-$ ⟶ Cu

延伸　**鎳鎘電池**

鎳鎘電池的正極是鹼式氧化鎳（Ⅲ）（NiO(OH)），負極是鎘（Cd），電解液是氫氧化鉀（KOH），屬於二次電池[※]。

※ 電力用盡後無法充電的電池稱為一次電池，可充電再利用的電池則稱為二次電池。

放電時的反應如下所示。

（正極）　$NiO(OH) + H_2O + e^- \longrightarrow Ni(OH)_2 + OH^-$

（負極）　$Cd + 2OH^- \longrightarrow Cd(OH)_2 + 2e^-$

充電時則為逆反應。

（正極）　$Ni(OH)_2 + OH^- \longrightarrow NiO(OH) + H_2O + e^-$

（負極）　$Cd(OH)_2 + 2e^- \longrightarrow Cd + 2OH^-$

延伸　**鋰電池**

鋰電池的正極是二氧化錳（Ⅳ）（MnO_2），負極是鋰（Li），屬於一次電池。常用於鈕扣型電池。

因為鋰的離子化傾向很大，容易與水反應產生氫氣（$2Li + 2H_2O \longrightarrow 2LiOH + H_2$），故鋰電池是使用內含有機化合物的電解液。

延伸　**鋰離子電池**

鋰離子電池的正極是鋰鈷氧化物（$LiCoO_2$），負極是石墨（C）與鋰（Li），屬於二次電池。常用在個人電腦和手機上。與鋰電池一樣，使用內含有機化合物的電解液。

（2）實用電池整理

本節提到的各種實用電池整理如下表。

■ **各種實用電池**

名稱			電池成分			電動勢〔V〕
			負極	電解質	正極	
一次電池	錳乾電池 		Zn	$ZnCl_2$、NH_4Cl	MnO_2	1.5
	鋰電池 		Li	Li鹽	MnO_2	3.0
二次電池	鉛蓄電池 		Pb	H_2SO_4	PbO_2	2.0
	鎳鎘電池 		Cd	KOH	$NiO(OH)$	1.3
	鋰離子電池 		C(石墨)與Li的化合物	Li鹽	$LiCoO_2$	4.0
	燃料電池		H_2	H_3PO_4	O_2	1.2

第17講 電解

我們在化學基礎的地方也稍微提過電解。陽極極板為「碳或鉑」與「銀或銅」時，半反應式會有很大的差異，請牢記兩者的差別。

1 電解

所謂的「**電解**」，是將電極浸在電解質水溶液內，通以電流，使電極產生氧化還原反應。**陽極（＋）**的反應為「**電流流入→電子流出→被氧化**」，故為「**氧化反應**」。同樣的，**陰極（－）**的反應為「**電流流出→電子流入→被還原**」，故為「**還原反應**」。

許多人會把陰極、陽極與電池的正極、負極弄混，請確實分清楚它們的差別。

電解⋯以電能引起氧化還原反應

　　電極的反應：陽極為氧化反應，陰極為還原反應

　　電流的流向：陰極（－）→陽極（＋）　電子的流向：陽極（＋）→陰極（－）

電池⋯利用氧化還原反應提取出電能

　　電極的反應：負極為氧化反應，正極為還原反應

　　電流的流向：正極（＋）→負極（－）　電子的流向：負極（－）→正極（＋）

■ **電解**

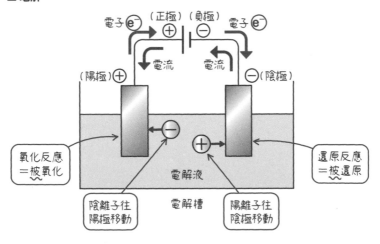

除了前面提到的電解情況之外，再來看看幾個例子。

（1）陽極為鉑板（Pt），陰極為銅板（Cu），
電解液為硫酸銅（Ⅱ）（CuSO₄）水溶液的情況

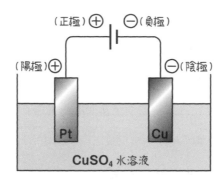

首先是陽極，極板為鉑（Pt），相當穩定（不會反應）。溶液中的陰離子為硫酸根離子（SO_4^{2-}），也相當穩定（不會反應）。因此被氧化的是水（H_2O），產生氧氣（O_2）。

（陽極）　$2H_2O \longrightarrow O_2 + 4H^+ + 4e^-$

再來是陰極，銅的離子化傾向很小，故銅（Ⅱ）離子（Cu^{2+}）會被還原，析出銅（Cu）。

（陰極）　$Cu^{2+} + 2e^- \longrightarrow Cu$

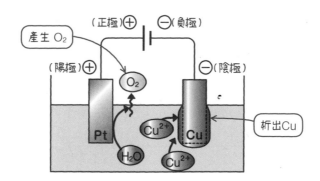

（2）陽極、陰極皆為銀板（Ag），
電解液為硝酸銀（AgNO₃）水溶液的情況

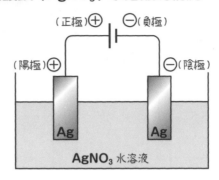

首先是陽極，極板為銀（Ag），會釋放出電子，溶於水中。

（陽極）　$Ag \longrightarrow Ag^+ + e^-$

銀雖然是離子化傾向很小的金屬，但電解時的環境特殊，在陽極被施以電壓的情況下，即使是銀也會溶於電解液中。能夠穩定不溶解的陽極只有鉑（Pt）和石墨（C）而已！這點一定要記住。

再來是陰極，銀的離子化傾向很小，故銀離子（Ag^+）會被還原，析出銀（Ag）。

（陰極）　$Ag^+ + e^- \longrightarrow Ag$

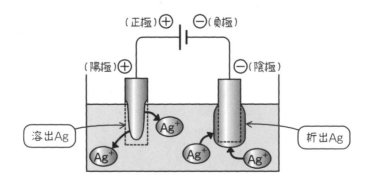

第**1**部 理論化學

第**1**章

第**2**章

第**3**章

第**4**章

第**5**章

第**6**章

（3）陽極為石墨（C），陰極為鐵板（Fe），電解液為氯化鈉（NaCl）水溶液的情況

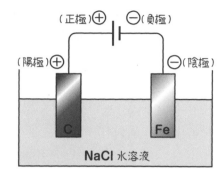

首先是陽極，極板為石墨（C），相當穩定（不會反應）。溶液中的陰離子為氯離子（Cl^-），會釋放出電子，產生氯氣（Cl_2）。

（陽極）　$2Cl^- \longrightarrow Cl_2 + 2e^-$

再來是陰極，鈉（Na）的離子化傾向很大，故電解水溶液的時候不會析出。

因為水溶液中必定存在氫離子（H^+），且離子化傾向為Na≫(H)，故會發生$2H^+ + 2e^- \longrightarrow H_2$ 的反應，產生氫氣（H_2）。水溶液為中性，故反應式如下。

（陰極）　$2H_2O + 2e^- \longrightarrow H_2 + 2OH^-$

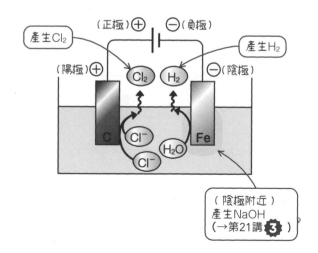

❷ 熔鹽電解

　　像鈉（Na）這種離子化傾向大的金屬容易與水反應，故無法藉由電解水溶液的方式析出。如前頁所示，電解氯化鈉（NaCl）水溶液時，陰極產生的是氫氣。如果不將氯化鈉（NaCl）溶於水中，而是直接將氯化鈉加熱到熔化（加熱到800℃時便會熔化）再電解，便可獲得金屬鈉。以這種方式製備金屬單質的方法，稱為「熔鹽電解」。

（陽極）　$2Cl^- \longrightarrow Cl_2 + 2e^-$

（陰極）　$Na^+ + e^- \longrightarrow Na$

■ 鈉的熔鹽電解

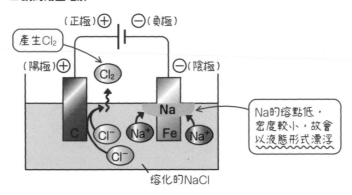

❸ 電解的定律

💡 速成重點！

法拉第電解定律：產生變化的離子**物質量與流經電荷量成正比**。

1833年，法拉第發現「**電解時，在陽極或陰極產生變化的離子物質量，與流經電荷量成正比**」，又稱為「**法拉第電解定律**」。

1 mol電子的電荷量絕對值為9.65×10⁴ C（庫侖）。因為1個電子的電荷量絕對值為$1.602×10^{-19}C$，故將其乘上亞佛加厥常數可得$1.602×10^{-19}$ C$×6.022×10^{23}$/mol$≒9.65×10^4$ C/mol。這個$9.65×10^4$ C/mol就稱為「**法拉第常數**」，以符號F表示。

另外，單位時間〔s〕流過的電荷量〔C〕稱為「**電流**」。電流單位為〔A〕（安培），三者的關係如下。

$$〔A〕=\frac{〔C〕}{〔s〕}$$

※「s」為「秒（second）」的意思。

以電解氯化銅（Ⅱ）水溶液為例。

假如在陰極析出了1 mol的銅，就表示有2 mol的電子流過。

（陰極）　Cu^{2+} + $\underset{\text{流過2mol}}{\underline{2e^-}}$ ⟶ $\underset{\text{析出1 mol}}{\underline{Cu}}$

同時，陽極也有2 mol電子流過。導線中充滿了自由電子，通電時所有導線內的自由電子會一起移動，就像壓麵器把麵條壓出來的時候一樣。當「有2 mol電子流過」時，陽極會有2 mol電子流過，陰極也「同時」有2 mol電子流過。

■ $CuCl_2$水溶液的電解

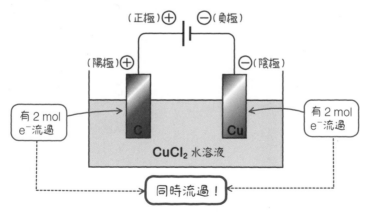

因為流過陽極的電子也是2 mol，所以陽極會生成1 mol的氯氣。

（陽極）　　$2Cl^- \longrightarrow \underline{\underline{Cl_2}}\uparrow + \underline{\underline{2e^-}}$
　　　　　　　　　　　　　生成1mol　　流過2mol

接著再乘上法拉第常數，可得到共有2 mol×9.65×10⁴ C/mol＝1.93×10⁵ C 的電荷量流過。若電解時間為10小時，換算成秒數為10×60×60＝3.6×10⁴ s ，可計算出電解時的電流如下。

$$\frac{1.93\times10^5\,C}{3.6\times10^4\,s}\fallingdotseq 5.4\,A$$

電池與電解的計算問題中，一定會問到「有多少mol的電子流過」。請依照以上說明一步步解出答案。

第**1**章

無機化學簡介

18講　元素分類 ⋯⋯⋯⋯⋯⋯⋯⋯⋯⋯⋯ p.111

■關於無機化學的學習

一般教授無機化學時，通常會一族一族分開來教（譬如分成「第1族的性質」、「第15族的性質」等章節），不過本書會先從「第18講 元素分類」開始談起，然後進入考試常出的3個領域（「第19講 氣體製造方法與性質」、「第20講 金屬離子的性質」、「第21講 無機化學工業」）。其他無機物質則再分成「第22講 非金屬元素」及「第23講 金屬元素」，分別講解各族元素的性質。

■本書教授無機化學的流程

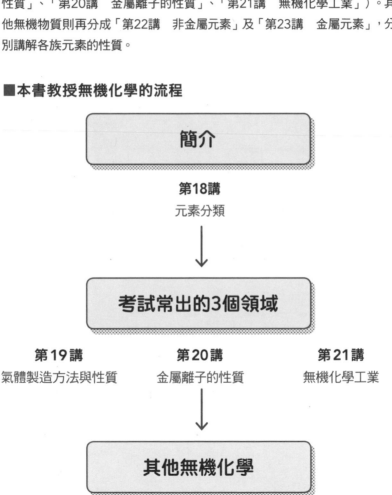

簡介

第18講
元素分類

考試常出的3個領域

| **第19講** | **第20講** | **第21講** |
| 氣體製造方法與性質 | 金屬離子的性質 | 無機化學工業 |

其他無機化學

| **第22講** | **第23講** |
| 非金屬元素 | 金屬元素 |

第18講 元素分類

將元素分成2類時,可以分成「**典型元素與過渡元素**」,或者是「**金屬元素與非金屬元素**」。這裡我們還會特別講解什麼是「**兩性元素**」!

1 典型元素與過渡元素

週期表中的第1族、第2族、第12～18族是「**典型元素**」,第3～11族則是「**過渡元素**」。讓我們分別來看看它們的特徵吧。

2 金屬元素與非金屬元素

金屬元素位於週期表的「**左下至中央**」,具有「**陽電性較強**(=傾向於失去電子,形成陽離子)」的性質。而非金屬元素位於週期表的「**右上**」,具有「**陰電性較強**(=傾向於獲得電子,形成陰離子)」的性質(不過,惰性氣體(稀有氣體)特別穩定)。

■ 元素週期表

族 週期	1	2	3	4	5	6	7	8	9	10	11	12	13	14	15	16	17	18
1	H																	He
2	Li	Be											B	C	N	O	F	Ne
3	Na	Mg											Al	Si	P	S	Cl	Ar
4	K	Ca	Sc	Ti	V	Cr	Mn	Fe	Co	Ni	Cu	Zn	Ga	Ge	As	Se	Br	Kr
5	Rb	Sr	Y	Zr	Nb	Mo	Tc	Ru	Rh	Pd	Ag	Cd	In	Sn	Sb	Te	I	Xe
6	Cs	Ba	鑭系	Hf	Ta	W	Re	Os	Ir	Pt	Au	Hg	Tl	Pb	Bi	Po	At	Rn
7	Fr	Ra	錒系	Rf	Db	Sg	Bh	Hs	Mt	Ds	Rg	Cn	Nh	Fl	Mc	Lv	Ts	Og

第1、2 12～18族 典型元素　金屬元素
過渡元素　非金屬元素
詳細情況不明的元素

3 氧化物

能與酸反應的氧化物是**鹼性氧化物**，能與鹼反應的是**酸性氧化物**，能與酸也能與鹼反應的則是**兩性氧化物**。

　　氧的活性高，能氧化許多物質，形成氧化物。氧化物可分成「**鹼性氧化物**」、「**酸性氧化物**」、「**兩性氧化物**」等3種。

（1）鹼性氧化物

　　顧名思義，鹼性氧化物可以想成是「**能與水反應，產生鹼的氧化物**」。

　　舉例來說，鈉的氧化物（氧化鈉：Na_2O）可與水反應生成氫氧化鈉（鹼性）。這樣應該可以了解為什麼氧化鈉是鹼性氧化物了吧。

$$\underset{\text{鹼性氧化物}}{Na_2O} + H_2O \longrightarrow \underset{\text{氫氧化鈉（鹼性）}}{2NaOH}$$

　　那麼，氧化銅（Ⅱ）（CuO）又如何呢（這種銅的氧化數為「＋2」，故寫成氧化銅（Ⅱ））？

　　氧化銅（Ⅱ）不會溶於水，卻是「**鹼性氧化物**」！「咦？為什麼？」可能你會有這樣的疑問，但事實上，鹼性氧化物並非一定得是鹼性。氧化銅（Ⅱ）可與稀鹽酸反應，溶解於溶液中，轉變成氯化銅（Ⅱ）（$CuCl_2$），如下。

$$\underset{\text{鹼性氧化物}}{CuO} + \underset{\text{酸}}{2HCl} \longrightarrow \underset{\text{氯化銅（Ⅱ）（鹽）}}{CuCl_2} + H_2O$$

能與酸反應，
故「相對上是鹼」

　　鹽酸是「酸」對吧，所以和鹽酸反應的氧化銅（Ⅱ）可以看成是「相對上的鹼」。也就是說，鹼性氧化物是「**能與酸反應的氧化物**」。

金屬氧化物通常都能與酸反應。用檸檬摩擦10日圓硬幣（主成分為銅）後，可使其變得光滑明亮。將生鏽的鑰匙浸在醋內，便可溶解掉鏽蝕部分。也就是說，**金屬氧化物通常都是「鹼性氧化物」。**

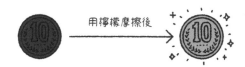

用檸檬摩擦後

（2）酸性氧化物

再來要介紹的是酸性氧化物。酸性氧化物可以想成是「**能與水反應，產生酸的氧化物**」。二氧化碳及三氧化硫（SO_3）與水反應後，分別會生成碳酸（H_2CO_3）與硫酸（H_2SO_4）。因為生成物為酸性物質，故應可了解為什麼它們是酸性氧化物。

$$\underset{\text{酸性氧化物}}{CO_2} + H_2O \rightleftharpoons \underset{\text{碳酸（酸性）}}{H_2CO_3}$$

$$\underset{\text{酸性氧化物}}{SO_3} + H_2O \longrightarrow \underset{\text{硫酸（酸性）}}{H_2SO_4}$$

二氧化矽（SiO_2）又如何呢？二氧化矽是玻璃的主成分，顯然不溶於水，卻是「酸性氧化物」！二氧化矽可以和氫氧化鈉反應（雖然反應量極小）產生矽酸鈉（Na_2SiO_3）。因為二氧化矽能和鹼反應，故屬於「酸性氧化物」。也就是說，酸性氧化物是「**能與鹼反應的氧化物**」。

$$\underset{\text{酸性氧化物}}{SiO_2} + \underset{\text{鹼}}{2NaOH} \longrightarrow \underset{\text{矽酸鈉（鹽）}}{Na_2SiO_3} + H_2O$$

（3）兩性氧化物與兩性元素

那麼，兩性氧化物又是什麼呢？沒錯，就是「**能與酸反應，也能與鹼反應的氧化物**」。氧化鋁（Al_2O_3）與氧化鋅（ZnO）皆為兩性氧化物。如次頁的反應式，它們能與鹽酸反應，也能與氫氧化鈉反應，生成可溶解的鹽（提醒大家，這2種兩性氧化物原本都不能溶解在水中！）。

$$\begin{cases} Al_2O_3 + \underset{\text{酸}}{6HCl} \longrightarrow 2AlCl_3 + 3H_2O \\ Al_2O_3 + \underset{\text{鹼}}{2NaOH} + 3H_2O \longrightarrow \underline{2Na[Al(OH)_4]} \end{cases}$$

四羥基合鋁酸鈉

> 能與酸反應，也能與鹼反應，故 Al_2O_3 為兩性氧化物

$$\begin{cases} ZnO + \underset{\text{酸}}{2HCl} \longrightarrow ZnCl_2 + H_2O \\ ZnO + \underset{\text{鹼}}{2NaOH} + H_2O \longrightarrow \underline{Na_2[Zn(OH)_4]} \end{cases}$$

四羥基合鋅（Ⅱ）酸鈉

> 能與酸反應，也能與鹼反應，故 ZnO 為兩性氧化物

氧化物或氫氧化物能與酸反應，也能與鹼反應的元素，稱為「**兩性元素**」。氫氧化鋁（$Al(OH)_3$）與氫氧化鋅（$Zn(OH)_2$）皆為兩性氫氧化物，能與鹽酸反應，也能與氫氧化鈉反應，生成可溶於水的鹽類，如下。

$$\begin{cases} Al(OH)_3 + 3HCl \longrightarrow AlCl_3 + 3H_2O \\ Al(OH)_3 + NaOH \longrightarrow Na[Al(OH)_4] \end{cases}$$

$$\begin{cases} Zn(OH)_2 + 2HCl \longrightarrow ZnCl_2 + 2H_2O \\ Zn(OH)_2 + 2NaOH \longrightarrow Na_2[Zn(OH)_4] \end{cases}$$

兩性元素包括「**鋁（Al）**、**鋅（Zn）**、**錫（Sn）**、**鉛（Pb）**」請務必牢記。其中鋁、鋅、錫的「單質」能與酸反應，也能與鹼反應，並生成氫氣。

$$2Al + 6HCl \longrightarrow 2AlCl_3 + 3H_2\uparrow$$
$$2Al + 2NaOH + 6H_2O \longrightarrow 2Na[Al(OH)_4] + 3H_2\uparrow$$

$$Zn + 2HCl \longrightarrow ZnCl_2 + H_2\uparrow$$
$$Zn + 2NaOH + 2H_2O \longrightarrow Na_2[Zn(OH)_4] + H_2\uparrow$$

第**2**章

無機化學超常
考的3大主題

第**19**講　氣體製造方法與性質 ⋯⋯⋯⋯⋯⋯⋯⋯ p.116

第**20**講　金屬離子的性質 ⋯⋯⋯⋯⋯⋯⋯⋯⋯⋯ p.137

第**21**講　無機化學工業 ⋯⋯⋯⋯⋯⋯⋯⋯⋯⋯⋯ p.151

第19講 氣體製造方法與性質

　　由我們在「酸鹼」、「氧化還原」等章節中提到的原理，可以推導出各種氣體的製造方式。本節還會說明「（8種）易溶於水之氣體」的性質。

1 氣體製造方法

速成重點！

將鹽或金屬**與酸或鹼混合加熱**，或者**將鹽等強熱時**，可製造出氣體。

討論氣體…CO_2、NH_3、H_2S、HF、HCl、SO_2、NO、NO_2、Cl_2、O_2、H_2、O_3、N_2、CO、CH_4、C_2H_2

（1）二氧化碳（CO_2）

① 混合碳酸鈣與稀鹽酸

$$CaCO_3 + 2HCl \longrightarrow CaCl_2 + H_2O + CO_2 \uparrow$$

　　碳酸鈣（$CaCO_3$）是碳酸（H_2CO_3，弱酸）與氫氧化鈣（$Ca(OH)_2$，強鹼）反應後生成的鹽。若將碳酸鈣與強酸的鹽酸混合，會生成鹽酸的鹽類，並重新生成碳酸。碳酸並不穩定，會在水中迅速分解成二氧化碳，故可用於製造二氧化碳。

溶於水中會變成碳酸

$$\underset{\text{強鹼}}{Ca(OH)_2} + \underset{\text{弱酸}}{CO_2} \longrightarrow \underset{\text{鹽（沉澱）}}{CaCO_3 \downarrow} + H_2O$$

$$\underset{\text{弱酸的鹽}}{CaCO_3} + \underset{\text{強酸}}{2HCl} \longrightarrow \underset{\text{強酸的鹽}}{CaCl_2} + H_2O + \underset{\text{弱酸}}{CO_2 \uparrow}$$

② 混合碳酸鈉或碳酸氫鈉與稀鹽酸

$$Na_2CO_3 + 2HCl \longrightarrow 2NaCl + H_2O + CO_2 \uparrow$$

$$NaHCO_3 + HCl \longrightarrow NaCl + H_2O + CO_2 \uparrow$$

　　碳酸鈉（Na_2CO_3）與碳酸氫鈉（$NaHCO_3$）是碳酸（弱酸）與氫氧化鈉（強鹼）反應後生成的鹽。與①一樣，會生成強酸鹽酸的鹽，並重新生成碳酸。

$$Na_2CO_3 + 2HCl \longrightarrow 2NaCl + H_2O + CO_2\uparrow$$

$$\underset{弱酸的鹽}{NaHCO_3} + \underset{強酸}{HCl} \longrightarrow \underset{強酸的鹽}{NaCl} + H_2O + \underset{弱酸}{CO_2}\uparrow$$

③ 強熱碳酸鈣

$$CaCO_3 \longrightarrow CaO + CO_2\uparrow$$

碳酸鈣在強熱後會產生熱分解反應，生成二氧化碳。

④ 強熱碳酸氫鈉

$$2NaHCO_3 \longrightarrow Na_2CO_3 + H_2O + CO_2\uparrow$$

碳酸氫鈉在強熱後會產生熱分解反應，生成二氧化碳。碳酸鈉強熱後不會產生熱分解反應。

（2）氨（NH_3）

① 混合氯化銨與氫氧化鈣並加熱

$$2NH_4Cl + Ca(OH)_2 \longrightarrow CaCl_2 + 2H_2O + 2NH_3\uparrow$$

氯化銨（NH_4Cl）是氨（弱鹼）與鹽酸（強酸）反應後生成的鹽。若將氯化銨與強鹼氫氧化鈣混合，會生成氫氧化鈣的鹽類，並重新生成氨。

$$\underset{弱鹼}{NH_3} + \underset{強酸}{HCl} \longrightarrow \underset{鹽}{NH_4Cl}$$

$$\underset{弱鹼的鹽}{2NH_4Cl} + \underset{強鹼}{Ca(OH)_2} \longrightarrow \underset{強鹼的鹽}{CaCl_2} + 2H_2O + \underset{弱鹼}{2NH_3}\uparrow$$

② 混合硫酸銨與氫氧化鈉並加熱

$$(NH_4)_2SO_4 + 2NaOH \longrightarrow Na_2SO_4 + 2H_2O + 2NH_3\uparrow$$

硫酸銨（$(NH_4)_2SO_4$）是氨與硫酸反應後生成的鹽。若將硫酸銨與強鹼氫氧化鈉混合，會生成氫氧化鈉的鹽類，並重新生成氨，與①類似。

$$2NH_3 + H_2SO_4 \longrightarrow (NH_4)_2SO_4$$

弱鹼　　強酸　　　　　鹽

$$(NH_4)_2SO_4 + 2NaOH \longrightarrow Na_2SO_4 + 2H_2O + 2NH_3\uparrow$$

弱鹼的鹽　　　　強鹼　　　　強鹼的鹽　　　　　　　弱鹼

③ 加熱濃氨水

氨非常易溶於水（0℃、1.013×10⁵ Pa下，1 mL的水可溶解約1.2 L的氨，20℃下可溶解約0.7 L的氨〈換算成標準狀態的體積〉）。不過加熱到40℃後，就幾乎不會溶於水中。

因此，加熱濃氨水後，就會冒出許多原本溶解在水中的氨。請再看一遍①與②。即使只有一點點水，也可溶解大量氨，所以如果要製備氨的話「一定要加熱」！

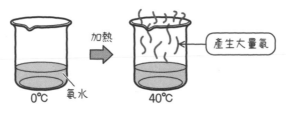

為什麼會這樣？　　**為什麼試管底部要朝上？**

還記得嗎？國中時有學過，加熱固體以製備氣體時，要將試管「底部稍微朝上」。特別是在會生成水的加熱反應中，如果試管底部朝下的話，在試管口附近遇冷凝結的液態水會再流回加熱中的試管底部。這時會造成急劇的溫度變化，導致試管破裂。為了讓生成的水蓄積在試管口，需將試管底部微微朝上才行。讓我們以①的反應為例來確認這點。

$$2NH_4Cl + Ca(OH)_2 \longrightarrow CaCl_2 + 2H_2O + 2NH_3\uparrow$$

生成水!!

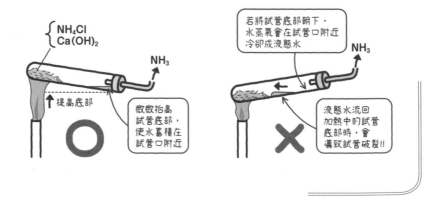

（3）硫化氫（H_2S）

混合硫化鐵（Ⅱ）與稀硫酸

$$FeS + H_2SO_4 \longrightarrow FeSO_4 + H_2S\uparrow$$

硫化鐵（Ⅱ）（FeS）是硫化氫（H_2S，弱酸）與氫氧化鐵（Ⅱ）（$Fe(OH)_2$，弱鹼）反應後生成的鹽。

$$H_2S \rightleftharpoons 2H^+ + S^{2-}$$

$$Fe(OH)_2 \rightleftharpoons Fe^{2+} + 2OH^-$$

$$\underset{\text{弱酸}}{H_2S} + \underset{\text{弱鹼}}{Fe(OH)_2} \longrightarrow \underset{\text{鹽}}{FeS\downarrow} + 2H_2O$$

※在接下來的第20講中，會提到氫氧化鐵（Ⅱ）是「沉澱物」（也就是難溶於水）。強鹼會完全解離，所以易溶於水。氫氧化鐵（Ⅱ）難溶於水，自然是「弱鹼」！

若將其與強酸硫酸混合，會生成硫酸的鹽類，並重新生成硫化氫（H_2S）。

$$\underset{\text{弱酸的鹽}}{FeS} + \underset{\text{強酸}}{H_2SO_4} \longrightarrow \underset{\text{強酸的鹽}}{FeSO_4} + \underset{\text{弱酸}}{H_2S\uparrow}$$

若將硫化鐵（Ⅱ）與稀鹽酸（亦屬於強酸）混合，也會生成硫化氫。

$$\underset{\text{弱酸的鹽}}{FeS} + \underset{\text{強酸}}{2HCl} \longrightarrow \underset{\text{強酸的鹽}}{FeCl_2} + \underset{\text{弱酸}}{H_2S\uparrow}$$

（4）氟化氫（HF）

混合螢石與濃硫酸並加熱

$$CaF_2 + H_2SO_4 \longrightarrow CaSO_4 + 2HF\uparrow$$

將氟化鈣（CaF_2，也稱為螢石）與濃硫酸混合加熱，會生成氟化氫（HF）。另外，氟化氫的水溶液也稱為「氫氟酸」。

（5）氯化氫（HCl）

① 混合氯化鈉與濃硫酸並加熱

$$NaCl + H_2SO_4 \longrightarrow NaHSO_4 + HCl\uparrow$$

氯化鈉是鹽酸（強酸）與氫氧化鈉（強鹼）反應後生成的鹽。若將氯化鈉與濃硫酸混合加熱，會生成硫酸的鹽類，並重新生成氯化氫。

$$\underset{\text{強酸}}{HCl} + \underset{\text{強鹼}}{NaOH} \longrightarrow \underset{\text{鹽}}{NaCl} + H_2O$$

$$\underset{\text{強酸的鹽}}{NaCl} + \underset{\text{硫酸}}{H_2SO_4} \longrightarrow \underset{\text{硫酸的鹽}}{NaHSO_4} + \underset{\text{氯化氫}}{HCl\uparrow}$$

但是，鹽酸也是強酸，為什麼在這個例子中重新生成的是鹽酸呢？關鍵在於「加熱」。濃鹽酸有強烈刺激臭味，濃硫酸則無臭。這是因為鹽酸有揮發性（氯化氫會迅速蒸發），硫酸則無揮發性（不會蒸發）。

因此加熱後，反應平衡會傾向生成有揮發性的鹽酸。

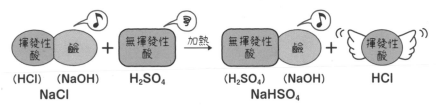

| (HCl) | (NaOH) | H_2SO_4 | | (H$_2$SO$_4$) | (NaOH) | HCl |
| NaCl | | | | NaHSO$_4$ | | |

② 混合氫氣與氯氣並照光

$$H_2 + Cl_2 \longrightarrow 2HCl$$

混合氫氣與氯氣並照光，會產生爆發性反應，生成氯化氫。工業上會用這種方式製造氯化氫（→p.161）。

③ 加熱濃鹽酸

與氨一樣，氯化氫也非常容易溶解於水中（0℃、1.013×10^5 Pa下，1 mL的水可溶解約0.5 L的氯化氫，40℃下可溶解約0.4 L的氯化氫〈換算成標準狀態的體積〉）。加熱到80℃時，氯化氫就幾乎不會溶於水中，故我們可藉由加熱濃鹽酸，逼出許多原本溶解在水中的氯化氫。

（6）二氧化硫（SO_2）

① 混合銅與濃硫酸並加熱

$$Cu + 2H_2SO_4 \longrightarrow CuSO_4 + 2H_2O + SO_2\uparrow$$

熱濃硫酸有氧化作用，故可氧化並溶解銅。反應式的建構已在化學基礎中提過，是個超常考的考題，以下讓我們來看一個「速記法」。

記住左邊的係數為「1、2」。1是銅的係數，2是硫酸的係數。

$$Cu \ + \ 2H_2SO_4 \longrightarrow$$

銅會溶解在硫酸內，在水溶液中生成「硫酸銅（Ⅱ）（$CuSO_4$）」。

$$Cu \ + \ 2H_2SO_4 \longrightarrow CuSO_4$$

銅的離子化傾向比氫還要小，所以「絕對不會產生氫氣」。「氫會轉變成水」。

$$Cu \ + \ 2H_2SO_4 \longrightarrow CuSO_4 \ + \ 2H_2O$$

氫會轉變成水

只要在右邊加上1個二氧化硫（SO_2）分子，就能平衡兩邊的原子數。這樣就完成了！

$$Cu \ + \ 2H_2SO_4 \longrightarrow CuSO_4 \ + \ 2H_2O \ + \ SO_2\uparrow$$

Cu：1個　H：4個　　Cu：1個　H：4個
S：2個　O：8個　　S：1個　O：6個

② 混合亞硫酸鈉與稀硫酸

$$Na_2SO_3 \ + \ H_2SO_4 \longrightarrow Na_2SO_4 \ + \ H_2O \ + \ SO_2\uparrow$$

看起來有些複雜對吧。二氧化硫溶於水中時會生成「亞硫酸（H_2SO_3）」。但亞硫酸不穩定，容易分解成水與二氧化硫。

$$(H_2SO_3) \rightleftharpoons SO_2 \ + \ H_2O$$

亞硫酸（不穩定）

亞硫酸為2價弱酸，故二氧化硫能與氫氧化鈉中和得到鹽類——亞硫酸鈉（Na_2SO_3）。

$$(H_2SO_3) \rightleftharpoons 2H^+ \ + \ SO_3^{2-}$$

$$SO_2 \ + \ 2NaOH \longrightarrow Na_2SO_3 \ + \ H_2O$$

2價弱酸　1價強鹼　　鹽

亞硫酸鈉是弱酸亞硫酸與氫氧化鈉（強鹼）反應後生成的鹽。若將亞硫酸鈉與強酸硫酸混合，會生成硫酸的鹽類，並重新生成亞硫酸。接著亞硫酸會再分解成水與二氧化硫，這就是為什麼會產生二氧化硫。

$$Na_2SO_3 \ + \ H_2SO_4 \longrightarrow Na_2SO_4 \ + \ H_2O \ + \ SO_2\uparrow$$

弱酸的鹽　強酸　　強酸的鹽　弱酸

（7）一氧化氮（NO）

① 混合銅與稀硝酸

$$3Cu + 8HNO_3 \longrightarrow 3Cu(NO_3)_2 + 4H_2O + 2NO\uparrow$$

硝酸（HNO_3）有氧化作用，故可溶解銅。與前面提到二氧化硫的製備時一樣，這裡讓我們來看看反應式的「速記法」。

記住左邊的係數為「3、8」。3是銅的係數，8是硝酸的係數。

$$3Cu + 8HNO_3 \longrightarrow$$

銅會溶解在硝酸內，在水溶液中生成「硝酸銅（II）（$Cu(NO_3)_2$）」。

$$3Cu + 8HNO_3 \longrightarrow 3Cu(NO_3)_2$$

銅的離子化傾向比氫還要小，所以「絕對不會產生氫氣」。「氫會轉變成水」。

$$3Cu + 8HNO_3 \longrightarrow 3Cu(NO_3)_2 + 4H_2O$$

（氫會轉變成水）

只要在右邊加上2個一氧化氮（NO）分子，就能平衡兩邊的原子數。這樣就完成了！

$$3Cu + 8HNO_3 \longrightarrow 3Cu(NO_3)_2 + 4H_2O + 2NO\uparrow$$

Cu：3個　H：8個　　　　Cu：3個　H：8個
N：8個　O：24個　　　　N：6個　O：22個

② 以鉑為催化劑，在高溫下混合氨與氧氣

$$4NH_3 + 5O_2 \overset{Pt催化劑}{\longrightarrow} 4NO + 6H_2O$$

這種方法在第21講會提到，叫做「**奧士華法**」（→p.151），是相當重要的反應，可以先翻到後面確認。

（8）二氧化氮（NO_2）

① 混合銅與濃硝酸

$$Cu + 4HNO_3 \longrightarrow Cu(NO_3)_2 + 2H_2O + 2NO_2\uparrow$$

硝酸有氧化作用，故可溶解銅。與前面提到一氧化氮的製備時一樣，這裡讓我們來看看反應式的「速記法」。

記住左邊的係數為「1、4」。1是銅的係數，4是硝酸的係數。

$$Cu + 4HNO_3 \longrightarrow$$

銅會溶解在硝酸內，在水溶液中生成「硝酸銅（II）（$Cu(NO_3)_2$）」。

$$Cu + 4HNO_3 \longrightarrow Cu(NO_3)_2$$

銅的離子化傾向比氫還要小，所以「絕對不會產生氫氣」。「氫會轉變成水」。

$$Cu + 4HNO_3 \longrightarrow Cu(NO_3)_2 + 2H_2O$$

氫會轉變成水

只要在右邊加上2個二氧化氮（NO_2）分子，就能平衡兩邊的原子數。這樣就完成了！

$$Cu + 4HNO_3 \longrightarrow Cu(NO_3)_2 + 2H_2O + 2NO_2\uparrow$$

Cu：1個　H：4個　　　Cu：1個　H：4個
N：4個　O：12個　　　N：2個　O：8個

② 混合銀與濃硝酸

$$Ag + 2HNO_3 \longrightarrow AgNO_3 + H_2O + NO_2\uparrow$$

建構反應式時，先寫出半反應式消去電子，如下所示。

$$Ag \longrightarrow Ag^+ + e^-$$
$$+) \quad HNO_3 + H^+ + e^- \longrightarrow NO_2 + H_2O$$
$$Ag + HNO_3 + H^+ \longrightarrow Ag^+ + H_2O + NO_2\uparrow$$

接著在兩邊加上硝酸根離子就完成了。

$$Ag + 2HNO_3 \longrightarrow AgNO_3 + H_2O + NO_2\uparrow$$

將①與②相比，①的銅會失去2個電子，②的銀只會失去1個電子，所以「硝酸量只需要一半」。銅的係數是「1、4」，那麼銀的係數就是「1、2」。

$$Cu \longrightarrow Cu^{2+} + 2e^- \quad \Rightarrow \quad Cu + 4HNO_3 \longrightarrow \cdots\cdots$$
$$Ag \longrightarrow Ag^+ + \boxed{e^-} \quad \Rightarrow \quad Ag + 2HNO_3 \longrightarrow \cdots\cdots$$

只要一半!!　　　　只要一半!!

銀會溶解在硝酸內，在水溶液中生成「硝酸銀（$AgNO_3$）」。

$$Ag + 2HNO_3 \longrightarrow AgNO_3$$

銀的離子化傾向比氫還要小，所以「絕對不會產生氫氣」。「氫會轉變成水」。

$$Ag + 2HNO_3 \longrightarrow AgNO_3 + H_2O$$

氫會轉變成水

只要在右邊加上1個二氧化氮分子，就能平衡兩邊的原子數。這樣就完成了！

$$Ag + 2HNO_3 \longrightarrow AgNO_3 + H_2O + NO_2\uparrow$$

化學基礎中就有提到「濃硝酸會轉變成二氧化氮」，請牢記這點。

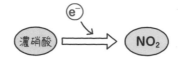

（9）氯氣（Cl_2）

混合二氧化錳（Ⅳ）與濃鹽酸並加熱

$$MnO_2 + 4HCl \longrightarrow MnCl_2 + 2H_2O + Cl_2\uparrow$$

這是氧化還原反應。二氧化錳（Ⅳ）（MnO_2）在反應中為氧化劑，以下說明如何寫出它的半反應式。過錳酸鉀（$KMnO_4$）在反應後會轉變成錳（Ⅱ）離子（Mn^{2+}），這裡也一樣會轉變成Mn^{2+}。

$$MnO_2 \longrightarrow Mn^{2+}$$

錳是金屬。因為「與金屬結合的氧會轉變成水」，故會產生2個水分子。

$$\underline{MnO_2} \longrightarrow Mn^{2+} + \underline{2H_2O}$$

氧轉變成水

因為要「用氫離子來平衡氫」，故在左邊加上4個氫離子。

$$MnO_2 + \underline{4H^+} \longrightarrow Mn^{2+} + 2\underline{H_2O}$$

用氫離子來平衡氫

接著再平衡電荷就完成了（在左邊加上2個電子）。

$$\underset{（氧化數+4）}{MnO_2} + 4H^+ + 2e^- \longrightarrow \underset{（氧化數+2）}{Mn^{2+}} + 2H_2O$$

再次確認錳的氧化數從＋4變成＋2。另一方面，還原劑「氯離子」會失去電子，轉變成氯氣。接著把兩邊電子消去即可。

$$MnO_2 + 4H^+ + 2e^- \longrightarrow Mn^{2+} + 2H_2O$$
$$+)\qquad\qquad 2Cl^- \longrightarrow Cl_2 + 2e^-$$
$$\overline{MnO_2 + 4H^+ + 2Cl^- \longrightarrow Mn^{2+} + 2H_2O + Cl_2\uparrow}$$

最後在兩邊各加上2個氯離子便完成了。

$$MnO_2 + 4HCl \longrightarrow MnCl_2 + 2H_2O + Cl_2\uparrow$$

參考.. 氧化錳（Ⅳ）與二氧化錳一樣嗎？

氧化錳（Ⅳ）具有「錳的氧化數為＋4」的意思，二氧化錳則表示「與2個氧原子結合」。兩者都代表「MnO_2」，是同一種化合物。

有2個氧所以是「二氧化錳」

MnO_2

錳的氧化數為＋4，故稱「氧化錳（Ⅳ）」

兩個名字都不賴吧！

（10）氧氣（O_2）

① 混合過氧化氫水與二氧化錳（Ⅳ）

$$2H_2O_2 \longrightarrow 2H_2O + O_2\uparrow$$

這裡的二氧化錳（Ⅳ）是「**催化劑**」（可以幫助反應進行的物質→p.72）。催化劑在反應前後本身不會改變，故MnO_2不會出現在化學反應式中。

不會出現在反應式中！

雖然的確是有發揮作用呀～

MnO_2

② 加熱氯酸鉀

$$2KClO_3 \longrightarrow 2KCl + 3O_2\uparrow$$

氯酸鉀（$KClO_3$）加熱分解後會產生氧氣。通常會用二氧化錳（Ⅳ）做為催化劑。

③ 電解水（於陽極生成）

$$4OH^- \longrightarrow O_2\uparrow + 2H_2O + 4e^- \quad \text{（鹼性溶液時）}$$

$$2H_2O \longrightarrow O_2\uparrow + 4H^+ + 4e^-$$

事實上，純水不容易導電，所以電解時通常會用稀硫酸或氫氧化鈉水溶液「代替純水」，並以鉑做為陽極板。

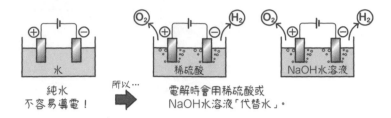

純水
不容易導電！

所以…

電解時會用稀硫酸或
NaOH水溶液「代替水」。

④ 分餾液態空氣

氧氣的沸點為-183℃，故可在此溫度下收集沸騰的氧氣。

(11) 氫氣 (H_2)

① 混合鋅與稀硫酸

$$Zn + H_2SO_4 \longrightarrow ZnSO_4 + H_2\uparrow$$

不只是鋅，只要是離子化傾向比氫大的金屬（除了鉛以外），在與稀鹽酸或稀硫酸混合時，都會產生氫氣。

$$2Al + 6HCl \longrightarrow 2AlCl_3 + 3H_2\uparrow$$
$$Fe + H_2SO_4 \longrightarrow FeSO_4 + H_2\uparrow$$

為什麼會這樣？　為什麼「除了鉛以外」？

鉛的離子化傾向比氫還要大，所以會出現以下反應，生成氫氣。

$$Pb + 2HCl \longrightarrow PbCl_2 + H_2\uparrow$$
$$Pb + H_2SO_4 \longrightarrow PbSO_4 + H_2\uparrow$$

但生成的氯化鉛（Ⅱ）（$PbCl_2$）與硫酸鉛（Ⅱ）（$PbSO_4$）不溶於水，而是會留在鉛板表面，使鉛板無法繼續反應。因此，鉛「不溶於稀鹽酸或稀硫酸」。

② **電解水（於陰極生成）**

$$2H^+ + 2e^- \longrightarrow H_2\uparrow \quad （酸性溶液的場合）$$

$$2H_2O + 2e^- \longrightarrow H_2\uparrow + 2OH^-$$

　　電解稀硫酸或氫氧化鈉水溶液時，會在陰極生成氫氣。這也是「（10）氧氣」的③（p.125）中，電解水時在陰極處產生的反應。

（12）臭氧（O_3）

酸在氧氣中進行無聲放電※

$$3O_2 \longrightarrow 2O_3$$

　　你知道嗎？在打雷之後，會有一股臭味撲鼻而來。這是因為雷擊時的放電會產生臭氧。大氣的高層部分會在紫外線的照射下產生臭氧，並形成臭氧層。臭氧層可以吸收太陽光中的有害紫外線，保護地球上的生物。

※在電極間施加高電壓時，會產生沒有聲音的放電現象，稱為無聲放電。

（13）氮氣（N_2）

① 加熱亞硝酸胺

$$NH_4NO_2 \longrightarrow N_2\uparrow + 2H_2O$$

　　硝酸根離子是「NO_3^-」。亞硝酸根離子則少了1個氧原子，為「NO_2^-」。所以亞硝酸胺的化學式為NH_4NO_2。

$$NH_4^+ + NO_2^- \longrightarrow NH_4NO_2$$
　　銨離子　亞硝酸根離子　　亞硝酸胺

　　將亞硝酸胺加熱分解後便會產生氮氣。

② 分餾液態空氣

　　氮氣的沸點為$-196℃$，故可在此溫度下收集沸騰的氮氣。

③ 加熱氯化重氮苯

　　氯化重氮苯　　　　　　　　　　　　　　　苯酚

　　加熱氯化重氮苯（→p.268）並水解後，會生成氮氣與苯酚。

（14）一氧化碳（CO）

混合蟻酸與濃硫酸並加熱

$$HCOOH \longrightarrow CO\uparrow + H_2O$$

濃硫酸有脫水作用，可將蟻酸（→p.231）脫水，釋出一氧化碳。

※硫酸不參與反應，故未寫在反應式中。

（15）甲烷（CH₄）

混合醋酸鈉與氫氧化鈉並加熱

$$CH_3COONa + NaOH \longrightarrow Na_2CO_3 + CH_4\uparrow$$

甲烷（→p.201）為有機化合物。甲烷可分離自天然氣，實驗室則會用上述反應製備甲烷。

（16）乙炔（C₂H₂）

混合碳化鈣與水

$$CaC_2 + 2H_2O \longrightarrow Ca(OH)_2 + C_2H_2\uparrow$$

乙炔（→p.219）為有機化合物。這種製備方式相當有名，請務必牢記。

2 氣體性質

> **速成重點！**
>
> 氣體性質包括：**比空氣重或輕**、**在水中的溶解度**、**有無顏色或刺激臭味**、**酸性或鹼性**等。

（1）比空氣重的氣體、比空氣輕的氣體

氣體密度與分子量成正比。為什麼呢？首先，同溫同壓下，同體積的氣體含有的分子數目相同（此為「亞佛加厥定律」）。因此，氣體的質量與分子量成正比，又因為體積相同，所以「氣體密度與分子量成正比」。

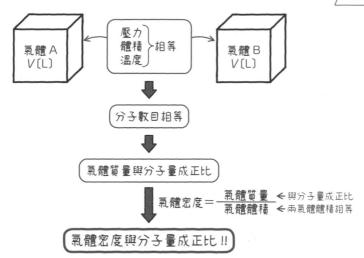

為什麼會這樣？ **氣體密度的單位是什麼？**

固體或液體的密度單位為「g/cm³」，但氣體的密度單位是「g/L」。因為氣體的密度很小，若以「g/cm³」為單位，數值會太小。

■例：20℃的空氣密度

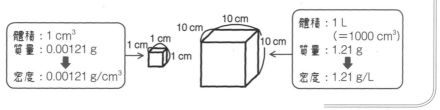

那麼，「空氣的分子量」又是多少呢？空氣是混合物，所以並不存在「空氣分子」這種東西。假設空氣的莫耳分率為氮氣80%、氧氣20%，氮氣的分子量為$N_2=28$，氧氣的分子量為$O_2=32$，故$28×0.80+32×0.20=28.8$。

※計算混合氣體的分子量時，會將各成分氣體的分子量乘上莫耳比率，再加總得到「平均分子量」。

氫氣（分子量$H_2=2$）、甲烷（分子量$CH_4=16$）、氨（分子量$NH_3=17$）等氣體的分子量皆小於28.8，故密度比空氣小，是「比空氣輕的氣體」。另一方面，二氧化碳（分子量$CO_2=44$）、二氧化硫（分子量$SO_2=64$）、氯氣（分子量$Cl_2=71$）等氣體的分子量皆大於28.8，故密度比空氣大，是「比空氣重的氣體」。

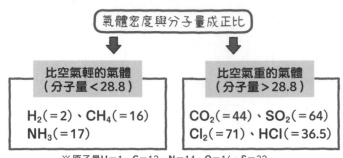

※原子量H＝1、C＝12、N＝14、O＝16、S＝32、
Cl＝35.5。背起來的話會方便許多。

（2）易溶於水的氣體

易溶於水的氣體主要有「8種」，建議背起來，解題時會方便許多。

① CO_2 [※]、SO_2、NO_2

首先是「二氧化碳（CO_2）」、「二氧化硫（SO_2）」、「二氧化氮（NO_2）」。它們是
「二氧化系列」。

※CO_2「略溶」於水。

② Cl_2、HCl

再來是「氯氣（Cl_2）」及「氯化氫（HCl）」。它們是「氯同盟」。

③ H₂S、HF、NH₃

　　剩下的則是「**硫化氫（H₂S）**」、「**氟化氫（HF）**」、「**氨（NH₃）**」。它們是「**其他三氣體**」。

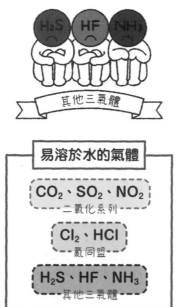

（3）有刺激性臭味的氣體

　　易溶於水的氣體通常會有刺激性臭味。鼻子黏膜為濕潤狀態，要是有大量氣體溶解其中，就會刺激到黏膜。

　　不過有3個例外。二氧化碳為無臭，硫化氫為腐爛雞蛋臭，臭氧則有股特殊臭味。硫化氫的臭味就是你去泡溫泉時會聞到的那種味道。

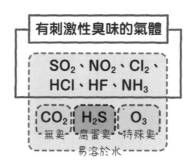

※ CO₂與O₃皆為「略溶」於水。

（4）有酸鹼性的氣體

易溶於水的氣體會與水分子起化學反應，生成酸或鹼。不過只有氨會生成鹼，其他都是生成酸。

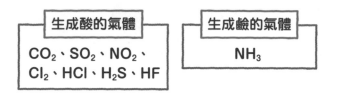

```
┌─────────────────────┐   ┌─────────────────┐
│    生成酸的氣體       │   │   生成鹼的氣體    │
│ CO₂、SO₂、NO₂、      │   │      NH₃        │
│ Cl₂、HCl、H₂S、HF    │   │                 │
└─────────────────────┘   └─────────────────┘
```

（5）有色氣體

氯氣是「黃綠色」，二氧化氮是「紅褐色」（這2種氣體超重要!!）。另外，臭氧（O_3）是淡藍色。

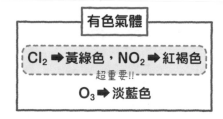

```
┌─────────────────────────────┐
│          有色氣體            │
│ ┌─────────────────────────┐ │
│ │ Cl₂ ➡黃綠色，NO₂ ➡紅褐色 │ │
│ └─────超重要!!─────────────┘ │
│        O₃ ➡淡藍色           │
└─────────────────────────────┘
```

（6）有漂白作用的氣體

氯氣與二氧化硫有漂白作用。氯氣除了**漂白作用**，還有**殺菌作用**，常用於自來水的殺菌。

$$Cl_2 + H_2O \rightleftharpoons HCl + \underset{\substack{次氯酸 \\ （漂白、殺菌作用）}}{HClO}$$

```
┌─────────────────────┐
│   有漂白作用的氣體    │
│  ┌──────┐           │
│  │ Cl₂  │ SO₂       │
│  └殺菌作用┘          │
└─────────────────────┘
```

（7）有毒的氣體

　　有刺激性臭味的氣體通常都有毒，其中毒性特別強的有硫化氫及一氧化碳。請注意不要吸入這些氣體。

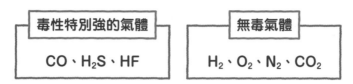

毒性特別強的氣體	無毒氣體
CO、H_2S、HF	H_2、O_2、N_2、CO_2

③ 氣體收集法

🔆 **速成重點！**

難溶於水的氣體可用排水集氣法，

易溶於水且比空氣重的氣體可用向上排氣法，

氨可用向下排氣法收集。

　　製備氣體時需以「集氣瓶（或試管）」收集氣體，此時需依照氣體性質，選擇適當收集法收集氣體。

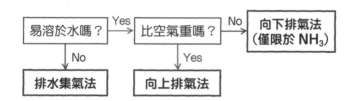

（1）排水集氣法

　　最理想的氣體收集法（不會混入空氣，氣體量也一目瞭然）。不過，不能用在易溶於水的氣體上。

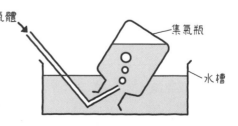

（2）向下排氣法

用於收集易溶於水，且比空氣輕的氣體。此 方法的適用氣體在高中階段只需要考慮氨。

氣體

（3）向上排氣法

用於收集易溶於水，且比空氣重的氣體。易溶於水的氣體中，氨以外的氣體都用這種方法收集。

氣體

玻璃板

※ 二氧化碳略溶於水，且比空氣重，故可用「向上排氣法」收集，但因為二氧化碳溶解度並不大，所以也常用「排水集氣法」收集。

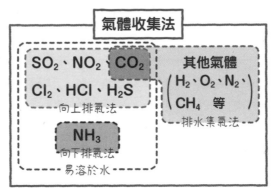

氣體收集法

SO_2、NO_2、CO_2
Cl_2、HCl、H_2S
向上排氣法

其他氣體
$\left(\begin{array}{l}H_2、O_2、N_2、\\ CH_4 \quad 等\end{array}\right)$
排水集氣法

NH_3
向下排氣法
易溶於水

4 氣體的乾燥劑

速成重點！

製備氣體時，需依照氣體的酸鹼性，
選擇**不會產生中和反應的乾燥劑**。

製備氣體時的原料常是水溶液，故製備完成的氣體含有水蒸氣（H_2O），需以「乾燥劑」去除。

需選擇「不會產生中和反應」的物質作為乾燥劑（要是產生中和反應的話，該物質不只會吸收水蒸氣，也會吸收我們想製備的氣體！）。

（1）酸性乾燥劑

酸性乾燥劑可用於酸性、中性的氣體。氨為鹼性氣體，若製備氨時使用酸性乾燥劑，會產生中和反應，使氨被吸收。故酸性乾燥劑不能用於乾燥氨氣。

① 十氧化四磷（P_4O_{10}）

十氧化四磷也叫做五氧化二磷，吸收水分後會轉變成磷酸（H_3PO_4），如以下反應式所示，故屬於「酸性乾燥劑」。

$$P_4O_{10} + 6\underline{H_2O} \longrightarrow 4\underline{H_3PO_4}$$

吸收水!! 　磷酸（酸性!!）

② 濃硫酸（H_2SO_4）

濃硫酸有吸濕作用，可做為乾燥劑使用。然而濃硫酸的氧化力相當強，故「**不適用於硫化氫的乾燥（重要!!）**」。硫化氫為還原劑，濃硫酸為氧化劑，兩者相遇時，硫化氫會被氧化而減少產量。

（2）中性乾燥劑

「氯化鈣（$CaCl_2$）」為氫氧化鈣（強鹼）與鹽酸（強酸）中和後生成的鹽，故為中性。

$$\underline{Ca(OH)_2} + 2\underline{HCl} \longrightarrow \underline{CaCl_2} + 2H_2O$$

強鹼　　強酸　氯化鈣為中性!!

中性乾燥劑不會產生酸鹼中和反應，所以原則上可以用於任何氣體的乾燥。不過，「氯化鈣會與氨結合」，所以不能用在氨的製備上！

$$CaCl_2 + 8NH_3 \longrightarrow CaCl_2 \cdot 8NH_3$$

（3）鹼性乾燥劑

「**鹼石灰**」是氫氧化鈉（**NaOH**）與氧化鈣（**CaO**）的混合物。

氫氧化鈉（強鹼）靜置於空氣中時會吸收水分，自然溶解（有**潮解性**）。另外，氧化鈣會吸收水，轉變成氫氧化鈣（強鹼）。兩者都是強鹼，故為「鹼性乾燥劑」。

$$CaO + \underset{\uparrow}{H_2O} \longrightarrow \underset{\text{氫氧化鈣（強鹼性!!）}}{Ca(OH)_2}$$

吸收水!!

鹼性乾燥劑可用於鹼性氣體與中性氣體的製備。

※「**矽膠**」（$SiO_2 \cdot nH_2O$）（→p.171）亦可作為乾燥劑使用。矽膠為微酸性，可以用在氨以外之氣體的製備上。

■ 氣體乾燥劑整理

	名稱	酸性氣體	中性氣體	鹼性氣體
酸性乾燥劑	**十氧化四磷** P_4O_{10}	○	○	×
	濃硫酸 H_2SO_4	○ ※但不適用H_2S的製備	○	×
中性乾燥劑	**氯化鈣** $CaCl_2$	○	○	×
鹼性乾燥劑	**鹼石灰** NaOH + CaO	×	○	○

第20講 金屬離子的性質

本節將介紹金屬離子的性質，特別是各種金屬的沉澱，其中又以「氫氧化物的沉澱」最為重要。某些金屬離子的溶液在加入氫氧化鈉溶液或氨水後會沉澱，但加入過量的氫氧化鈉水溶液或氨水，卻會「溶解」，請特別記下來。

❶ 金屬沉澱

> 💡 **速成重點！**
>
> 不同離子的組合，沉澱的顏色也不一樣。
> Li^+、Na^+、K^+、NH_4^+、NO_3^-、CH_3COO^- 等離子皆不會沉澱。

（1）不會沉澱的離子

鋰離子（Li^+）、鈉離子（Na^+）、鉀離子（K^+）、銨離子（NH_4^+）、硝酸根離子（NO_3^-）、醋酸根離子（CH_3COO^-）皆不會沉澱。

> **不會沉澱的離子**
>
> Li^+、Na^+、K^+、NH_4^+、
> NO_3^-、CH_3COO^-

（2）氫氧化物的沉澱（OH^-：氫氧根離子〈無色〉）

常以氫氧化鈉水溶液與氨水做為試劑。兩者皆為鹼性，含有大量氫氧根離子（OH^-）。氫氧根離子會與金屬離子結合，產生沉澱。

$$NH_3 + H_2O \rightleftharpoons NH_4^+ + \boxed{OH^-} \longleftarrow$$
$$NaOH \longrightarrow Na^+ + \boxed{OH^-} \longleftarrow$$

氫氧根離子

① 鋁離子（Al^{3+}〈無色〉）

含鋁離子的溶液在加入氫氧化鈉水溶液或氨水後，會先形成白色的氫氧化鋁（$Al(OH)_3$）沉澱。

$$Al^{3+} + 3OH^- \longrightarrow Al(OH)_3 \downarrow （白色）$$

接下來才是重點，那就是「過量加入」!! 加入過量氨水時，沉澱不會溶解；不過在加入過量氫氧化鈉溶液時，沉澱會溶解，變回無色溶液。

■ 鋁離子溶液的反應

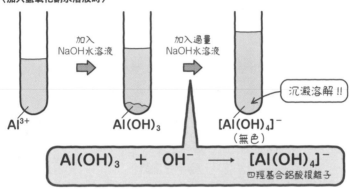

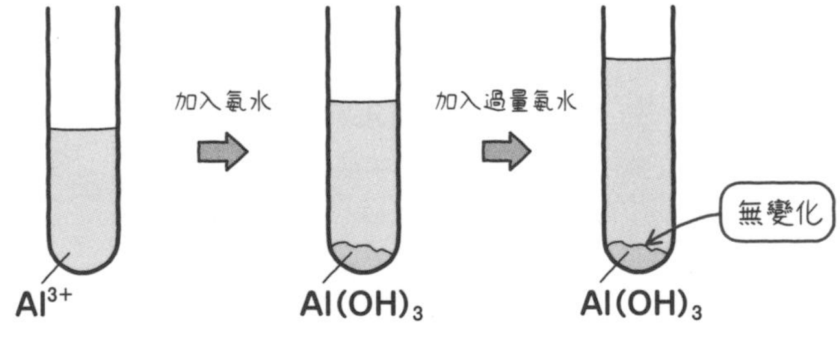

② 鋅離子（Zn^{2+}〈無色〉）

含鋅離子的溶液在加入氫氧化鈉水溶液或氨水後，會先形成白色的氫氧化鋅（$Zn(OH)_2$）沉澱。

$$Zn^{2+} + 2OH^- \longrightarrow Zn(OH)_2 \downarrow （白色）$$

而且，不管接下來是加入過量氫氧化鈉水溶液，還是過量氨水，沉澱都會溶解，變回無色溶液。

■ 鋅離子溶液的反應

〈加入氫氧化鈉水溶液時〉

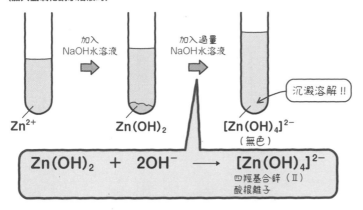

$$Zn(OH)_2 + 2OH^- \longrightarrow [Zn(OH)_4]^{2-}$$

四羥基合鋅（II）
酸根離子

〈加入氨水時〉

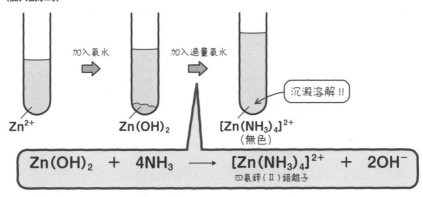

$$Zn(OH)_2 + 4NH_3 \longrightarrow [Zn(NH_3)_4]^{2+} + 2OH^-$$

四氨鋅（II）錯離子

③ 銀離子（Ag^+〈無色〉）

含銀離子的溶液在加入氫氧化鈉水溶液或氨水後，會先形成褐色的氧化銀（Ag_2O）沉澱。

$$2Ag^+ + 2OH^- \longrightarrow H_2O + Ag_2O\downarrow \text{（褐色）}$$

加入過量氫氧化鈉水溶液時，沉澱不會溶解；不過在加入過量氨水時，沉澱會溶解，變回無色溶液。

※銀離子與鹼混合時，會先出現$Ag^+ + OH^- \longrightarrow AgOH\downarrow$ 的反應，生成氫氧化銀沉澱。但氫氧化銀在常溫下不穩定，會馬上產生 $2AgOH \longrightarrow Ag_2O + H_2O$ 反應，生成Ag_2O。

■ 銀離子溶液的反應

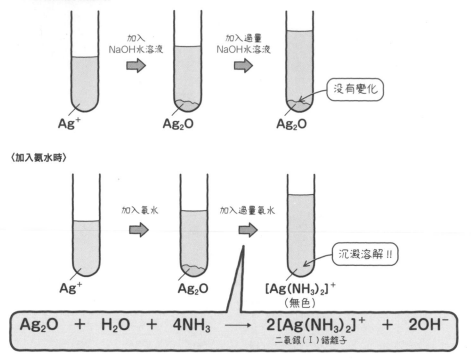

〈加入氫氧化鈉水溶液時〉

加入
NaOH水溶液

加入過量
NaOH水溶液

沒有變化

Ag⁺   Ag₂O   Ag₂O

〈加入氨水時〉

加入氨水

加入過量氨水

沉澱溶解!!

Ag⁺   Ag₂O $[Ag(NH_3)_2]^+$
（無色）

$$Ag_2O + H_2O + 4NH_3 \longrightarrow 2[Ag(NH_3)_2]^+ + 2OH^-$$

二氨銀（Ⅰ）錯離子

④ 鐵（Ⅱ）離子、鐵（Ⅲ）離子（Fe^{2+}〈淡綠色〉、Fe^{3+}〈黃褐色〉）

含鐵（Ⅱ）離子、鐵（Ⅲ）離子的溶液在加入氫氧化鈉水溶液或氨水後，一開始會分別形成綠白色的氫氧化鐵（Ⅱ）（$Fe(OH)_2$）與紅褐色的氫氧化鐵（Ⅲ）（$Fe(OH)_3$）沉澱。

$$Fe^{2+} + 2OH^- \longrightarrow Fe(OH)_2 \downarrow （綠白色）$$
$$Fe^{3+} + 3OH^- \longrightarrow Fe(OH)_3 \downarrow （紅褐色）$$

接著不管再加入過量氫氧化鈉水溶液，還是過量氨水，沉澱都不會溶解。

⑤ 銅（Ⅱ）離子（Cu^{2+}〈藍色〉）

含銅（Ⅱ）離子的溶液在加入氫氧化鈉水溶液或氨水後，會先形成藍白色的氫氧化銅（Ⅱ）（$Cu(OH)_2$）沉澱。

$$Cu^{2+} + 2OH^- \longrightarrow Cu(OH)_2 \downarrow (藍白色)$$

加入過量氫氧化鈉水溶液時，沉澱不會溶解；不過在加入過量氨水時，沉澱會溶解，變成深藍色溶液。

■銅（Ⅱ）離子溶液的反應

〈加入氫氧化鈉水溶液時〉

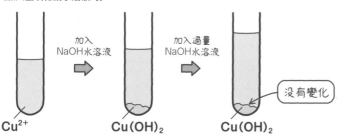

〈加入氨水時〉

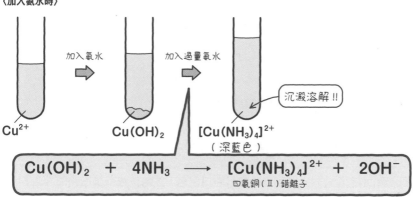

$$Cu(OH)_2 + 4NH_3 \longrightarrow [Cu(NH_3)_4]^{2+} + 2OH^-$$
四氨銅（Ⅱ）錯離子

①到⑤可以整理成下表。

■氫氧化物沉澱在加入過量鹼後的反應

	NaOH	NH₃
$Al(OH)_3$（白）	$[Al(OH)_4]^-$	—
$Zn(OH)_2$（白）	$[Zn(OH)_4]^{2-}$	$[Zn(NH_3)_4]^{2+}$
Ag_2O（褐）	—	$[Ag(NH_3)_2]^+$
$Fe(OH)_2$（綠白） $Fe(OH)_3$（紅褐）	—	—
$Cu(OH)_2$（藍白）	—	$[Cu(NH_3)_4]^{2+}$ 深藍色

※離子式→表示沉澱會溶解　—→表示無變化

（3）氯化物的沉澱（Cl^-：氯離子〈無色〉）

常以稀鹽酸與氯化鈉水溶液做為試劑。

$$HCl \longrightarrow H^+ + Cl^-$$
$$NaCl \longrightarrow Na^+ + Cl^-$$

氯離子

① 銀離子（Ag^+〈無色〉）

白色氯化銀（$AgCl$）會沉澱。

$$Ag^+ + Cl^- \longrightarrow AgCl\downarrow（白色）$$

加入氨水後會溶解。

$$AgCl + 2NH_3 \longrightarrow [Ag(NH_3)_2]^+ + Cl^-$$

二氨銀（Ⅰ）錯離子

此外，氯化銀有感光性，照到光時會轉變成黑色（黑色是銀單質微粒的顏色）。

$$2AgCl \xrightarrow{（光）} 2Ag + Cl_2$$

黑色

② 鉛（Ⅱ）離子（Pb^{2+}〈無色〉）

白色氯化鉛（Ⅱ）（$PbCl_2$）會沉澱。卻能溶解於熱水中。

$$Pb^{2+} + 2Cl^- \longrightarrow PbCl_2\downarrow（白色）$$

※氯化物的沉澱除了上述兩者，氯化汞（Ⅰ）（Hg_2Cl_2）也會沉澱。
　　$Hg_2Cl_2\downarrow$（白色）

（4）硫化物的沉澱（S^{2-}：硫離子〈無色〉）

硫化氫溶於水時會解離，如下所示（呈弱酸性）。

$$H_2S \rightleftharpoons 2H^+ + \boxed{S^{2-}} \leftarrow \boxed{\text{硫離子}}$$

當試劑為酸性時，氫離子濃度高，平衡會往左邊移動，使硫離子減少。也就是說，「**較難產生沉澱**」。

$$H_2S \underset{\text{往左移動}}{\rightleftharpoons} \underset{\text{較多}}{2H^+} + \underset{\text{減少}}{S^{2-}}$$

〈酸性環境〉

❶ H^+濃度高。
↓
❷ 為降低H^+的濃度，平衡會往左邊移動。
↓
❸ 結果造成S^{2-}濃度下降。
↓
❹ 所以較難產生硫化物沉澱。

另一方面，如果試劑為鹼性，中和後的氫離子濃度較低，會使平衡往右邊移動，增加硫離子。也就表示「**較易產生沉澱物**」。

$$H_2S \overset{\text{往右移動}}{\rightleftharpoons} \underset{\text{較少}}{2H^+} + \underset{\text{增加}}{S^{2-}}$$

〈鹼性環境〉

❶ H^+濃度低（中和後〔H^+〕減少）。
↓
❷ 為提高H^+的濃度，平衡會往右邊移動。
↓
❸ 結果造成S^{2-}濃度上升。
↓
❹ 所以較易產生硫化物沉澱。

① 離子化傾向在錫以下的金屬離子（Sn、Pb、Cu、Hg、Ag）

這些離子的硫化物非常難溶，即使在「酸性環境」下也會沉澱。另外，硫化鎘（CdS）在酸性環境下也會沉澱。

> **不論環境酸鹼都會沉澱的硫化物**
>
> 硫化銅（II）（$CuS\downarrow$〈黑色〉）、硫化銀（$Ag_2S\downarrow$〈黑色〉）、
> 硫化鉛（II）（$PbS\downarrow$〈黑色〉）、硫化汞（II）（$HgS\downarrow$〈黑色〉）、
> 硫化鎘（$CdS\downarrow$〈黃色〉）

② 離子化傾向在鋅以下、鎳以上的金屬離子（Zn、Fe、Ni）

這些離子的硫化物相對容易溶解，僅在「中性與鹼性環境」下會沉澱（酸性環境則不會生成沉澱！）。硫化錳（II）（MnS）在這個條件下也會生成沉澱。

> **只有在中性與鹼性環境下才會沉澱的硫化物**
>
> 硫化鐵（II）（$FeS\downarrow$〈黑色〉）、硫化鋅（$ZnS\downarrow$〈白色〉）、
> 硫化錳（II）（$MnS\downarrow$〈淡紅色〉）、硫化鎳（II）（$NiS\downarrow$〈黑色〉）

③ 離子化傾向在鋁以上的金屬離子（Li、K、Ca、Na、Ba、Mg、Al）

這些離子的硫化物非常容易溶解，不會沉澱。

> **不會沉澱的硫化物**
>
> Al^{3+}、Ca^{2+}、Ba^{2+}、Mg^{2+}、
> Li^+、K^+、Na^+

①～③可整理如下表。

■ 與硫離子的反應

離子化傾向介於 **Li～Al** 的金屬離子	硫化物不會沉澱
離子化傾向介於 **Zn～Ni** 的金屬離子	硫化物只有在 中性～鹼性環境下會沉澱
離子化傾向介於 **Sn～Ag** 的金屬離子	不論環境酸鹼， 硫化物都會沉澱

硫化物沉澱的顏色多半是黑色。非黑色的硫化物沉澱是超常考的考題，請務必牢記！

> **非黑色的硫化物沉澱**
>
> $ZnS\downarrow$〈白色〉、$CdS\downarrow$〈黃色〉、$MnS\downarrow$〈淡紅色〉

（5）碳酸鹽的沉澱（CO_3^{2-}：碳酸根離子〈無色〉）

① 鋇離子（Ba^{2+}〈無色〉）

白色碳酸鋇（$BaCO_3$）會沉澱。加入稀鹽酸後，會產生二氧化碳並溶解。

$$Ba^{2+} + CO_3^{2-} \longrightarrow BaCO_3\downarrow（白色）$$
$$BaCO_3 + 2HCl \longrightarrow BaCl_2 + H_2O + CO_2\uparrow$$

② 鈣離子（Ca^{2+}〈無色〉）

白色碳酸鈣（$CaCO_3$）會沉澱。加入稀鹽酸後，會產生二氧化碳並溶解（→p.116）。

$$Ca^{2+} + CO_3^{2-} \longrightarrow CaCO_3\downarrow（白色）$$
$$CaCO_3 + 2HCl \longrightarrow CaCl_2 + H_2O + CO_2\uparrow$$

※事實上，碳酸根離子會與許多金屬離子生成沉澱（除了不沉澱的Na^+、K^+以外，幾乎所有金屬離子都會與碳酸根離子形成沉澱）。不過，只要記住$BaCO_3$和$CaCO_3$就可以應付大部分試題。

（6）硫酸鹽的沉澱（SO_4^{2-}硫酸根離子〈無色〉）

① 鋇離子（Ba^{2+}〈無色〉）

白色硫酸鋇（$BaSO_4$）會沉澱。就連稀鹽酸或稀硫酸都無法溶解硫酸鋇。因為X光不容易穿透鋇，故常用於腸胃X光攝影的顯影劑。

$$Ba^{2+} + SO_4^{2-} \longrightarrow BaSO_4\downarrow（白色）$$

② 鈣離子（Ca^{2+}〈無色〉）

白色硫酸鈣（$CaSO_4$）會沉澱。「**石膏**」是硫酸鈣的二水合物（$CaSO_4 \cdot 2H_2O$），「**熟石膏**」則是硫酸鈣的半水合物$\left(CaSO_4 \cdot \dfrac{1}{2}H_2O\right)$，常用於製作雕像。

$$Ca^{2+} + SO_4^{2-} \longrightarrow CaSO_4\downarrow（白色）$$

※粉末狀熟石膏加水混合成型，再乾燥之後，就可以得到石膏像。

③ 鉛（Ⅱ）離子（Pb^{2+}〈無色〉）

白色硫酸鉛（Ⅱ）（$PbSO_4$）會沉澱。還記得嗎？鉛蓄電池的極板放電後，就會轉變成硫酸鉛（Ⅱ）。

$$Pb^{2+} + SO_4^{2-} \longrightarrow PbSO_4\downarrow（白色）$$

（7）鉻酸鹽的沉澱（CrO_4^{2-}：鉻酸根離子〈黃色〉）

突然講到「鉻酸根離子」，想必許多人應該也一頭霧水吧。

還記得我們在化學基礎中有提過「**二鉻酸鉀**（$K_2Cr_2O_7$）」嗎？這是一種相當有名的氧化劑，會以「**二鉻酸根離子**（$Cr_2O_7^{2-}$）」的形式出現在半反應式中。這是一種橙色或橙紅色的離子，「酸性環境下相對穩定」。鹼性環境下則會轉變成黃色的鉻酸根離子（CrO_4^{2-}）。

$$\underset{\substack{\text{二鉻酸根離子}\\(\text{橙色，酸性環境下穩定})}}{Cr_2O_7^{2-}} + 2OH^- \longrightarrow \underset{\substack{\text{鉻酸根離子}\\(\text{黃色，鹼性環境下穩定})}}{2CrO_4^{2-}} + H_2O$$

另外，雖然鉻酸根離子在鹼性環境下穩定，但如果環境轉為酸性的話，又會變回二鉻酸根離子。

$$2CrO_4^{2-} + 2H^+ \longrightarrow Cr_2O_7^{2-} + H_2O$$

鉻酸根離子的介紹就到此為止，接著就進入主題，介紹相關的沉澱吧。

① 銀離子（Ag^+〈無色〉）

硝酸銀（$AgNO_3$）水溶液與鉻酸鉀（K_2CrO_4）水溶液混合後，會生成紅褐色的鉻酸銀（Ag_2CrO_4）沉澱。

$$2Ag^+ + CrO_4^{2-} \longrightarrow Ag_2CrO_4\downarrow \text{（紅褐色）}$$

② 鉛（Ⅱ）離子（Pb^{2+}〈無色〉）

醋酸鉛（Ⅱ）（$(CH_3COO)_2Pb$）水溶液與鉻酸鉀水溶液混合後，會生成黃色的鉻酸鉛（Ⅱ）（$PbCrO_4$）沉澱。

$$Pb^{2+} + CrO_4^{2-} \longrightarrow PbCrO_4\downarrow \text{（黃色）}$$

③ 鋇離子（Ba^{2+}〈無色〉）

氯化鋇（$BaCl_2$）水溶液與鉻酸鉀水溶液混合後，會生成黃色的鉻酸鋇（$BaCrO_4$）沉澱。

$$Ba^{2+} + CrO_4^{2-} \longrightarrow BaCrO_4\downarrow \text{（黃色）}$$

※鉻酸根離子為黃色，故多生成黃色沉澱，只有「鉻酸銀」是「紅褐色」。鉻酸鹽的沉澱很常考！

（8）鐵離子的沉澱與呈色

氰化鉀（KCN）是劇毒物質，溶於水中時會解離出氰根離子（CN^-）。

$$KCN \longrightarrow K^+ + CN^-$$

鐵（Ⅱ）離子與鐵（Ⅲ）離子能與氰根離子以「**配位鍵**」結合，形成「**錯離子**」如下。

$$Fe^{2+} + 6CN^- \longrightarrow [Fe(CN)_6]^{4-}$$
六氰合鐵（Ⅱ）酸根錯離子

$$Fe^{3+} + 6CN^- \longrightarrow [Fe(CN)_6]^{3-}$$
六氰合鐵（Ⅲ）酸根錯離子

這些錯離子以鉀鹽的形式存在。

$$K_4[Fe(CN)_6] \longrightarrow 4K^+ + [Fe(CN)_6]^{4-}$$
亞鐵氰化鉀

$$K_3[Fe(CN)_6] \longrightarrow 3K^+ + [Fe(CN)_6]^{3-}$$
鐵氰化鉀

另外，硫氰酸鉀（$KSCN$）溶解於水中時會解離出硫氰酸根離子（SCN^-）。這個離子能與鐵（Ⅲ）離子結合，形成「血紅色溶液」，卻不會與鐵（Ⅱ）離子反應，故可用於檢測Fe^{3+}。

$$Fe^{3+} + SCN^- \longrightarrow \boxed{\text{血紅色溶液}}$$

Ⅱ與Ⅲ的六氰合鐵

　　重點在於「Ⅱ會與Ⅲ反應」！六氰合鐵（Ⅱ）酸根錯離子會與鐵（Ⅲ）離子反應；而六氰合鐵（Ⅲ）酸根錯離子會與鐵（Ⅱ）離子反應，兩者都會產生深藍色沉澱（成分完全相同）。

$$Fe^{3+} + [Fe(CN)_6]^{4-} \longrightarrow \boxed{\text{深藍色沉澱}}$$

$$Fe^{2+} + [Fe(CN)_6]^{3-} \longrightarrow \boxed{\text{深藍色沉澱}}$$

結構完全相同，
無法區別

專欄 **鈣離子（Ca^{2+}）的沉澱**

我們在（5）中有學過碳酸鈣、（6）中有學過硫酸鈣，這裡則要看看其他鈣離子的沉澱。

（1）草酸根離子（$C_2O_4^{2-}$〈無色〉）

　　草酸（$H_2C_2O_4$）為二元弱酸，解離後會產生草酸根離子（$C_2O_4^{2-}$）。

$$H_2C_2O_4 \rightleftharpoons 2H^+ + C_2O_4^{2-}$$

　　草酸根離子會與鈣離子結合，生成草酸鈣（CaC_2O_4）的白色沉澱。

$$Ca^{2+} + C_2O_4^{2-} \longrightarrow \underset{\text{草酸鈣}}{CaC_2O_4}\downarrow \text{（白色）}$$

※草酸可做為還原劑使用。

（2）磷酸根離子（PO_4^{3-}〈無色〉）

　　磷酸（H_3PO_4）為三元弱酸。解離後會產生磷酸根離子（PO_4^{3-}）。

$$H_3PO_4 \rightleftharpoons 3H^+ + PO_4^{3-}$$

　　磷酸根離子會與鈣離子結合，生成磷酸鈣（$Ca_3(PO_4)_2$）的白色沉澱。

$$3Ca^{2+} + 2PO_4^{3-} \longrightarrow \underset{\text{磷酸鈣}}{Ca_3(PO_4)_2}\downarrow \text{（白色）}$$

（3）氟離子（F^-〈無色〉）

　　氟化氫（HF）水溶液又稱為氫氟酸，是弱酸，解離後會產生氟離子。

$$HF \rightleftharpoons H^+ + F^-$$

　　氟離子會與鈣離子結合，生成氟化鈣（CaF_2）的白色沉澱。

$$Ca^{2+} + 2F^- \longrightarrow \underset{\text{氟化鈣}}{CaF_2}\downarrow \text{（白色）}$$

　　氟化鈣又稱為「**螢石**」。牙醫在牙齒上塗氟（氫氟酸有毒，所以實際上塗的是氟化鈉），就是為了讓牙齒能像「螢石」一樣堅硬喔。不過這不表示塗完氟的牙齒會在黑暗中發光。

❷ 焰色反應

💡 **速成重點！**

燃燒某些元素時會產生特定顏色，稱為**焰色反應，可用於判斷不會在水溶液中沉澱的離子**。

　　在鉑絲末端沾上一些金屬離子的水溶液，然後放入本生燈的外焰，此時火焰就會依照金屬離子的種類而呈現出不同的顏色，稱為「**焰色反應**」。這個原理常用在煙火上。像是鈉離子、鉀離子這種**「不會產生沉澱的離子」，只能用焰色反應檢測其存在**，這是常考的重點。

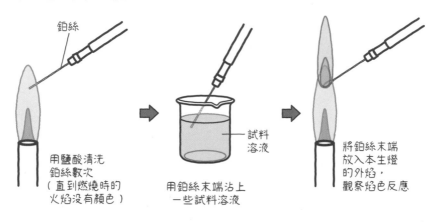

鉑絲

用鹽酸清洗
鉑絲數次
（直到燃燒時的
火焰沒有顏色）

試料
溶液

用鉑絲末端沾上
一些試料溶液

將鉑絲末端
放入本生燈
的外焰，
觀察焰色反應

焰色反應的例子

鈉（Na）	⇨	黃	鋇（Ba）	⇨	黃綠
鉀（K）	⇨	紫紅	鍶（Sr）	⇨	深紅
鋰（Li）	⇨	紅	銅（Cu）	⇨	藍綠
鈣（Ca）	⇨	橘紅	銫（Cs）	⇨	藍

本生燈的使用方式

　　除了焰色反應之外，「本生燈」也常用在其他
化學實驗。

　　小學、國中時應該有教過本生燈的使用方式才
對，但應該不少人已經不記得了，這裡就讓我們再
複習一遍。

　　如右圖所示，本生燈有「2個轉盤」。下方的轉
盤可以調節瓦斯量，上方的轉盤可以調節空氣量。

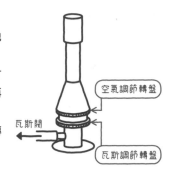

① 確認2個轉盤都保持關閉，打開瓦斯閥。

② 將火源拿近本生燈開口，稍稍轉開下方瓦斯轉盤，點火。因為此時還沒有空氣進
　　入，所以焰色偏黃。旋轉下方轉盤，調節瓦斯量，藉此調整火焰大小。

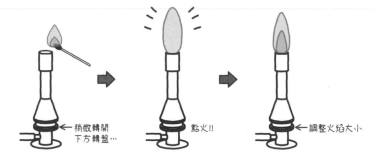

③ 稍稍轉開上方轉盤，直到火焰變成藍色就可以了（如果讓太多空氣進來，火會跑
　　到本生燈內部，相當危險）。

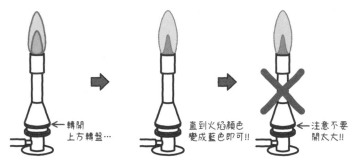

④ 熄火的步驟與點火相反。

第21講 無機化學工業

本節會介紹包括氨鹼法在內的各種無機化合物工業製造方法，皆為常考試題。重點在於「最後會得到什麼產物？」。

1 氨的製造、硝酸的製造

> **速成重點！**
>
> 哈伯－博施法為　$N_2 + 3H_2 \rightleftharpoons 2NH_3$
>
> 奧士華法為　$NH_3 + 2O_2 \longrightarrow HNO_3 + H_2O$

（1）哈伯－博施法

「**哈伯-博施法**」是以四氧化三鐵（Fe_3O_4）為催化劑，使氮氣與氫氣在高溫高壓下直接反應，合成出氨的方法。

$$N_2 + 3H_2 \underset{\substack{Fe_3O_4 \\ （催化劑）}}{\rightleftharpoons} 2NH_3$$

（2）奧士華法

「**奧士華法**」是以氨為原料合成硝酸的方法，分為以下3個階段。

（ⅰ）　以鉑（**Pt**）為催化劑，在高溫下混合氨與氧氣，合成出一氧化氮（**NO**）。

$$4NH_3 + 5O_2 \underset{Pt（催化劑）}{\longrightarrow} 4NO + 6H_2O \qquad \cdots\cdots①$$

（ⅱ）　降低溫度，使一氧化氮與氧氣反應，合成出二氧化氮（NO_2）。

$$2NO + O_2 \longrightarrow 2NO_2 \qquad \cdots\cdots②$$

（ⅲ）　將二氧化氮溶解於溫水中，便可得到硝酸（HNO_3）。

$$3NO_2 + H_2O \longrightarrow 2HNO_3 + NO \qquad \cdots\cdots③$$

①～③的式子整理後，可得到全反應如下。

$$NH_3 + 2O_2 \longrightarrow HNO_3 + H_2O$$

　　你知道怎麼將奧士華法的3個式子合而為一嗎？會不會有人覺得一團混亂，「合成之前看起來還比較好懂⋯⋯」呢？若要問如何合成這3個反應式，其實也很簡單，就是將生成後馬上用於反應的「中間產物（本例中為NO與NO_2）」消去就可以了。那麼，該從哪個中間產物開始消去呢？關鍵在於「NO出現在3個反應式中，NO_2只出現在2個反應式（②與③）中」。

$$\begin{cases} \text{NO出現在3個反應式（①、②、③）} & \longleftarrow \boxed{\text{稍後再消去}} \\ NO_2\text{出現在2個反應式（②、③）} & \longleftarrow \boxed{\text{先消去這個}} \end{cases}$$

　　要一次消去同時出現在3個反應式中的物質實在有些困難，所以我們先從同時出現在2個反應式中的「NO_2」著手！計算②×3＋③×2。

$$\begin{array}{ll} ②×3 & \overset{4}{6}NO + 3O_2 \longrightarrow 6NO_2 \\ +\ \ \ \ ③×2 & 6NO_2 + 2H_2O \longrightarrow 4HNO_3 + 2NO \\ \hline & 4NO + 3O_2 + 2H_2O \longrightarrow 4HNO_3 \quad ⋯⋯④ \end{array}$$

　　接著「消去NO」。NO在①和④中的係數都是「4」，所以直接相加即可。

$$\begin{array}{ll} ④ & 4NO + 3O_2 + 2H_2O \longrightarrow 4HNO_3 \\ +\ \ \ ① & 4NH_3 + 5O_2 \longrightarrow 4NO + \overset{4}{6}H_2O \\ \hline & 4NH_3 + 8O_2 \longrightarrow 4HNO_3 + 4H_2O \end{array}$$

　　係數皆為4的倍數，故除以4之後便完成。

$$NH_3 + 2O_2 \longrightarrow HNO_3 + H_2O$$

下次你就知道該怎麼做了。

2 硫酸的製造（接觸法）

> **速成重點！**
>
> 製造硫酸（**接觸法**）時，會用到**氧化釩（Ⅴ）（V_2O_5）**。

　　首先，製造硫酸（H_2SO_4）時需要二氧化硫（SO_2）。燃燒含硫物質後會生成二氧化硫。

$$S + O_2 \longrightarrow SO_2$$

　　以氧化釩（Ⅴ）（V_2O_5）為催化劑，將二氧化硫與氧氣混合，可以得到三氧化硫（SO_3）。

$$2SO_2 + O_2 \underset{（催化劑）}{\overset{V_2O_5}{\rightleftharpoons}} 2SO_3$$

　　將其溶於濃硫酸中可得到「**發煙硫酸**[※]」，再用稀硫酸稀釋後便可得到濃硫酸。

$$SO_3 + H_2O \longrightarrow H_2SO_4$$

※含有過量三氧化硫的濃硫酸稱為「發煙硫酸」，會緩緩釋放出三氧化硫，在潮濕空氣中呈白色煙霧狀，且有刺激性臭味。

　　這種方法稱為「**接觸法**」。

$$\boxed{SO_3} \xrightarrow{濃硫酸} \boxed{發煙硫酸} \xrightarrow{稀硫酸} \boxed{濃硫酸}$$

3 氫氧化鈉的製造

> **速成重點！**
>
> **電解氯化鈉水溶液**即可得到氫氧化鈉。

　　實驗室中會以碳棒為電極，電解氯化鈉水溶液以獲得氫氧化鈉。陽極與陰極的反應如下。

　　（陽極）　$2Cl^- \longrightarrow Cl_2 + 2e^-$

　　（陰極）　$2H_2O + 2e^- \longrightarrow H_2 + 2OH^-$

　　全反應如下。

　　$2H_2O + 2NaCl \longrightarrow H_2 + Cl_2 + \underline{2NaOH}$

　　濃縮這個水溶液後，就可以得到氫氧化鈉。

■ **電解氯化鈉水溶液**

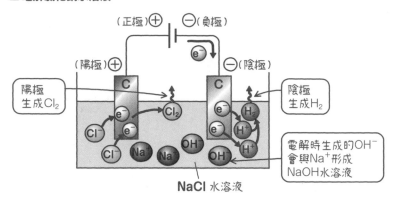

這是相當重要的氫氧化鈉製造方法。電解氯化鈉水溶液便可得到氫氧化鈉。

　　工業上，會將「**陽離子交換膜**（可想成是僅讓鈉離子通過的膜→p.350）」置於電解槽中央，隔開兩邊，如下圖所示。電解時，陽極為碳電極，陰極為鐵電極。因為中間有陽離子交換膜隔開，陽極槽產生的氯氣不會與陰極槽的氫氧化鈉反應，所以陽極槽的氯化鈉水溶液濃度會愈來愈低，同時陰極槽可以得到高純度的氫氧化鈉水溶液。這種氫氧化鈉製造法稱為「**離子交換膜法**」。

■ **離子交換膜法**

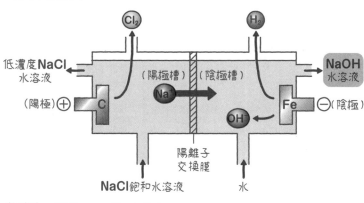

（陽極）　$2Cl^- \longrightarrow Cl_2 + 2e^-$

（陰極）　$2H_2O + 2e^- \longrightarrow H_2 + 2OH^-$

4 碳酸鈉的製造

速成重點！

製造碳酸鈉時，會進行5階段的反應，藉此合成出平時不會自然發生的反應（**氨鹼法**）。

　　玻璃工業上會用「**氨鹼法（又叫做索爾維法）**」來合成碳酸鈉。包含以下5階段反應。

（ⅰ）　強熱碳酸鈣，產生二氧化碳。

$$CaCO_3 \longrightarrow CaO + CO_2\uparrow \qquad\qquad \cdots\cdots ①$$

（ⅱ）　使氨溶於氯化鈉飽和溶液，再吹入二氧化碳，使（一部分的）碳酸氫鈉沉澱。

$$NaCl + NH_3 + CO_2 + H_2O \longrightarrow NaHCO_3 + NH_4Cl \qquad \cdots\cdots ②$$

（ⅲ）　將過濾後的碳酸氫鈉強熱，得到碳酸鈉。

$$2NaHCO_3 \longrightarrow Na_2CO_3 + H_2O + CO_2\uparrow \qquad \cdots\cdots ③$$

（ⅳ）　將①的氧化鈣與水混合，得到氫氧化鈣。

$$CaO + H_2O \longrightarrow Ca(OH)_2 \qquad\qquad \cdots\cdots ④$$

（ⅴ）　混合氫氧化鈣與②的氯化銨並加熱，產生氨。

$$Ca(OH)_2 + 2NH_4Cl \longrightarrow CaCl_2 + 2H_2O + 2NH_3\uparrow \qquad \cdots\cdots ⑤$$

　　①＋②×2＋③＋④＋⑤即可得到全反應式。

$$CaCO_3 + 2NaCl \longrightarrow Na_2CO_3 + CaCl_2$$

※全反應式中，左邊為「原料」，右邊除了產物之外都屬於「副產物」。氨未出現在全反應式中，因為氨會
　在反應裝置內循環。

$$\underset{\text{原料}}{\underline{CaCO_3 + 2NaCl}} \longrightarrow \underset{\text{產物}}{\underline{Na_2CO_3}} + \underset{\text{副產物}}{\underline{CaCl_2}}$$

　　這個反應原本是逆向進行的。這也當然，要是能直接反應的話，直接混合原料就行了。之所以要分那麼多步驟，就是因為「一般情況下不會這樣反應」。原本會自然發生的反應式如下。

$$Na_2CO_3 + CaCl_2 \longrightarrow 2NaCl + CaCO_3\downarrow$$

5 金屬精鍊

速成重點！

銅與鋁可藉由電解來精鍊（**電解精鍊**）。

鋁的精鍊

我們在化學基礎中有學過鐵的冶鍊與銅的精鍊。這裡讓我們來看看還沒提過的鋁的精鍊。

鋁的原料礦石是「**鋁土礦（主成分為Al$_2$O$_3$・nH$_2$O）**」。以氫氧化鈉水溶液處理後，屬於兩性元素（→p.113）的鋁會溶解，雜質則不會溶解，經過過濾後便可除去雜質。

$$Al_2O_3 + 2NaOH + 3H_2O \longrightarrow \underset{\text{四羥基合鋁酸鈉}}{2Na[Al(OH)_4]}$$

濾液加水混合後，會出現**加水分解反應**，生成氫氧化鋁沉澱。

$$Na[Al(OH)_4] \rightleftharpoons Al(OH)_3\downarrow + NaOH$$

參考 什麼是「加水分解反應」？

我們在第20講中學過氫氧化物的沉澱，其中有提到，氫氧化鋁的沉澱可以溶解在氫氧化鈉水溶液中（→p.138）。在已溶解氫氧化鋁沉澱的狀態下加水，會降低氫氧化鈉的濃度，「回復到加入氫氧化鈉水溶液前的狀態」。

也就是說，這是「氫氧化鋁加水溶解的逆反應」！像這種化合物加水後分解的反應，稱為「加水分解反應」。

加入NaOH，溶解Al(OH)$_3$

$$Al(OH)_3 + NaOH \rightleftharpoons Na[Al(OH)_4]$$

加入水，使Al(OH)$_3$沉澱（這次的反應!!）

將氫氧化鋁強熱後，可以得到純氧化鋁（工業上稱為「礬土」）。

$$2Al(OH)_3 \longrightarrow \underbrace{Al_2O_3}_{\text{氧化鋁（礬土）}} + 3H_2O$$

　　鋁離子的離子化傾向很大，即使拿鋁離子水溶液去電解也只會得到氫氣而得不到鋁單質。可能你會想到製造純鈉時使用的「**熔鹽電解**」（→p.106），但氧化鋁的熔點非常高，可達約2000℃（鐵的熔點在金屬中也很高，但也只有1540℃左右）。這表示「在氧化鋁熔化之前，容器就會熔化」。

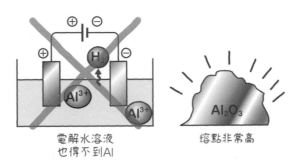

電解水溶液
也得不到Al

熔點非常高

　　所以我們會將氧化鋁與大量「**冰晶石（Na_3AlF_6）**」混合，這麼做可以將熔點降至1000℃左右，就能以熔鹽電解分離出鋁。

　　熔鹽電解時，會在陰極生成金屬鋁（鋁的熔點為660℃，故會以液態在容器底部析出）。

■ 鋁的熔鹽電解

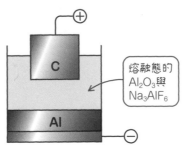

熔融態的
Al_2O_3與
Na_3AlF_6

（陽極）$\begin{cases} C + O^{2-} \longrightarrow CO + 2e^- \\ C + 2O^{2-} \longrightarrow CO_2 + 4e^- \end{cases}$ ← 只有這個反應的碳電極會參與反應!!（通常碳電極都很穩定）

（陰極）$Al^{3+} + 3e^- \longrightarrow \underline{\underline{Al}}$ ← 生成金屬鋁!!

　　要注意的是陽極的反應。陽極的碳是常用電極材料，碳電極通常很「穩定」，但由上面的反應式可以看到，電解反應中會消耗電極上的碳，產生一氧化碳與二氧化碳。

　　由碳電極亦參與反應一事也可以看出，鋁的電解精鍊會消耗大量電力。不過由此也可明白為什麼鋁可以回收。

非金屬元素、
金屬元素

22 非金屬元素 ……………………………………………… p.160

23 金屬元素 ……………………………………………… p.176

第22講 非金屬元素

本節將以「非金屬元素」為中心，整理無機化合物的性質。讓我們以化學基礎中提到的東西為基礎，深入探討這個主題吧。

1 第18族（惰性氣體（稀有氣體））

> **速成重點！**
>
> **惰性氣體在常溫下為氣體**，價電子數為0個，
> 以單原子分子的形式存在，是相當穩定的元素。

惰性氣體（稀有氣體）位於週期表的最右側，**價電子數為0個，是極為穩定**的元素。惰性氣體幾乎不會其他原子結合，而是以「**單原子分子**」的形式穩定存在。空氣中含有微量惰性氣體（氬氣約佔空氣的1％）。氖氣為放電管的填充氣體（用於製作招牌，也就是所謂的「霓虹燈」），氦氣可用於填充氣球。氖氣與氦氣的沸點相當低（氖：$-246°C$、氦：$-269°C$），常壓下不存在固態。

2 第17族

> **速成重點！**
>
> 鹵素有7個價電子，易形成1價陰離子，
> **單質的氧化力相當強。**（$F_2 > Cl_2 > Br_2 > I_2$）

第17族元素也叫做「**鹵素**」。有7個價電子，傾向獲得1個電子，**成為1價陰離子**。單質皆為雙原子分子，而且為有色、有毒的物質。氧化力相當強，強度依序為$F_2 > Cl_2 > Br_2 > I_2$（超重要!!）。

鹵素的氧化力

$$F_2 > Cl_2 > Br_2 > I_2$$

（1）氟

氟單質（F_2）為淡黃色有毒氣體，氧化力非常強，有特殊臭味。能「在暗處」與氫劇烈反應，生成「氟化氫（HF）」。

$$H_2 + F_2 \longrightarrow 2HF \longleftarrow \boxed{\text{可在暗處反應（不需要光！）}}$$

另外，會與水劇烈反應，生成氧氣。

$$2H_2O + 2F_2 \longrightarrow 4HF + O_2\uparrow$$

將氟化鈣（CaF_2，也叫做螢石）與硫酸混合加熱後，會生成氟化氫（→p.119）。

$$CaF_2 + H_2SO_4 \longrightarrow CaSO_4 + 2HF\uparrow$$

氟化氫（HF）水溶液稱為「**氫氟酸**」。氫氟酸會溶解玻璃（主成分為二氧化矽（SiO_2）），需存放於塑膠容器中。

$$SiO_2 + 6HF \longrightarrow \underset{\text{氟矽酸}}{H_2SiF_6} + 2H_2O$$

$$\left(\begin{array}{l} \text{或者是} \\ SiO_2 + 4HF_{(g)} \longrightarrow \underset{\text{四氟化矽}}{SiF_4\uparrow} + 2H_2O \end{array} \right)$$

另外，鹵化氫的水溶液通常是強酸，但氫氟酸是弱酸。

（2）氯

氯單質（Cl_2）為黃綠色有毒氣體，有刺激性臭味，能「在照光時」與氫劇烈反應，生成「**氯化氫**」（→p.120）。

$$H_2 + Cl_2 \longrightarrow 2HCl \longleftarrow \boxed{\text{需要光照}}$$

另外，氯氣易溶於水，溶於水後會經以下反應生成氯化氫（HCl）與「**次氯酸（HClO）**」。

$$Cl_2 + H_2O \rightleftharpoons HCl + HClO$$

次氯酸為弱酸，但次氯酸根離子（ClO^-）有很強的氧化作用，也因此使氯有「**殺菌作用**」與「**漂白作用**」。

$$\underset{\text{次氯酸根離子}}{ClO^-} + 2H^+ + 2e^- \longrightarrow Cl^- + H_2O$$

參考. HClO$_x$與○○氯酸

原本的「氯酸」有3個氧原子。有2個氧原子的叫做「亞氯酸」，有1個的則是「次氯酸」。至於有4個氧原子的是「過氯酸」，是強酸。這些酸都含有氧原子，故都屬於「含氧酸」。

① 氯氣的製造（其1）

將二氧化錳（Ⅳ）（MnO_2）與濃鹽酸混合加熱後，便會生成氯氣（→p.124）。這種方法須通過2個洗氣瓶，第1個裝有「水」，第2個裝有「濃硫酸」。

■ 氯氣的製造（將二氧化錳（Ⅳ）與濃鹽酸混合加熱）

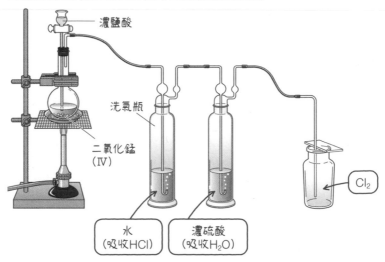

$$MnO_2 + 4HCl \longrightarrow MnCl_2 + 2H_2O + Cl_2\uparrow$$

為什麼會這樣？　**為什麼製造氯氣時要通過水？**

可能你會想問「氯氣易溶於水，為什麼產物還要通過水呢？」。這是為了吸收產物中的大量氯化氫。氯氣確實易溶於水，但氯化氫的溶解度是氯氣的約100倍。所以在產物通過水時，雖然有少量的氯氣會溶於水中，卻可以完全去除產物中的氯化氫。

最後再用濃硫酸乾燥，就可以得到乾燥的氯氣了。

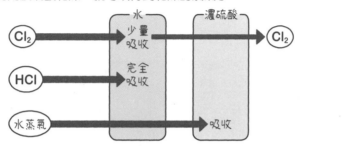

② 氯氣的製造（其2）

無論是「混合**精製漂白粉**（$Ca(ClO)_2 \cdot 2H_2O$）與稀鹽酸」或者是「混合**漂白粉**（$CaCl(ClO) \cdot H_2O$）與稀鹽酸」皆可產生氯氣。

$$Ca(ClO)_2 \cdot 2H_2O + 4HCl \longrightarrow CaCl_2 + 4H_2O + 2Cl_2\uparrow$$
　　　精製漂白粉

$$CaCl(ClO) \cdot H_2O + 2HCl \longrightarrow CaCl_2 + 2H_2O + Cl_2\uparrow$$
　　　漂白粉

氫氧化鈣（$Ca(OH)_2$）吸收氯氣後，就可以得到我們一般使用的漂白粉。

$$Ca(OH)_2 + Cl_2 \longrightarrow CaCl(ClO) \cdot H_2O$$

順帶一提，氯化氫非常易溶於水，水溶液為強酸「鹽酸」。氯化氫在空氣中與氨混合時會產生白煙，這個白煙就是「氯化銨（NH_4Cl）」，是白色的「固體」。注意別搞錯了，這個白煙不是氣體喔，是固體！

$$HCl + NH_3 \longrightarrow NH_4Cl$$
　　　　　　　　氯化銨

（3）溴

溴單質（Br_2）為紅褐色液體，有刺激性臭味，毒性極強。將氯氣通過溴化鉀（KBr）水溶液時，會生成溴（Br_2）。

$$2KBr + Cl_2 \longrightarrow 2KCl + Br_2$$
氯化鉀

（離子反應式為$2Br^- + Cl_2 \longrightarrow 2Cl^- + Br_2$）

另外，溴也會與有機化合物產生**加成反應**（→第33講）。

（4）碘

碘單質（I_2）為紫黑色固體，會直接**昇華**成氣體。難溶於水，可溶於有機溶劑，呈紫色。另外，可溶解於碘化鉀（KI）水溶液內，呈褐色。

$$I^- + I_2 \longrightarrow I_3^-$$
碘離子　　　　　三碘離子
〈無色〉　　　　　〈褐色〉

將氯氣通過碘化鉀（KI）水溶液時，會生成碘（I_2）。

$$2KI + Cl_2 \longrightarrow 2KCl + I_2$$

（離子反應式為$2I^- + Cl_2 \longrightarrow 2Cl^- + I_2$）

※將碘加在澱粉上時會呈現藍紫色，稱為「**碘與澱粉的反應**」（→p.300）。碘離子（I^-）為無色，不會與澱粉反應呈色。

3 第16族

速成重點！

氧的同素異形體包括O_2與O_3（**臭氧**）。
硫的同素異形體包括**斜方硫**、**單斜硫**、**膠狀硫**。

（1）氧

氧存在「**同素異形體**」（**氧氣與臭氧**）。

■ 氧的同素異形體

氧氣（O_2）

臭氧（O_3）

另外，含有氧原子的酸稱為「**含氧酸**」，包括氯酸（HClO$_3$）、硫酸、硝酸、磷酸、羧酸（RCOOH）（→第26講 **③**）等。氧的單質，氧氣在空氣中約佔21%。

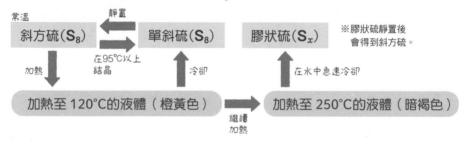

含氧酸

HClO$_3$、H$_2$SO$_4$、HNO$_3$、H$_3$PO$_4$、RCOOH
氯酸　　硫酸　　硝酸　　磷酸　　羧酸

（2）硫

硫也存在同素異形體。硫在常溫下以「**斜方硫**」的狀態存在，95℃以上時會結晶成「**單斜硫**」，繼續加熱的話則會變成液態。若加熱到250℃左右，再將液態硫倒入水中急速冷卻，就會得到「**膠狀硫**」。若將膠狀硫靜置於常溫下，就會逐漸變回斜方硫。斜方硫與單斜硫的分子式皆為S$_8$，為環狀結構。

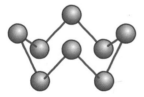

常溫　　靜置　　　　　　　　　　　　　　　　　　※膠狀硫靜置後
斜方硫（S$_8$）　單斜硫（S$_8$）　膠狀硫（S$_x$）　　會得到斜方硫。

加熱　　在95℃以上結晶　　冷卻　　　在水中急速冷卻

加熱至 120℃的液體（橙黃色）　　繼續加熱　　加熱至 250℃的液體（暗褐色）

■ **硫的同素異形體**

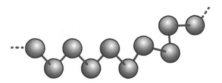

斜方硫、單斜硫的分子（S$_8$）　　　　膠狀硫的分子（S$_x$）

① 二氧化硫（SO$_2$）

二氧化硫是燃燒硫之後會產生的有毒氣體（實驗室內製造二氧化硫時，會將銅與濃硫酸混合加熱）（→p.120）。無色、有刺激性臭味，溶於水中時會轉變成「亞硫酸（H$_2$SO$_3$）」。另外，二氧化硫也有漂白作用。

② 硫化氫（H₂S）

硫化氫有毒，是火山氣體的成分之一（實驗室內製造硫化氫時，會將硫化鐵（Ⅱ）與稀硫酸混合）（→p.119）。硫化氫為無色氣體，有腐爛雞蛋臭，溶於水時會生成硫離子，可與各種金屬離子形成硫化物沉澱（→p.143）。

③ 硫酸（H₂SO₄）

濃硫酸有脫水作用、吸濕作用，還有著「溶解熱非常大」的特徵。所以在稀釋濃硫酸時，一定要「**將濃硫酸緩緩加入水中**」。

■ 稀釋濃硫酸

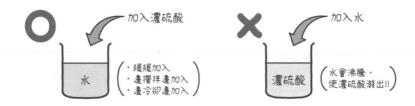

4 第15族

氮單質，**氮氣（N₂）的活性很低**。
氨（**NH₃**）易溶於水。
磷的同素異形體包括穩定的**紅磷**（P）與會自燃的**黃磷**（P₄）。

（1）氮

氮氣（N₂）在常溫下為無色、無臭的穩定氣體。空氣中約有78%的氮氣。

參考. 氮氣與鎂的反應

氮氣的活性很低，但若將鎂加熱後放入氮氣內，會反應生成「氮化鎂（Mg₃N₂）」。

$$3Mg + N_2 \longrightarrow Mg_3N_2$$

氨（NH₃）

實驗室內製造氨時，會混合加熱氯化銨與氫氧化鈣（→p.117）。工業上則會用哈伯-博施法（→p.151）來合成氨。氨無色，有刺激性臭味，非常易溶於水，水溶液呈弱鹼性。製備時會以向下排氣法收集。除了用紅色石蕊試紙檢驗，還可以用奈斯勒試劑（Nessler's reagent，能與氨反應產生褐色沉澱）。

參考 **氨的噴泉實驗**

氨非常易溶於水，故可以用右圖的裝置進行「噴泉」實驗。

將滴管內的水滴入燒瓶時，①燒瓶內的氨會溶解於水中，②使壓力大幅下降。

接著，③水槽內的水會被吸上來，在燒瓶內噴出，就像噴泉一樣。④如果在水中預先加入酚酞，便可噴出紅色噴泉。

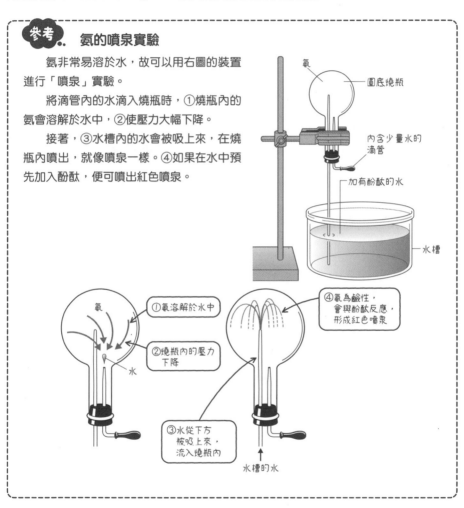

氨

圓底燒瓶

內含少量水的滴管

加有酚酞的水

水槽

①氨溶解於水中

氨

水

②燒瓶內的壓力下降

③水從下方被吸上來，流入燒瓶內

④氨為鹼性，會與酚酞反應，形成紅色噴泉

水槽的水

（2）磷

磷存在「**黃磷**」、「**紅磷**」等同素異形體。黃磷分子式為P_4，有劇毒。在空氣中會自燃，需保存於水中。

$$P_4 + 5O_2 \longrightarrow P_4O_{10}$$
黃磷　　　　　　　　十氧化四磷

水

黃磷需
保存於水中

黃磷

另一方面，紅磷的分子式為P，相對穩定，可做為火柴的原料。紅磷燃燒後也會得到十氧化四磷。

$$4P + 5O_2 \longrightarrow P_4O_{10}$$
紅磷

※十氧化四磷可用做氣體的乾燥劑（→p.135）。

專欄 **各種肥料**

植物可從葉子吸收二氧化碳（CO_2），從根部與葉子吸收水（H_2O），藉此獲得碳（C）與氫（H）。氮（N）、磷（P）、鉀（K）為植物發育時的必需元素，也被稱為**肥料三元素**。植物可以由根部吸收土壤中含有的肥料三元素。

（1）有機肥料

由有機化合物製成的肥料稱為「**有機肥料**」。**天然肥料**包括堆肥、榨油殘留物、魚粉、動物排泄物等；**化學肥料**（化學合成的肥料）則包括尿素（$(NH_2)_2CO$）等物質。

（2）無機肥料

由無機化合物製成的肥料稱為「**無機肥料**」。天然肥料包括草木灰燼、智利硝石（硝酸鈉，$NaNO_3$）；化學肥料則是包括硫酸銨（$(NH_4)_2SO_4$）、氯化銨（NH_4Cl）、過磷酸鈣（$Ca(H_2PO_4)_2$與$CaSO_4$的混合物）、氯化鈣（KCl）、氰氨化鈣（$CaCN_2$）等。

（3）直接肥料與間接肥料

　　硫酸銨與氯化銨可被植物直接吸收，直接幫助植物發育，稱為「直接肥料」。

　　相較之下，生石灰（CaO）、熟石灰（$Ca(OH)_2$）、碳酸鈣（$CaCO_3$）等用以中和土壤酸性、改良土壤，間接幫助植物發育的肥料，稱為「間接肥料」。

直接肥料	間接肥料
$(NH_4)_2SO_4$ 、 NH_4Cl 、 $(NH_2)_2CO$	CaO 、 $Ca(OH)_2$ 、 $CaCO_3$
硫酸銨　　　氯化銨　　　尿素	生石灰　　　熟石灰　　　碳酸鈣

5 第14族

速成重點！

碳單質存在**鑽石**、**石墨**、**富勒烯**、**奈米碳管**等同素異形體。

矽單質為半導體材料，**二氧化矽為岩石的主成分**。

（1）碳

　　碳存在多種「同素異形體」。「**石墨**」為層狀平面結構，黑色、導電度高。「**鑽石**」為無色、相當堅硬、不導電（石墨與鑽石皆為相當大的分子）。另外還有「**富勒烯**」、「**奈米碳管**」以及最新發現的「**石墨烯**」等同素異形體。

■ **碳的同素異形體**

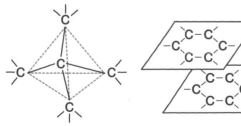
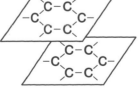
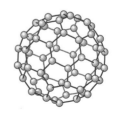

鑽石　　　　　　　　　石墨　　　　　　　　富勒烯（圖為C_{60}分子。
（正四面體結構）　　（層狀平面結構）　　　另外還存在C_{70}分子）

① 二氧化碳（CO_2）

燃燒碳時會產生二氧化碳。實驗室內會藉由混合碳酸鈣與稀鹽酸來製造二氧化碳（→p.116）。

另外，二氧化碳溶於水中時，會有一部分轉變成「碳酸」。

② 一氧化碳（CO）

一氧化碳是碳在不完全燃燒時的產物。易與血液中的血紅素結合（結合力是氧的約200～250倍），無色無臭，但有劇毒。

（2）矽

矽單質（Si）常用於半導體材料。

Si
Si
Si
Si
Si

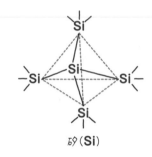

矽（Si）

① 二氧化矽（SiO_2）

二氧化矽是玻璃與岩石的主成分，會被氫氟酸溶解（→p.161）。

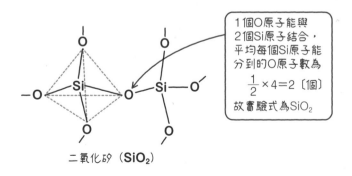

O
O
Si
O
O
Si
O
O
O
1個O原子能與
2個Si原子結合，
平均每個Si原子能
分到的O原子數為
1/2 ×4＝2〔個〕
故實驗式為SiO2

二氧化矽（SiO_2）

② **矽酸（H_2SiO_3）** ※矽酸的分子式亦可寫成$SiO_2 \cdot nH_2O$。
$n = 1$時即為H_2SiO_3。

矽酸的結構與二氧化矽類似。

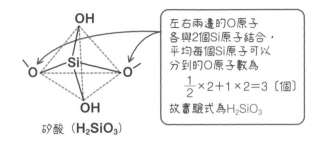

左右兩邊的O原子
各與2個Si原子結合，
平均每個Si原子可以
分到的O原子數為
$\dfrac{1}{2} \times 2 + 1 \times 2 = 3$〔個〕
故實驗式為H_2SiO_3

矽酸（H_2SiO_3）

矽酸失去水分後會變成二氧化矽，再與氫氧化鈉中和後會得到矽酸鈉（Na_2SiO_3）。矽酸也是相當巨大的分子。

$$H_2SiO_3 \longrightarrow SiO_2 + H_2O$$

$$H_2SiO_3 + 2NaOH \longrightarrow \underset{\text{矽酸鈉}}{Na_2SiO_3} + 2H_2O$$

常用於乾燥劑的「**矽膠**」是介於二氧化矽（SiO_2）與矽酸（H_2SiO_3）之間的結構（仍留有–OH結構，故仍保有吸濕性）。

$$\underset{\boxed{\text{矽膠（}SiO_2 \cdot nH_2O，0 < n < 1\text{）}}}{H_2SiO_3 \longrightarrow SiO_2 + H_2O}$$

※$SiO_2 \cdot nH_2O$中，$\begin{cases} \text{當}n = 0\text{時為}SiO_2 \\ \text{當}n = 1\text{時為}H_2SiO_3 \end{cases}$ 介於兩者之間，故稱$0 < n < 1$。

另外，矽酸鈉與水混合加熱後，可得到黏性高的液體「**水玻璃**」。

$$\underset{\text{矽酸鈉}}{Na_2SiO_3} \overset{\text{加水分解}}{\longrightarrow} \boxed{\text{水玻璃}} \overset{\text{酸（HCl）}}{\longrightarrow} \underset{\text{矽酸}}{H_2SiO_3} \overset{\text{加熱脫水}}{\longrightarrow} \boxed{\text{矽膠}}$$

哪個元素的克拉刻數最大？

元素在大氣層與地殼內（深度16 km以內）的佔有比例（質量％），稱為克拉刻數（Clarke number）。克拉刻數的第1名是氧（49.5％），第2名是矽（25.8％），第3名是鋁（7.56％），第4名是鐵，第5名是鈣，第6名是鈉。

地殼主要由岩石（主成分為SiO_2）構成，所以應該不難理解為什麼第1名是氧，第2名是矽。可能會有人想問「地表海洋中有大量的水，為什麼氫沒有在榜上呢？」氫只佔了0.87％，是第9名。因為原子量小，所以排名也比想像中後面。

❻ 陶瓷材料

過去人們將由黏土燒結而成的土器稱為「**陶瓷**」，現代的陶瓷則是指由非金屬元素製成的無機質固體。

（1）陶瓷器

將白色黏土（以高嶺土〈主成分為$Al_2O_3 \cdot 2SiO_2 \cdot 2H_2O$〉為代表）與長石（$KAlSi_3O_8$、$NaAlSi_3O_8$）混合，加水拌勻後捏塑形狀，待其乾燥後以約700℃進行「素燒」。

之後上釉藥，以1200℃進行「本燒」，冷卻後就是所謂的「陶器」（瓷器則需燒至1300℃以上）。

陶器為多孔材料，有少許吸水性，機械強度適中，敲打時會發出混濁聲響，可用在餐具、磁磚等方面。

※高嶺土與長石的化學式沒有背誦的必要，當做參考即可。

瓷器為堅硬的玻璃質，沒有吸水性，機械強度較強，敲打時會發出清澈的金屬聲，可用於高級餐具或礙子（高壓電線等的絕緣體）。

■ 陶器製作過程

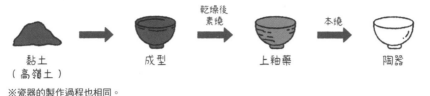

黏土
（高嶺土）　　成型　　乾燥後素燒　　上釉藥　　本燒　　陶器

※瓷器的製作過程也相同。

（2）水泥

水泥產品中最常見的是「**波特蘭水泥**」。將石灰岩、矽酸質黏土、氧化鐵等成分絞碎、混合，加熱至1500℃燒結（主成分為矽酸鈣（$CaSiO_3$）與鋁酸鈣（$Ca(AlO_2)_2$））之後，再加入少量石膏（$CaSO_4 \cdot 2H_2O$）磨細，便可得到波特蘭水泥。

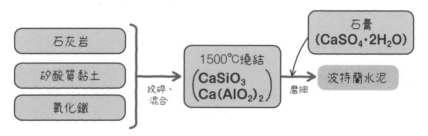

石灰岩
矽酸質黏土　　絞碎、混合　　1500℃燒結 $\begin{pmatrix} CaSiO_3 \\ Ca(AlO_2)_2 \end{pmatrix}$　　石膏 $(CaSO_4 \cdot 2H_2O)$　　磨細　　波特蘭水泥
氧化鐵

※矽酸鈣與鋁酸鈣的化學式沒有背誦的必要。

（3）玻璃

粒子以一定規則排列的固體稱為晶質，含有雜質而呈不規則排列的固體則稱為「**非晶質（amorphous）**」。玻璃全都是非晶質，沒有固定熔點。不過將玻璃加熱到某個溫度後會開始軟化，這個溫度稱為「軟化點」。

① 石英與石英玻璃

石英化學式為SiO_2，屬於「**晶質**」。石英玻璃的化學式也是SiO_2，卻是「非晶質」。

石英為矽原子與氧原子以一定規則交錯排列而成的物質。

石英玻璃雖然也是矽原子與氧原子交錯排列而成的物質，但為不規則排列，故為非晶質，軟化點為1670℃。

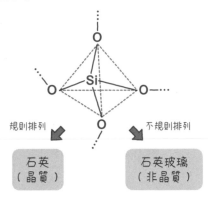

② 鈉鈣石灰玻璃

「**鈉鈣石灰玻璃**」為矽砂（主成分為SiO_2）與碳酸鈉（Na_2CO_3）及石灰石混合製造而成的產物，也叫做「**鈉鈣玻璃**」，常用於製作板狀玻璃等。日常生活中提到「玻璃」時，通常就是在說鈉鈣玻璃。軟化點為650～730℃。

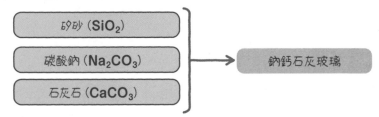

③ 硼矽酸鹽玻璃

「**硼矽酸鹽玻璃**」為矽砂與硼砂（$Na_2B_4O_7 \cdot 10H_2O$）混合製造而成的產物。軟化點高達830℃，溫度變化所影響的膨脹率較小（約為鈉鈣石灰玻璃的三分之一），故常用於耐熱玻璃。

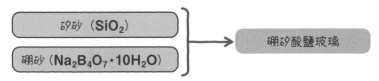

④ 鉛玻璃

「**鉛玻璃**」為矽砂與碳酸鉀（K_2CO_3）與氧化鉛（Ⅱ）（PbO）混合製造而成的產物，也叫做「水晶玻璃」。折射率大，常用於製作光學儀器的鏡頭等。由於鉛玻璃含有能遮蔽放射線的鉛，故可用於製作X光攝影室的窗戶玻璃。軟化點為580～630℃。

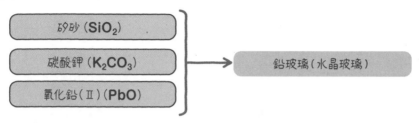

（4）精密陶瓷材料

高精製度無機物質在精密的反應條件下燒結而成的陶瓷材料，稱為「**精密陶瓷材料**（fine ceramics）」。

① 電子材料

積體電路（IC）的基板由氧化鋁（Al_2O_3）或碳化矽（SiC）混入少量氧化鈹製成。這種材料的絕緣性佳，導熱度高（易散熱）。

② 耐熱材料

氮化矽（Si_3N_4）或碳化矽（SiC）的耐熱度高，可做為燃氣渦輪機或引擎等的材料。

③ 生物陶瓷

以氧化鋁或羥磷灰石（$Ca_5(PO_4)_3OH$）為主成分製成的陶瓷材料，可用於製作人工關節、人工骨骼等。是對人體無害，耐久度又高的材料。

④ 探測器

二氧化錫（Ⅳ）（SnO_2）可用於製造一氧化碳（CO）的檢測器。而二氧化鋯（ZrO_2）則可用於製造氧氣的檢測器。

第23講 金屬元素

本節將以「金屬元素」為中心,學習無機化合物的性質。金屬不只能以單質存在,我們生活周遭也常可看到以合金形式存在,功能優異的金屬合金。

1 第1族

速成重點!

鹼金屬(鋰、鈉、鉀)的活性很高。

在空氣中容易氧化,**會與水反應生成氫氣。**

鹼金屬在空氣中容易氧化,會與水反應產生氫氣,故會保存於煤油中(鋰的密度僅有0.5 g/cm³,會浮在煤油上)。

(1)鈉

鈉單質比水輕,密度為0.97 g/cm³,是活性很高的元素。固態氫氧化鈉有「**潮解性**」(易吸收空氣中水分並溶解的性質)。碳酸鈉十水合物($Na_2CO_3 \cdot 10H_2O$)與硫酸鈉十水合物($Na_2SO_4 \cdot 10H_2O$)則會「**風化**」(失去結晶水而崩解)。

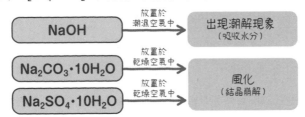

(2)鉀

鉀單質的密度為0.86 g/cm³,是活性比鈉還要大的元素。與鈉單質一樣,都「比水輕」。

❷ 第2族

💡 **速成重點！**

週期表中鈣（Ca）以下的元素是鹼土金屬。

日本會將第2族元素中的鈹與鎂稱為「鎂族」，鈣以下的元素稱為「**鹼土金屬**」，台灣一般則將鈹與鎂也當成鹼土金屬。鹼土金屬中的鐳（Ra）為放射性元素。鐳與釙（Po）為居禮夫婦最早發現的放射性元素。

（1）鎂

氫氧化鎂（$Mg(OH)_2$）難溶於水，會沉澱。硫酸鎂（$MgSO_4$）則為水溶性。這個特性與第2族中鈣以下的元素（鹼土金屬）有很大的不同。

〈氫氧化物〉	〈硫酸鹽〉
$Mg(OH)_2$↓ 白色沉澱	$MgSO_4$　水溶性
$Ca(OH_2)$ $Sr(OH_2)$ $Ba(OH_2)$ ⎫水溶性	$CaSO_4$↓ $SrSO_4$↓ $BaSO_4$↓ ⎫白色沉澱

※$Ca(OH)_2$的溶解度相對較小。

（2）鈣

① 強熱碳酸鈣（石灰石）之後，會產生二氧化碳，並轉變成氧化鈣（生石灰）。

$$CaCO_3 \longrightarrow CaO + CO_2\uparrow$$

② 氧化鈣（生石灰）加水之後，會放出大量熱能，並轉變成氫氧化鈣（熟石灰）。

$$CaO + H_2O \longrightarrow Ca(OH)_2$$

③ 將二氧化碳吹入氫氧化鈣水溶液（石灰水）時，會生成碳酸鈣沉澱，使水溶液呈白色混濁狀。

$$Ca(OH)_2 + CO_2 \longrightarrow CaCO_3\downarrow + H_2O$$

④ 繼續吹入二氧化碳，能使碳酸鈣轉變成水溶性的碳酸氫鈣，使白色混濁物消失，變回無色水溶液。

$$CaCO_3 + CO_2 + H_2O \longrightarrow Ca(HCO_3)_2$$

①～④的示意圖如下。

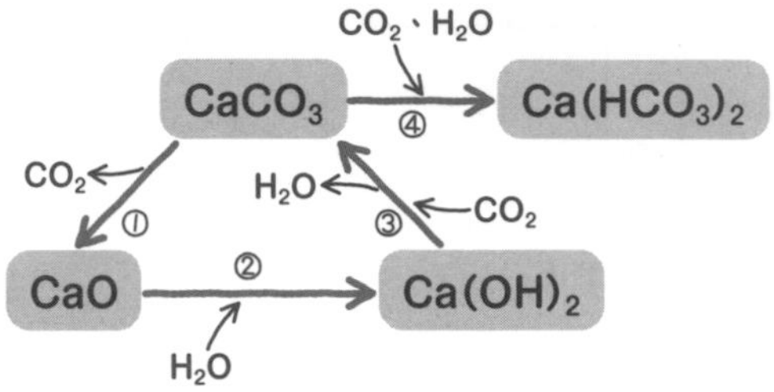

為什麼會這樣？ **鐘乳洞是怎麼形成的？**

鐘乳洞內會產生反應④。含有二氧化碳的水會溶解石灰岩，生成「碳酸氫鈣水溶液」，水分蒸發後，會析出「碳酸鈣」。這就是為什麼鐘乳洞的鐘乳石與石筍能緩慢成長。

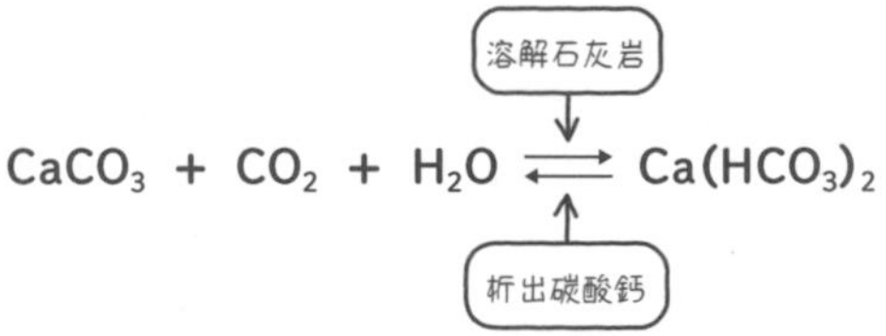

$$CaCO_3 + CO_2 + H_2O \underset{\text{析出碳酸鈣}}{\overset{\text{溶解石灰岩}}{\rightleftharpoons}} Ca(HCO_3)_2$$

3 第12族

速成重點！

鋅是兩性元素。
鎘單質、鎘鹽、汞皆有毒。

（1）鋅

鋅為兩性元素（→p.113）。此外，氧化鋅（ZnO）也叫做鋅華，可製成白色顏料。

（2）鎘

鎘鹽有毒，也是公害疾病（痛痛病）的原因。硫化鎘（CdS）可製成黃色顏料（鎘黃）。

（3）汞

汞是唯一在常溫下為液態的金屬，即使在常溫下也有一定程度的蒸發。與烷基結合形成的有機汞毒性很強，也是公害疾病（水俁病）的原因。氯化汞（Ⅰ）（Hg_2Cl_2）為無毒白色化合物，但會在光照下緩緩分解，轉變成劇毒的氯化汞（Ⅱ）（$HgCl_2$）。

$$Hg_2Cl_2 \longrightarrow HgCl_2 + Hg$$

※汞的密度為13.5 g/cm³，鐵和銅會浮在汞上面。

🏅 ④ 第13族（鋁）

💡 **速成重點！**

兩性元素中的**鋁會鈍化**。

明礬（複鹽）為正八面體的大型結晶。

鋁為兩性金屬（→p.113），鋁單質的密度為2.7 g/cm³。鋁的離子化傾向大，可溶於稀鹽酸或稀硫酸中，並產生氫氣。鋁不會溶於濃硝酸中，因為濃硝酸會在鋁的表面形成緻密的「**氧化膜**」，保護內部的鋁，這個過程稱為「**鈍化**」。

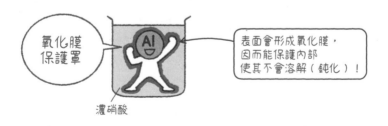

（1）氧化鋁

氧化鋁（Al_2O_3）在工業上常被稱為**礬土**，是人工紅寶石與人工藍寶石的原料。

鋁的離子化傾向相當大。如前所述，在「鈍化」作用下，鋁的表面會生成氧化膜（氧化鋁）以防止內部繼續氧化，故內部相當穩定。因此，以人工方式使鋁的表面氧化（稱為「**陽極處理**」）後，可製成鋁窗框等建材。

（2）明礬

「**明礬（$AlK(SO_4)_2 \cdot 12H_2O$）**」為硫酸鉀（K_2SO_4）與硫酸鋁（$Al_2(SO_4)_3$）的混合物，可形成正八面體的大型結晶。像這種由2種以上的鹽結合，卻能保持其離子成分的化合物，稱為「**複鹽**」。

（3）鋁熱劑

將鋁的粉末與氧化鐵（Ⅲ）（Fe_2O_3）粉末混合時，可得到「**鋁熱劑**」。點火時會產生劇烈反應，放出大量熱並生成氧化鋁與鐵。

$$2Al + Fe_2O_3 \longrightarrow Al_2O_3 + 2Fe$$

■ **鋁熱反應**

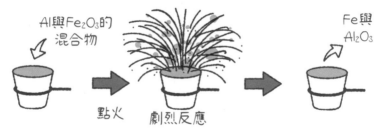

這種利用鋁的強還原性生成出金屬單質的方法，稱為「**鋁熱反應**」。亦可用在鐵以外金屬（鉻或錳）的還原上。

5 第14族

💡 **速成重點！**

鍺（Ge）為半導體元件材料，

錫（Sn）與鉛（Pb）為**兩性元素**。

（1）鍺（Ge）

鍺廣泛用於製作半導體元件材料。

（2）錫（Sn）

錫為兩性元素（→p.113）。錫（Ⅱ）離子（Sn^{2+}）的還原性很強，容易被氧化成錫（Ⅳ）離子（Sn^{4+}）。

$$Sn^{2+} \longrightarrow Sn^{4+} + 2e^-$$

（3）鉛（Pb）

鉛的離子化傾向比氫大，卻不會溶解於稀鹽酸或稀硫酸。當鉛被氧化成鉛（Ⅱ）離子（Pb^{2+}）時，會馬上變成難溶的氯化鉛（Ⅱ）（$PbCl_2$）或硫酸鉛（Ⅱ）（$PbSO_4$），覆蓋整個鉛的表面，使內部的鉛不會再繼續反應。

$$Pb + 2H^+ \longrightarrow Pb^{2+} + H_2\uparrow$$

馬上變成

$$Pb^{2+} + 2Cl^- \longrightarrow PbCl_2\downarrow$$
$$Pb^{2+} + SO_4^{2-} \longrightarrow PbSO_4\downarrow$$

於表面形成難溶的鹽類
➡ 使內部的鉛不再反應

※ 要溶解鉛時會使用硝酸。

6 過渡元素

鉻（Cr）、錳（Mn）、鐵（Fe）、銅（Cu）、銀（Ag）、金（Au）為**過渡元素**。

（1）鉻（Cr）

鉻的常見氧化數包括＋3、＋6。＋6的鉻有毒。

另外，三氧化二鉻（Ⅲ）（Cr_2O_3）可製成常見顏料（鉻綠）。

＋3　Cr^{3+}、Cr_2O_3
　　　鉻離子　三氧化二鉻（Ⅲ）

＋6　CrO_4^{2-}、$Cr_2O_7^{2-}$　（氧化劑）
　　　鉻酸根離子　二鉻酸根離子

（2）錳（Mn）

錳的常見氧化數包括＋2、＋4、＋7。

＋2　Mn^{2+}　　　　　＋4　MnO_2　（氧化劑）
　　　錳（Ⅱ）離子　　　　　　　二氧化錳（Ⅳ）

＋7　MnO_4^-　（氧化劑）
　　　過錳酸根離子

（3）鐵（Fe）

鐵的單質（密度為7.9 g/cm³）會溶解在稀鹽酸與稀硫酸中，並產生氫氣。投入濃硝酸中時，會在表面形成「氧化膜」，「鈍化」而不溶解（→p.179）。另外，鐵是很強的磁性體，易被磁石吸引。

我也會鈍化喔！

表面會形成氧化膜，因而能保護內部使其不會溶解（鈍化）！

濃硝酸

① 氧化鐵（Ⅲ）（Fe_2O_3）

氧化鐵（Ⅲ）為紅褐色固體，也被稱為「**紅鐵鏽**」。鐵置於潮濕空氣中時，就會生成紅鐵鏽。

② 四氧化三鐵（Fe_3O_4）

四氧化三鐵為黑色固體。將鐵強熱，或者與高溫水蒸氣反應後，便會生成四氧化三鐵，並保護內部的鐵金屬。

$$3Fe + 2O_2 \longrightarrow Fe_3O_4$$
$$3Fe + 4H_2O \longrightarrow Fe_3O_4 + 4H_2\uparrow$$

（4）銅（Cu）

純銅有紅色光澤，密度為9.0 g/cm³。

① 硫酸銅（Ⅱ）五水合物（$CuSO_4 \cdot 5H_2O$）

加熱後會產生以下變化。

$$CuSO_4 \cdot 5H_2O \rightarrow CuSO_4 \cdot 3H_2O \rightarrow CuSO_4 \cdot H_2O \rightarrow CuSO_4$$
　　　　〈藍色結晶〉　　　　　　　　　　　　　　　　　　　〈白色粉末〉

※無水硫酸銅（Ⅱ）（$CuSO_4$）可用以「檢測水」。舉例來說，要檢測乙醇（→p.222）內是否含有微量的水時，就會用到無水硫酸銅（Ⅱ）（要是變成藍色的話，就表示含有水分）。

② 氧化銅（Ⅱ）（CuO）

銅在空氣中加熱（1000℃以下）後，會生成黑色固態的氧化銅（Ⅱ）。

$$2Cu + O_2 \longrightarrow 2CuO$$

另外，將氫氧化銅（Ⅱ）（$Cu(OH)_2$）加熱後，也會生成氧化銅（Ⅱ）。

$$Cu(OH)_2 \longrightarrow CuO + H_2O$$

③ 氧化銅（Ⅰ）（Cu_2O）

銅離子（Ⅱ）可在斐林試劑與醛的作用下還原成氧化銅（Ⅰ）（「**斐林試劑的還原反應**」，→p.232）。以這種方式生成的氧化銅外觀為「紅色」。將氧化銅（Ⅱ）強熱（1000℃以上）後也可得到氧化銅（Ⅰ），這種氧化銅的外觀為紅褐色。

$$4CuO \longrightarrow 2Cu_2O + O_2$$

④ 銅綠

銅的表面會自然生成銅綠，也就是「銅鏽」。主成分為鹼式碳酸銅（Ⅱ）（$CuCO_3 \cdot Cu(OH)_2$）。

（5）銀（Ag）

銀單質的密度為11 g/cm³。潮濕的條件下會與硫化氫反應成黑色硫化銀（Ag_2S）。「鹵化銀」中，氟化銀（AgF）為水溶性，氯化銀（$AgCl$）可溶解於氨水中，但碘化銀（AgI）無法溶解於氨水中。

※ 溴化銀（$AgBr$）較難以界定其溶解性質，故很少出現在試題中。

溴化銀對光的敏感度很高，故常製成黑白照片的底片（日本的藝人肖像照片「Bromide」，就是源自於溴化銀（silver bromide））。

AgF：水溶性　　AgCl↓：可溶於氨水　　AgBr↓
　　　　　　　　〈白色〉　　　　　　　〈淡黃色〉

AgI↓：不溶於氨水　　AgCl ⎫ 光
〈黃色〉　　　　　　　AgBr ⎭ ⟶ 生成Ag
　　　　　　　　　　　　　　　　〈黑色〉（→p.142）

（6）金（Au）

金單質的密度為19 g/cm³。僅能溶於**王水**中（會產生一氧化氮）。王水是濃硝酸與濃鹽酸以1：3的體積比混合而成的溶液。鉑（**Pt**）也僅能溶於王水。

7 合金

金屬能與其他種金屬混合成「**合金**」，以獲得不同於原本金屬的性質。

（1）銅的合金

① 黃銅

「**黃銅**（日語也稱為**真鍮**）」為銅鋅合金，含有10%～40%的鋅。堅固且易加工，常用於製作裝飾品或銅管樂器。

② 青銅

「**青銅**（bronze）」為銅錫合金。常用於製作銅像、美術品、建築結構的金屬零件。

③ 白銅

「**白銅**」為銅鎳合金，含有20%左右的鎳。常用於貨幣等。

（2）鐵的合金

「**不鏽鋼**」是鐵與鉻（8％以上）的合金，並含有少量的鎳。鉻的氧化物可在表面形成保護膜，使內部不容易生鏽。

（3）鋁的合金

「**杜拉鋁**」是鋁與少量銅等的合金。鋁的密度低，可用於製作飛機機體。

（4）特殊合金

① 鎳鉻合金

「**鎳鉻合金**」是鎳與鉻的合金。電阻大，可製成電熱線。

② 形狀記憶合金

形狀固定過一次之後，即使因加熱、外力變形，也不會恢復成原本的形狀，這種性質叫做「**形狀記憶**」，擁有這種性質的合金就叫做「**形狀記憶合金**」。鎳與鈦1：1混合而成的合金就是形狀記憶合金。

③ 儲氫合金

「**儲氫合金**」經加壓或冷卻後，金屬原子間的空隙能吸附氫原子。Ti-Fe、Ti-Mn、Mg-Ni等金屬的組合皆能製成儲氫合金。氫氣可用於燃料電池等，但儲存於氣瓶中的話會有爆炸危險，儲存於儲氫合金中則相對安全許多。

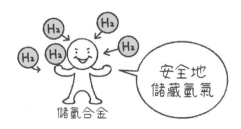

8 鍍層

「**鍍層**」是在金屬或塑膠表面覆上一層薄薄的金屬外膜。鍍金的鐵可製成餐具、裝飾品，鍍鉻的鐵可製成水龍頭。鍍鋅的鐵叫做「**鍍鋅鋼瓦**」，鍍錫的鐵則是「**馬口鐵**」。

（1）無電鍍

在不使用外部電源驅動電解反應的情況下為金屬鍍層，稱為「**無電鍍**」。無電鍍時會用到金屬離子與還原劑，可用在鍍銅、鍍鎳、鍍鈷、鍍金、鍍鉑上。

（2）電鍍

使用外部電源進行電解，在陰極板上析出金屬的鍍層方式，稱為「**電鍍**」。可用於多種金屬的鍍層，包括金、銀、銅、鎳、鉻等。

■電鍍（例：鎳）

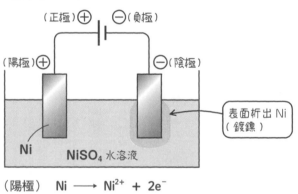

（陽極）　$Ni \longrightarrow Ni^{2+} + 2e^-$

（陰極）　$Ni^{2+} + 2e^- \longrightarrow \underset{\text{鍍鎳}}{Ni}$

第**3**部　有機化學

第**1**章

有機化學簡介

24講　有機化學基礎 ·· p.188

第24講 有機化學基礎

含碳化合物（除了碳酸等）稱為「有機化合物」。本節將介紹有機化合物的化學式，並學習如何進行元素分析。

1 有機化合物

> **速成重點！**
>
> 有機化合物的化學式有**結構式**、**示性式**、**分子式**、**實驗式**等4種。
> 從完全燃燒所產生的水與二氧化碳的質量能求出實驗式。

（1）有機化合物的特徵

由碳原子骨架組合而成的化合物，叫做「**有機化合物**」，包括碳水化合物、蛋白質、脂肪等，有以下特徵。

> ① 組成元素種類不多，但因為碳原子的鍵結方式有很多種，使有機化合物多達1億多種。
> ② 許多有機化合物在有機溶劑（醚、苯等）中的溶解度比在水中的溶解度還要大。
> ③ 與無機化合物相比，熔點與沸點較低，多數易分解，易燃燒。

（2）用以表示有機化合物的化學式

有機化合物的化學式可分成以下4種。

① 結構式

結構式中，所有原子間的鍵結都會用鍵標表示。碳的原子價為4、氫為1、氧為2、氮為3、鹵素（氯或溴）為1。

1價	氫 H－ 氯 Cl－	2價	氧 －O－
3價	氮 $-\overset{\mid}{N}-$	4價	碳 $-\overset{\mid}{\underset{\mid}{C}}-$

※氯除了1價，也存在3價、5價、7價的形式。氮除了3價，也存在5價形式。

■ **結構式的例子**

羧基（表現酸性）
醋酸
羰基（酮基）
丙酮
乙烯
乙炔
羥基（易溶於水）
2-丙醇
酯鍵（可水解）
乙酸乙酯

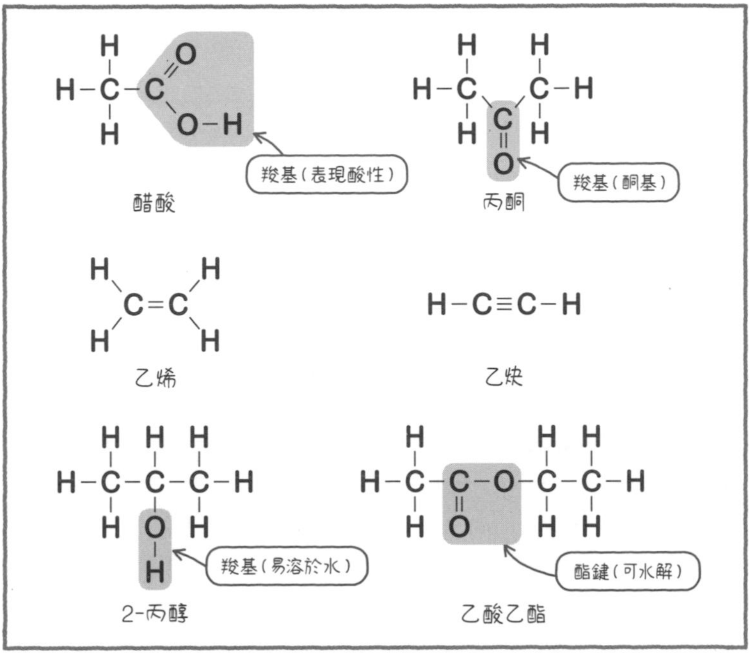

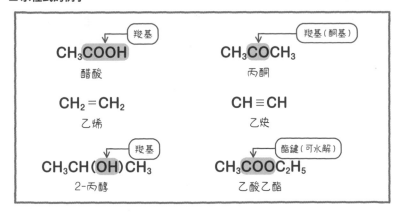

② 示性式

示性式是一種類似結構式的化學式，**會明確寫出官能基（決定化合物性質的原子團），讓人能一眼看出該物質的性質**。只有在碳碳雙鍵或三鍵時會寫出鍵標。

■ **示性式的例子**

羧基
CH_3COOH
醋酸
羰基（酮基）
CH_3COCH_3
丙酮
$CH_2=CH_2$
乙烯
$CH\equiv CH$
乙炔
羥基
$CH_3CH(OH)CH_3$
2-丙醇
酯鍵（可水解）
$CH_3COOC_2H_5$
乙酸乙酯

③ 分子式

分子式僅用於表示分子內各原子數目。

■ **分子式的例子**

$C_2H_4O_2$	C_3H_6O	C_2H_4
醋酸	丙酮	乙烯
C_2H_2	C_3H_8O	$C_4H_8O_2$
乙炔	2-丙醇	乙酸乙酯

④ 實驗式

實驗式為分子內各原子數的最小整數比。

■ **實驗式的例子**

CH_2O	C_3H_6O	CH_2
醋酸	丙酮	乙烯
CH	C_3H_8O	C_2H_4O
乙炔	2-丙醇	乙酸乙酯

※ 丙酮與2-丙醇的分子式原本就是最簡整數比，故分子式與實驗式相同。

為什麼會這樣？　**示性式與分子式差在哪？**

常有人會搞混②的示性式與③的分子式，其實兩者完全不同。分子式僅寫出單一分子的各原子數目，示性式則會列出官能基（帶有特殊性質的原子團）。示性式更能精準描述分子的特性！

（3）元素分析方法

速成重點！

①由二氧化碳得知碳的質量　②由水得知氫的質量
③由「多出來的質量」得知氧的質量。

　　一般來說，分析由碳、氫、氧結合而成的有機化合物時，會將試料完全燃燒，用下圖的實驗裝置測量二氧化碳與水的質量。氯化鈣可吸收水分，鹼石灰可吸收二氧化碳（→參考第19講的「**4** 氣體的乾燥劑」）。

■元素分析的實驗裝置

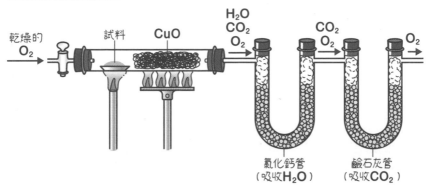

　　氯化鈣是單純的「乾燥劑」，不難理解為什麼要用它來吸收水分。不過鹼石灰是鹼性乾燥劑，不能用在製備二氧化碳等酸性氣體上。因為鹼石灰會與二氧化碳產生中和反應，吸收二氧化碳。反過來說，我們可以「利用鹼石灰來吸收二氧化碳」。不能做為乾燥劑的原因，反而變成了它的用途。

參考.. 如果氯化鈣與鹼石灰順序顛倒，會發生什麼事呢？

　　如果氯化鈣與鹼石灰順序顛倒的話，會發生什麼事呢？鹼石灰為乾燥劑，會吸收水分，也會與二氧化碳產生中和反應，吸收二氧化碳。因為鹼石灰能同時吸收H_2O與CO_2，故無法正確測定兩者的質量分別是多少，所以架設實驗裝置時需注意順序。

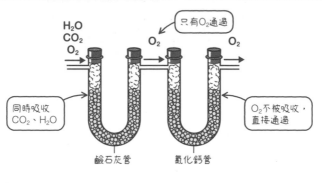

完全燃燒後，由氯化鈣管與鹼石灰管的質量增加量，可以知道燃燒時生成了多少水與二氧化碳。由生成的二氧化碳質量可計算出碳的質量，由水的質量可計算出氫的質量。

舉例來說，假設完全燃燒440 mg的有機化合物，生成880 mg的二氧化碳與360 mg的水，那麼碳與氫的質量可計算如下。

・**C的質量**

$$880 \text{〔mg〕} \times \frac{12}{44} = 240 \text{〔mg〕}$$

C的原子量
CO$_2$的質量
CO$_2$的分子量
C的質量

・**H的質量**

$$360 \text{〔mg〕} \times \frac{2.0}{18} = 40 \text{〔mg〕}$$

H的原子量（2個份！）
H$_2$O的質量
H$_2$O的分子量
H的質量

那麼氧的質量又該如何計算呢？二氧化碳和水都含有氧，我們卻沒辦法從這些分子的質量求出試料中氧的質量，因為燃燒時會用到額外的氧氣。

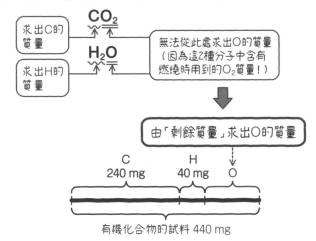

可由燃燒前的試料質量減去碳與氫的質量後的「剩餘質量」求得氧的質量。

・**O的質量**

$$440 \text{〔mg〕} - (240 \text{〔mg〕} + 40 \text{〔mg〕}) = 160 \text{〔mg〕}$$

試料質量
C的質量
H的質量
O的質量

第
1
章

第
2
章

第
3
章

將碳、氫、氧的質量除以原子量，就可以得到「**物質量的比**」，並由此計算出化學式中的「**實驗式**」。

$$C : H : O = \frac{0.24〔g〕}{12} : \frac{0.040〔g〕}{1.0} : \frac{0.16〔g〕}{16}$$

$$= 2 : 4 : 1 \quad （物質量的比） \quad \blacktriangleright \quad \boxed{C_2H_4O（實驗式）}$$

由實驗式可求出「式量」，分子量則是式量的整數倍（題目通常會給定試料的分子量）。將這個倍率乘上實驗式，就可以得到「分子式」。

舉例來說，假設試料的分子量$M = 88$

$$\underset{\text{實驗式}}{C_2H_4O} \, （= 12 \times 2 + 1.0 \times 4 + 16 \times 1） = \underset{\text{式量}}{44}$$

$\dfrac{\text{分子量}}{\text{式量}} = \dfrac{88}{44} = 2$，可得知倍率為2倍，故

$$\underset{\text{實驗式}}{C_2H_4O} \underset{\text{2倍}}{\times 2} \quad \blacktriangleright \quad \boxed{C_4H_8O_2（分子式）}$$

求出分子式之後，可再由其性質決定其「結構式」。

接著，解解看下面的例題吧。

例題

假設有個有機化合物 A 僅由碳、氫、氧組成。0.240 g 的 A 完全燃燒後，生成 0.352 g 的二氧化碳與 0.144 g 的水。試求 A 的實驗式。設各元素的原子量為 H＝1.0、C＝12、O＝16。

解答・解說

首先計算碳的質量，$C = 12$、$CO_2 = 44$，故

$$0.352 \times \frac{12}{44} = 0.096 〔g〕$$

再來計算氫的質量，$H = 1.0$、$H_2O = 18$，故

$$0.144 \times \frac{1.0 \times 2}{18} = 0.016 〔g〕$$

0.240 g的A中，氧的質量為

    $0.240-(0.096+0.016)=0.128$〔g〕

故

$$C：H：O=\frac{0.096}{12}：\frac{0.016}{1.0}：\frac{0.128}{16}=1：2：1$$

因此，A的實驗式為 CH_2O …答

例題

    假設有個有機化合物B僅由碳、氫、氧組成。0.170 g的B完全燃燒後，生成0.440 g的二氧化碳與0.090 g的水。設各元素的原子量為H＝1.0、C＝12、O＝16。

（1） 試求B的實驗式。

（2） 設B的分子量為136。試求B的分子式。

解答・解說

(1) 分別計算0.170 g的B中，碳、氫、氧的質量分別是多少。

    首先計算碳的質量，$C＝12$、$CO_2＝44$，故

    $0.440 \times \dfrac{12}{44}=0.120$〔g〕

    再來計算氫的質量，$H＝1.0$、$H_2O＝18$，故

    $0.090 \times \dfrac{1.0 \times 2}{18}=0.010$〔g〕

    氧的質量如下

    $0.170-(0.120+0.010)=0.040$〔g〕

    故

$$C：H：O=\frac{0.120}{12}：\frac{0.010}{1.0}：\frac{0.040}{16}=4：4：1$$

    因此，B的實驗式為 C_4H_4O …答

(2) B的式量為

    $C_4H_4O=12 \times 4+1.0 \times 4+16 \times 1=68$

    B的分子量為136，故

    $136 \div 68=2$

    因此，分子式為實驗式的2倍，分子式應為 $C_8H_8O_2$ …答

2 有機化合物的分類

> 💡 **速成重點！**
>
> 有至少1個環狀結構的分子稱為「**環狀**」分子，
> 有至少1個雙鍵、三鍵的分子稱為「**不飽和**」分子。

（1）碳氫化合物的分類

　　僅含有碳與氫的有機化合物稱為「**碳氫化合物**」。碳氫化合物可依其結構分類如下。

■ 碳氫化合物的分類

鏈狀	飽和	烷 （p.201）	脂肪族
	不飽和	烯 （p.209）	
		炔 （p.219）	
環狀	飽和	環烷 （p.208）	
	不飽和	環烯 （p.213）	
		芳香族 （p.256）	芳香族

■ 碳氫化合物的例子

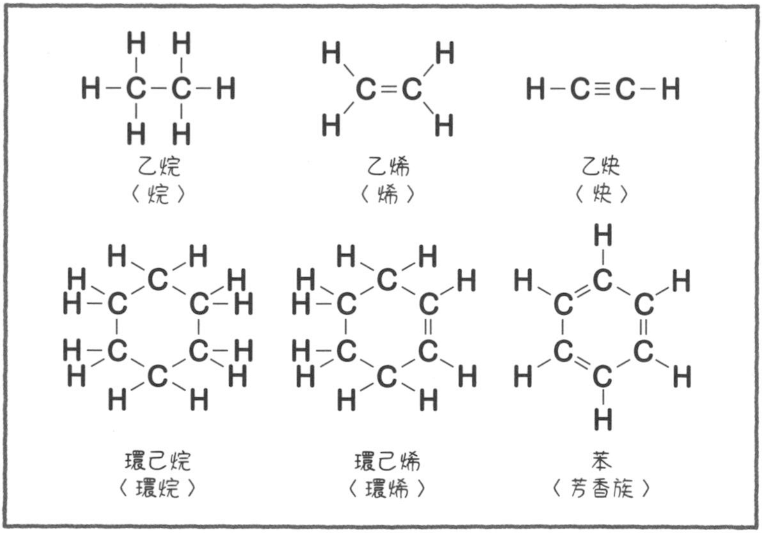

乙烷〈烷〉　　乙烯〈烯〉　　乙炔〈炔〉

環己烷〈環烷〉　　環己烯〈環烯〉　　苯〈芳香族〉

① 鏈狀與環狀

一開始常讓人搞混的是「**鏈狀**」這個用語。讓我們先來看看什麼是「**環狀**」分子吧。「環狀」分子指的是「**環狀化合物**」。碳氫化合物中，碳原子可排列成環狀。

■環狀碳氫化合物的例子

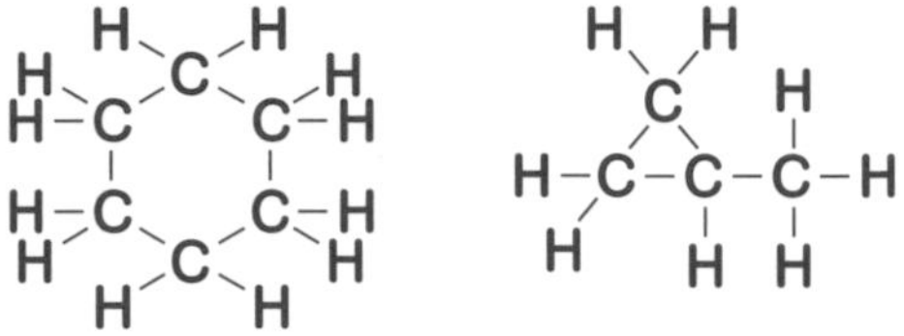

相較之下，「鏈狀」分子就是「**沒有環的化合物**」。要注意的是，「即使有分支，仍算是鏈狀分子」（沒有分支的分子會稱為「**直鏈**」分子）。

■鏈狀碳氫化合物的例子

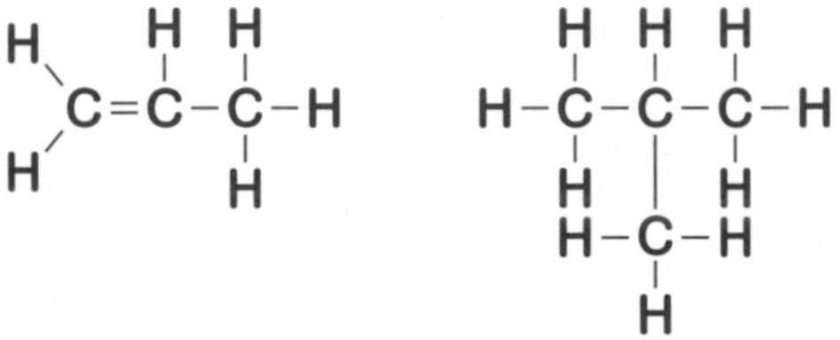

② 飽和與不飽和

接著會讓人搞混的是「**飽和**」與「**不飽和**」的概念。試想像「溶液」的情況，飽和溶液無法溶解更多溶質，不飽和溶液則可繼續溶解更多溶質。

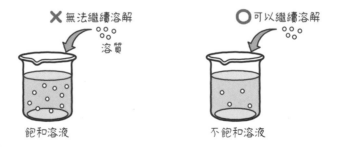

　　飽和／不飽和碳氫化合物的概念也類似。若碳氫化合物內有碳碳雙鍵或碳碳三鍵，則稱為「不飽和」分子，可產生「**加成反應**」，使分子吸收氫或溴等元素。換言之，不飽和分子有吸收氫或溴的能力。

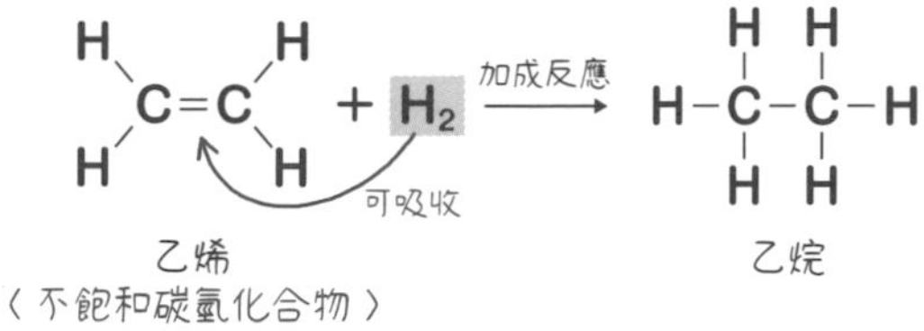

乙烯
〈 不飽和碳氫化合物 〉

乙烷

　　相較之下，只有單鍵的「飽和」碳氫化合物不會產生加成反應，不會吸收氫或溴等元素。

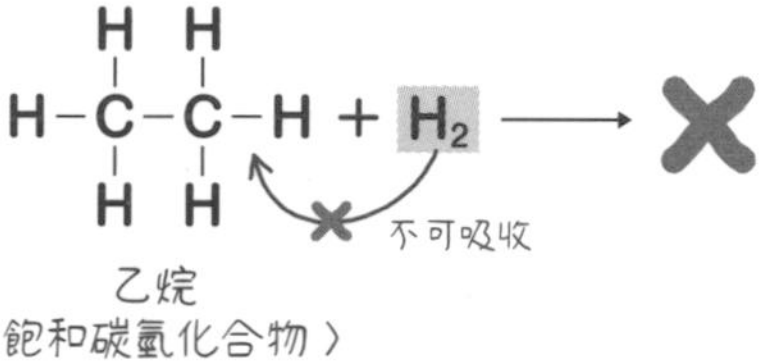

乙烷
〈 飽和碳氫化合物 〉

　　若只有單鍵，就是「飽和」分子；若存在碳碳雙鍵或碳碳三鍵的話，就是「不飽和」分子。另外，碳碳雙鍵與碳碳三鍵合稱為「**不飽和鍵**」。

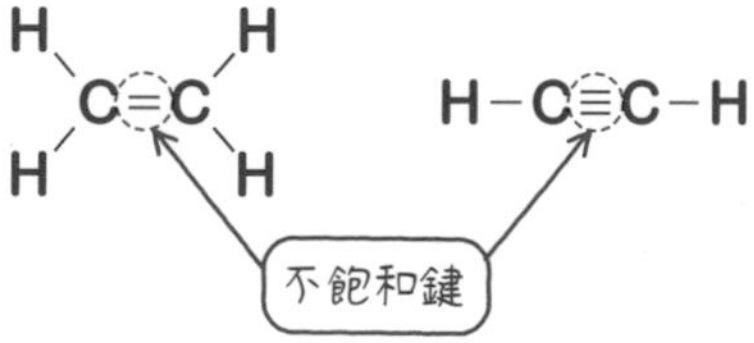

不飽和鍵

③ 脂肪族與芳香族

　　還有一種分類方式是將碳氫化合物分成「**脂肪族**」與「**芳香族**」。分類的依據是分子是否含有苯環。含有苯環的有機化合物叫做「**芳香族化合物**」（→第28、29講），不含苯環的有機化合物則叫做「**脂肪族化合物**」（→第25~27講）。

（2）依照官能基分類

含有特定性質的原子團叫做「**官能基**」。舉例來說，有羧基的分子會是酸性，有醛基的分子有還原性。官能基的分類如下所示。

■ 官能基的分類

結構	官能基種類	化合物例子
$-OH$	羥基	C_2H_5OH（乙醇） C_6H_5OH（苯酚）
$-C{\overset{O}{\underset{H}{}}}$	醛基	CH_3CHO （乙醛）
$-C{\overset{O}{\underset{OH}{}}}$	羧基	CH_3COOH （醋酸）
$\underset{O}{\overset{\vert}{C}}$	羰基 （酮基）	CH_3COCH_3 （丙酮）
$-SO_3H$	磺酸基	$C_6H_5SO_3H$ （苯磺酸）
$-NO_2$	硝基	$C_6H_5NO_2$ （硝基苯）
$-NH_2$	胺基	$C_6H_5NH_2$ （苯胺）
$-O-$	醚鍵	$C_2H_5OC_2H_5$ （乙醚）
$-\underset{O}{\overset{\vert\vert}{C}}-O-$	酯鍵	$CH_3COOC_2H_5$ （乙酸乙酯）
$-\underset{H}{\overset{\vert}{N}}-\underset{O}{\overset{\vert\vert}{C}}-$	醯胺鍵	$C_6H_5NHCOCH_3$ （乙醯苯胺）

第**2**章

脂肪族化合物

第**25**講　脂肪族化合物Ⅰ ⋯⋯⋯⋯⋯⋯⋯⋯⋯⋯⋯⋯⋯⋯⋯ p.200

第**26**講　脂肪族化合物Ⅱ ⋯⋯⋯⋯⋯⋯⋯⋯⋯⋯⋯⋯⋯⋯⋯ p.222

第**27**講　脂肪族化合物Ⅲ ⋯⋯⋯⋯⋯⋯⋯⋯⋯⋯⋯⋯⋯⋯⋯ p.243

第25講 脂肪族化合物 I

不含苯環（→p.259）的有機化合物叫做脂肪族化合物。本節將藉由脂肪族化合物學習什麼是異構物，以及取代反應、加成反應。

1 脂肪族化合物

速成重點！

烷（C_nH_{2n+2}）為**鏈狀飽和碳氫化合物**，

烯（C_nH_{2n}）、炔（C_nH_{2n-2}）為**鏈狀不飽和碳氫化合物**。

（1）脂肪族化合物

含有苯環的有機化合物叫做芳香族化合物（→第28、29講），其他有機化合物則叫做「**脂肪族化合物**」。或者也可以說「不含苯環的有機化合物就是脂肪族化合物」。

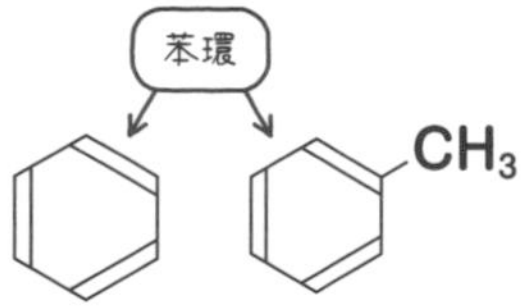

苯環

$$CH_2=C\begin{array}{c}CH_3\\CH_3\end{array}$$

$$\begin{array}{c}CH_2-CH_2\\|\qquad|\\CH_2-CH_2\end{array}$$

〈芳香族化合物〉 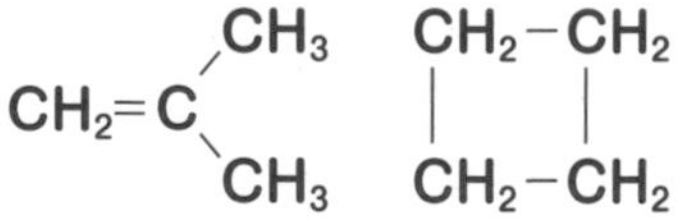　　　　　　〈脂肪族化合物〉

（2）脂肪族化合物的種類

除了碳氫化合物之外，脂肪族化合物還包括醇、醚、醛、酮、羧酸、酯等。

■ 脂肪族化合物的例子

CH_3-CH_2-OH

乙醇
〈醇〉

$CH_3-CH_2-O-CH_2-CH_3$

乙醚
〈醚〉

$CH_3-\overset{\displaystyle O}{\underset{\displaystyle H}{C}}$

乙醛
〈醛〉

$CH_3-\underset{\displaystyle O}{C}-CH_3$

丙酮
〈酮〉

$CH_3-\overset{\displaystyle O}{C}_{OH}$

醋酸
〈羧酸〉

$CH_3-\underset{\displaystyle O}{C}-O-CH_2-CH_3$

乙酸乙酯
〈酯〉

2 烷

(1) 烷

鏈狀飽和碳氫化合物稱為「**烷**」，僅由單鍵連接而成，一般式可寫成「C_nH_{2n+2}」。$n=1$時為**甲烷**（CH_4），$n=2$時為**乙烷**（C_2H_5），$n=3$時為**丙烷**（C_3H_8）。

$$H-\overset{\displaystyle H}{\underset{\displaystyle H}{C}}-H$$

甲烷（CH_4）
〈$n=1$〉

$$H-\overset{\displaystyle H}{\underset{\displaystyle H}{C}}-\overset{\displaystyle H}{\underset{\displaystyle H}{C}}-H$$

乙烷（C_2H_6）
〈$n=2$〉

$$H-\overset{\displaystyle H}{\underset{\displaystyle H}{C}}-\overset{\displaystyle H}{\underset{\displaystyle H}{C}}-\overset{\displaystyle H}{\underset{\displaystyle H}{C}}-H$$

丙烷（C_3H_8）
〈$n=3$〉

更多碳的烷類如下所示（$n≧7$不需背誦）。

$n=4$ ➡ **丁烷**（C_4H_{10}）　　　　　$n=7$ ➡ 庚烷（C_7H_{16}）

$n=5$ ➡ **戊烷**（C_5H_{12}）　　　　　$n=8$ ➡ 辛烷（C_8H_{18}）

$n=6$ ➡ **己烷**（C_6H_{14}）　　　　　$n=9$ ➡ 壬烷（C_9H_{20}）

　　　　　　　　　　　　　　　　　$n=10$ ➡ 癸烷（$C_{10}H_{22}$）

　　　　　　　　　　　　　　　　　$n=15$ ➡ 十五烷（$C_{15}H_{32}$）

　　　　　　　　　　　　　　　　　$n=20$ ➡ 二十烷（$C_{20}H_{42}$）

※ 能以同一個一般式表示的化合物稱為「**同系物**」。同系物的物質性質彼此相似。

　　那麼，讓我們來看看為什麼烷的一般式是C_nH_{2n+2}吧。C與H皆與單鍵相連，故一般的結構式如下所示。計算C與H的數目，可得到分子式確實是C_nH_{2n+2}。

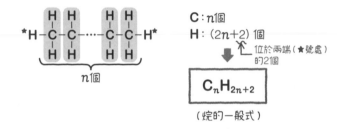

（烷的一般式）

　　甲烷的結構為「**正四面體**」。碳原子的4個價電子會互相排斥，使彼此間保持最遠的距離（這樣最穩定），最後的位置相當於正四面體的4個頂點。

　　不僅是甲烷，只要碳原子的4個價電子皆形成單鍵，就一定會指向正四面體的4個頂點。與碳鍵結的原子（或原子團）不同時，方向可能略有差異，以保持平衡，但形狀「**大致上仍為正四面體**」。

■ **甲烷的結構**

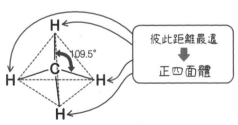

　　若拿掉碳氫化合物分子中的部分氫原子，則稱為「**烴基**」。特別是，拿掉烷類的1個氫原子時，剩下的原子團就叫做「**烷基**」

烷（C_nH_{2n+2}）	烷基（$C_nH_{2n+1}-$）
甲烷（CH_4） ➡	甲基（CH_3-）
乙烷（C_2H_6） ➡	乙基（C_2H_5-）
丙烷（C_3H_8） ➡	丙基（C_3H_7-）
丁烷（C_4H_{10}） ➡	丁基（C_4H_9-）
戊烷（C_5H_{12}） ➡	戊基（$C_5H_{11}-$）
己烷（C_6H_{14}） ➡	己基（$C_6H_{13}-$）

專欄　哪些是液態？哪些是固態？

　　碳（C）與氫（H）的電負度差異很小，故烷類的極性很小，分子間作用力很弱，熔點與沸點偏低。碳數要增加到多少，才會出現液態或固態的烷類呢？

　　甲烷（CH_4）的沸點為$-161℃$，乙烷（C_4H_{10}）的沸點為$-1℃$，丁烷以前的烷類在常溫下都是氣態，戊烷（C_5H_{12}）的沸點為36℃，故從戊烷開始是液態。

　　汽油的主成分是辛烷（C_8H_{18}），熔點為$-57℃$，沸點為126℃，故常溫下為液態。十六烷（$C_{16}H_{34}$）的熔點為18℃，十七烷（$C_{17}H_{36}$）的熔點為22℃，故從十七烷開始，在常溫（20℃）下為固態。

■烷（C_nH_{2n+2}）在常溫常壓下的狀態

n的數值	1～4	5～16	17以上
常溫、常壓的狀態	氣態	液態	固態

※從丁烷（C_4H_{10}）開始的烷類皆存在結構異構物（→p.205），不同異構物的熔點與沸點多少有些差異。

（2）烷的取代反應

　　烷的活性相對較低，主要用於燃料。家庭用桶裝瓦斯的主成分為丙烷，天然氣主成分為甲烷，汽油的主成分是辛烷。烷類與鹵素混合並以紫外線照射時，烷內的氫會逐漸被鹵素取代，稱為「**取代反應**」。取代反應中，取代氫的原子或原子團稱為「**取代基**」。

■ 烷的取代反應例子

$$H-\overset{\overset{\displaystyle H}{|}}{\underset{\underset{\displaystyle H}{|}}{C}}-H \; + \; Cl-Cl \; \xrightarrow{(\text{光})} \; H-\overset{\overset{\displaystyle H}{|}}{\underset{\underset{\displaystyle H}{|}}{C}}-Cl \; + \; H-Cl$$

甲烷　　　　　　　　　　　　　一氯甲烷
　　　　　　　　　　　　　　　（甲基氯）

$$H-\overset{\overset{\displaystyle H}{|}}{\underset{\underset{\displaystyle H}{|}}{C}}-Cl \; + \; Cl-Cl \; \xrightarrow{(\text{光})} \; H-\overset{\overset{\displaystyle H}{|}}{\underset{\underset{\displaystyle Cl}{|}}{C}}-Cl \; + \; H-Cl$$

　　　　　　　　　　　　　　　二氯甲烷
　　　　　　　　　　　　　　　（亞甲基氯）

$$H-\overset{\overset{\displaystyle H}{|}}{\underset{\underset{\displaystyle Cl}{|}}{C}}-Cl \; + \; Cl-Cl \; \xrightarrow{(\text{光})} \; H-\overset{\overset{\displaystyle Cl}{|}}{\underset{\underset{\displaystyle Cl}{|}}{C}}-Cl \; + \; H-Cl$$

　　　　　　　　　　　　　　　三氯甲烷
　　　　　　　　　　　　　　　（氯仿）

$$H-\overset{\overset{\displaystyle Cl}{|}}{\underset{\underset{\displaystyle Cl}{|}}{C}}-Cl \; + \; Cl-Cl \; \xrightarrow{(\text{光})} \; Cl-\overset{\overset{\displaystyle Cl}{|}}{\underset{\underset{\displaystyle Cl}{|}}{C}}-Cl \; + \; H-Cl$$

　　　　　　　　　　　　　　　四氯甲烷
　　　　　　　　　　　　　　　（四氯化碳）

※反應所生成的氯化氫（HCl）仍含有氫原子，卻不會再進行取代反應。

（3）結構異構物

分子式相同，結構卻不一樣的化合物，彼此互為「**異構物**」。其中，結構式不同的化合物又特別稱為「**結構異構物**」。就烷類而言，從丁烷（C_4H_{10}）開始便存在結構異構物。

■**丁烷的結構異構物**

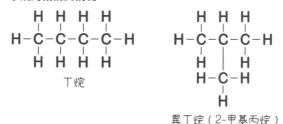

丁烷

異丁烷（2-甲基丙烷）

※異丁烷的「異」源自於英文的「iso」。異構物的英文為「isomer」。

戊烷存在3種結構異構物。

$$CH_3-CH_2-CH_2-CH_2-CH_3$$
戊烷

$$CH_3-CH-CH_2-CH_3$$
$$\qquad | $$
$$\qquad CH_3$$

異戊烷
（2-甲基丁烷）

$$\qquad CH_3$$
$$\qquad | $$
$$CH_3-C-CH_3$$
$$\qquad | $$
$$\qquad CH_3$$

新戊烷
（2,2-二甲基丙烷）

參考．為什麼有2個名字？

異丁烷也叫做「2-甲基丙烷」，異戊烷也叫做「2-甲基丁烷」。可能你會想問「為什麼會有2個名字呢？」事實上，一個名字是平時用的俗稱，另一個則是依照國際公定的命名規則決定的名稱。

（1）異戊烷（2-甲基丁烷）

以異戊烷為例。

異戊烷？ ⟵ $$CH_3-CH-CH_2-CH_3$$
$$\qquad\quad | $$
$$\qquad\quad CH_3$$ ⟶ 2-甲基丁烷？

（i）依照國際公定的命名規則，需以分子內的最長直鏈（去掉分支後最長的碳鏈，稱為「**主鏈**」）為分子命名。本例中的最長直鏈有4個碳原子，故這個分子為「丁烷」。主鏈之外還剩1個碳原子以「甲基」的形式存在，這種分支的碳鏈稱為「**側鏈**」。

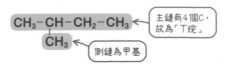

(ii) 接著，從主鏈的末端開始，為4個碳原子編號。若從右側算起，甲基與「3號碳」相連；若從左側算起，甲基與「2號碳」相連。依照國際公定規則，應選擇「數字較小」的命名方式，故與甲基相連的碳原子，編號應為「2」才對。

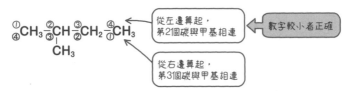

(iii) 綜上所述，這個分子是「2號碳與甲基相連的丁烷」，故應命名為「2-甲基丁烷」。國際公定的命名規則中，名稱應依序寫出**「側鏈位置編號」**＋**「側鏈數量」**＋**「側鏈名稱」**＋**「主鏈名稱」**（本例只有1個側鏈，故不需寫出「側鏈數量」）。

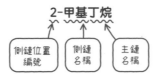

（2） 新戊烷（2,2-二甲基丙烷）

接著來看看新戊烷這個分子。新戊烷也可稱為「2,2-二甲基丙烷」。

命名方式與前面的異丁烷相同。

(i) 主鏈有3個碳原子，故為「丙烷」。

(ii) 側鏈包含「2個甲基」，且都與第2個碳原子相連，故需寫成「2,2」。另外，如果有多個同種側鏈，就得在名稱中加上「側鏈數量」。本例中有2個甲基，故需寫成「二甲基」。兩者合起來後就是「2,2-二甲基」。

(iii) 綜上所述，這個分子是「2號碳與2個甲基相連的丙烷」，故應命名為「2,2-二甲基丙烷」。

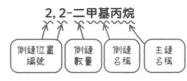

2, 2-二甲基丙烷

| 側鏈位置編號 | 側鏈數量 | 側鏈名稱 | 主鏈名稱 |

　　要注意的是「相同物質」與「異構物」的差別。請看下面2個結構式，兩者都是一氯乙烷，兩者乍看之下似乎是異構物，但實際上是相同物質，不是異構物。

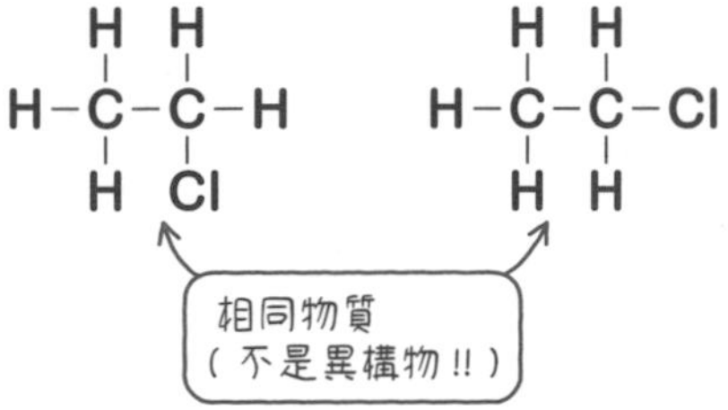

$$
\begin{array}{ccc}
& H \quad H & \\
H-C-C-H & \\
& H \quad Cl &
\end{array}
\qquad
\begin{array}{ccc}
& H \quad H & \\
H-C-C-Cl & \\
& H \quad H &
\end{array}
$$

相同物質
（不是異構物!!）

　　說得詳細一點，單鍵的軸可以旋轉。如下圖所示，旋轉①的鍵結之後，甲基頂點所形成的正四面體中，底面的正三角形（②）也會跟著旋轉。

　　於是，氯原子便能轉到原本是氫原子的位置（③）。2種分子只是單鍵旋轉前後的差別，故為「相同物質」，並非異構物！

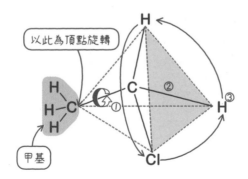

以此為頂點旋轉

甲基

　　要是把相同的物質看成「2種」或「3種」不同物質，而在考試時答錯的話，那就太可惜了，請特別注意。考試時要仔細分辨出那些「旋轉單鍵後可以得到相同形狀的分子」。

（4）環烷

環狀飽和碳氫化合物稱為「**環烷**」（「環」源自於英文的「cycle」）。僅由單鍵連接而成，一般式為「C_nH_{2n}」。

一般式的 n 為「3以上」的整數，因為環狀結構最少需要3個碳原子。不過環丙烷、環丁烷的碳碳鍵角度太小，有些不穩定。

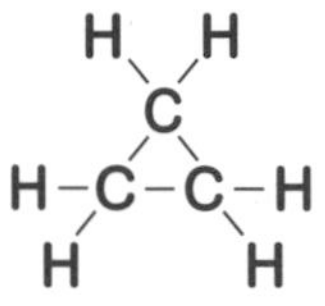

環丙烷（C_3H_6）
〈$n=3$〉

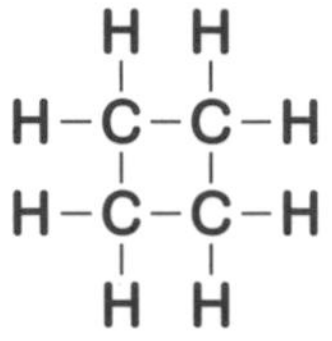

環丁烷（C_4H_8）
〈$n=4$〉

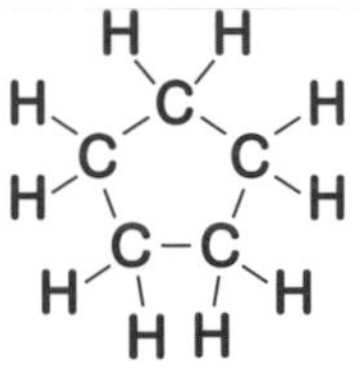

環戊烷（C_5H_{10}）
〈$n=5$〉

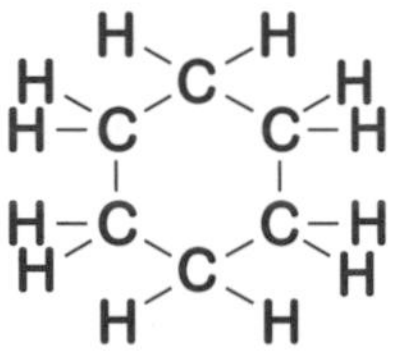

環己烷（C_6H_{12}）
〈$n=6$〉

延伸 ── **環己烷的立體構形（「船形」與「椅形」）**

因為單鍵可以旋轉，故環己烷（C_6H_{12}）的「船形」與「椅形」構形會以一定比例存在，且兩者會互相轉換（船形為能量較高的狀態）。

※除了船形和椅形之外，還有數種構形。

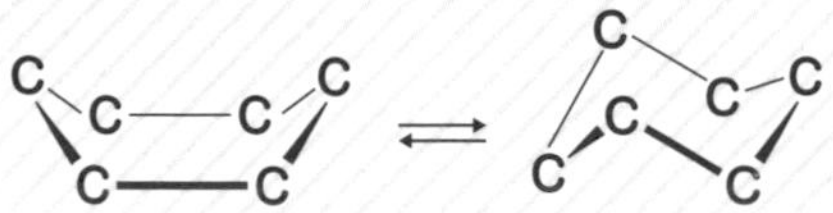

船形　　　　　　　　　　椅形
（H皆省略不呈現）

重點在於船形和椅形「**並非結構異構物！**」。分子在兩種構形間轉換時，原子排列並沒有改變，只是單鍵的旋轉使其自然變成不同形狀而已。船形和椅形互為「**構形異構物**」。

③ 烯

（1）烯

鏈狀不飽和碳氫化合物中，含有1個雙鍵的物質稱為「烯」。烯的一般式可寫成「C_nH_{2n}」。另外，因為有雙鍵，故至少要有2個碳原子，故「n為2以上的整數」。

```
   H  H  H              雙鍵    H
   │  │  │                ╲    │
···─C─C─C─···      ···─C═C─C─···
   │  │  │              │   │  │
   H  H  H              H   H  H
```

$$C_nH_{2n+2}$$

（烷的一般式）

$\xrightarrow{\text{（－2H）}}$

$$C_nH_{2n}$$

（烯的一般式）

通常，將同碳數烷類的名稱最後一個字改成烯，就是烯的名稱。

烷（alkane）	烯（alkene）
乙烷（C_2H_6）	➡ 乙烯（C_2H_4）
丙烷（C_3H_8）	➡ 丙烯（C_3H_6）
丁烷（C_4H_{10}）	➡ 丁烯（C_4H_8）
戊烷（C_5H_{12}）	➡ 戊烯（C_5H_{10}）
己烷（C_6H_{14}）	➡ 己烯（C_6H_{12}）

烯的分子中，C＝C鍵以及與這2個C相連的4個原子在同一個平面上。且C＝C鍵不能旋轉，與單鍵不同。

以乙烯的結構式為例。乙烯有6個原子（2個C、4個H），它們都在「同一平面上」。

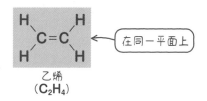

乙烯
（C_2H_4）

結合 σ 鍵與 π 鍵

雙鍵中的2個鍵其實並不相同。一個是比較強的 σ 鍵，一個是比較弱的 π 鍵。

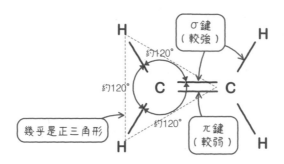

先看較強的 σ 鍵。碳的3個電子往外伸出，因為電子帶有負電荷，會彼此排斥，故3個電子會讓彼此的距離拉到最遠，以穩定結構，使3個電子的形狀「幾乎是正三角形」。也就是說，碳原子位於正三角形的重心，並往正三角形的頂點方向伸出3個電子。

至於 π 鍵的電子，則是往垂直於該平面的方向延伸，故不會影響到分子的形狀。不過，因為 π 鍵比較弱，容易斷裂，所以容易產生「加成反應」。

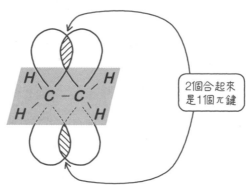

（2）烯的加成反應

在 參考 中我們提到，雙鍵的2個鍵並不相同。一個是較強的 σ 鍵，一個是較弱的 π 鍵。π 鍵結合力量較弱，容易斷裂，使氫或溴附著上去，這樣的反應稱為「**加成反應**」。

■ **烯的加成反應例子（乙烯的加成反應）**

$$H_2C=CH_2 \quad + \quad H-H \quad \xrightarrow{\text{加成反應}} \quad H-CH_2-CH_2-H$$

容易斷裂的鍵結
乙烯　　　氫氣　　　　　　　　乙烷

$$H_2C=CH_2 \quad + \quad Br-Br \quad \xrightarrow{\text{加成反應}} \quad H-CH_2-CH_2-H$$
Br Br

乙烯　　　　溴　　　　　1,2-二溴乙烷

 1,2-二溴乙烷的命名方式

1, 2–二溴乙烷這個名字是怎麼來的呢？讓我們一步步來看。

（i）分子的形狀為「乙烷」（反應前是乙烯，在 π 鍵斷掉，變成單鍵後，與「乙烷」的形狀相同）。

分子的形狀是「乙烷」!!
$$H-CH_2-CH_2-H$$
乙烷

（ii）將乙烷的2個氫原子換成溴原子，故為「二溴」。

「二溴」

(iii) 還沒結束喔。依照以上規則，下圖中結構式為 A 的分子也可以被命名為「二溴乙烷」，但我們要命名的結構式是 B 。為了避免誤解，必須「加上碳原子的編號」。

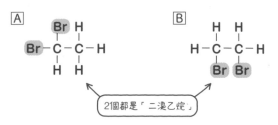

2個都是「二溴乙烷」

B 的2個溴原子分別位於1號碳與2號碳上，故命名為「1,2-二溴乙烷」。另一方面，A 的2個溴原子都位於1號碳上，所以是「1,1-二溴乙烷」（如果為碳編號時的順序倒過來，會變成「2,2-」，但命名規則中有提到「數字應取較小者」，故正確的命名為「1,1-」）。

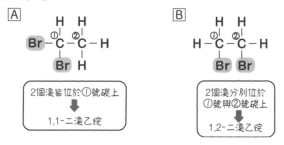

2個溴皆位於①號碳上
↓
1,1-二溴乙烷

2個溴分別位於①號與②號碳上
↓
1,2-二溴乙烷

（3）烯的加成聚合

烯的雙鍵中，較弱的鍵結斷裂後，相同分子會彼此連接成「**高分子化合物**」（分子量非常大的化合物），稱為「**加成聚合**」（→第33講）。

■ 烯的加成聚合例子（乙烯的加成聚合）

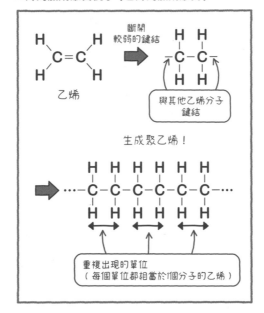

亦能以化學反應式表示如下。

$$n \begin{array}{c} H \\ C=C \\ H \end{array} \begin{array}{c} H \\ \\ H \end{array} \xrightarrow{\text{加成聚合}} \left[\begin{array}{cc} H & H \\ C-C \\ H & H \end{array} \right]_n$$

乙烯　　　　　　聚乙烯

（4）環烯

　　從環烷（C_nH_{2n}）上拿走2個H原子，在環狀分子中形成1個碳碳雙鍵，就是所謂的「**環烯**」，一般式為「C_nH_{2n-2}」（與環烷一樣，n為「3以上」的整數）。

　　與烯一樣，環烯也會產生加成反應。譬如說，在與1分子的氫氣（H_2）加成反應後，可得到環烷。

$$\begin{array}{c} CH_2-CH_2 \\ CH_2 \qquad CH_2 \\ CH=CH \end{array} + H_2 \longrightarrow \begin{array}{c} CH_2-CH_2 \\ CH_2 \qquad CH_2 \\ CH_2-CH_2 \end{array}$$

環己烯（C_6H_{10}）　　　　　環己烷（C_6H_{12}）
〈環烯〉　　　　　　　　〈環烷〉

（5）立體異構物

　　相較於結構異構物，**分子的立體結構不同的異構物**稱為「立體異構物」。

　　烯的雙鍵沒辦法旋轉。因此下圖中的2個化合物無法重合，彼此互為異構物。這**種因為雙鍵取代基（下例中為甲基CH_3-）的排列不同而產生的立體異構物**，稱為「**順反異構物（幾何異構物）**」。**若取代基位於雙鍵的同一側，稱為「順式」；若位於不同側**，則稱為「反式」。

■ 順反異構物（幾何異構物）的例子

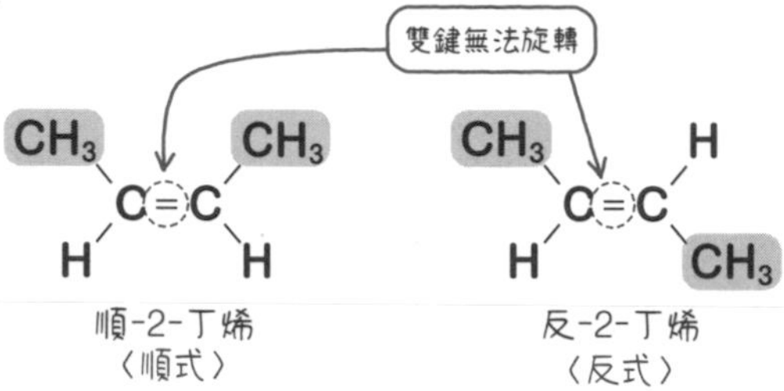

順-2-丁烯　　　　　　反-2-丁烯
〈順式〉　　　　　　〈反式〉

　　「順反異構物」與「結構異構物」差在哪裡呢？上面2個結構式都是「2-丁烯」分子。寫成直線狀時如下所式。

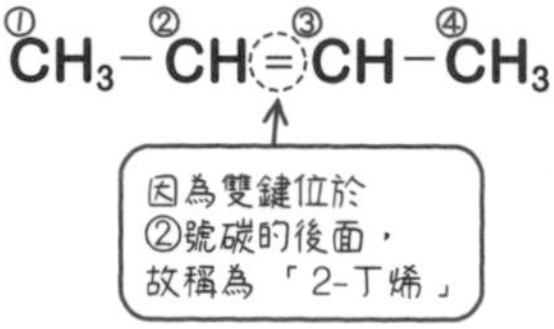

$$\overset{①}{CH_3}-\overset{②}{CH}=\overset{③}{CH}-\overset{④}{CH_3}$$

因為雙鍵位於
②號碳的後面，
故稱為「2-丁烯」

　　因為「排列（鍵結）順序相同」，所以「不是結構異構物」。但因為雙鍵無法旋轉，所以會有2種可能分子，這兩者互為「順反異構物」。

延伸　**碳碳雙鍵的氧化**

　　碳碳雙鍵可被「臭氧」或「過錳酸鉀」氧化分解。不過，苯環的雙鍵為共振結構，因而相當穩定，不會與臭氧或過錳酸鉀反應。

$$\begin{array}{c} R^1 \\ H \end{array} C = C \begin{array}{c} R^2 \\ R^3 \end{array} \xrightarrow{+O_3} R^1 - C \begin{array}{c} O \\ H \end{array} + R^2 - C - R^3$$
（生成醛或酮）

$$\begin{array}{c} R^1 \\ H \end{array} C = C \begin{array}{c} R^2 \\ R^3 \end{array} \xrightarrow{+KMnO_4} R^1 - C \begin{array}{c} O \\ OH \end{array} + R^2 - C - R^3$$
（生成羧酸或酮）

（穩定不反應!!）

①被臭氧分解

　　臭氧的氧化能力較弱，會生成「醛」或「酮」。反應時會切斷雙鍵，再將氧原子附加到切口上。

$$\begin{array}{c} CH_3 \\ H \end{array} C = C \begin{array}{c} CH_3 \\ CH_3 \end{array} \xrightarrow{+O_3} CH_3 - C \begin{array}{c} O \\ H \end{array} + CH_3 - C - CH_3$$
　　　　　　　　　　　　　　　　　　　乙醛　　　　　丙酮

$$\begin{array}{c} H \\ H \end{array} C = C \begin{array}{c} CH_3 \\ CH_2 - CH_3 \end{array} \xrightarrow{+O_3} H - C \begin{array}{c} O \\ H \end{array} + CH_3 - C - CH_2 - CH_3$$
　　　　　　　　　　　　　　　　　　　甲醛　　　　　丁酮

②被過錳酸鉀分解

過錳酸鉀的氧化能力相當強，會將醛進一步氧化成「羧酸」。故會生成「羧酸」或「酮」。

$$\underset{H}{\overset{CH_3}{C}}=\underset{CH_3}{\overset{CH_3}{C}} \xrightarrow{+KMnO_4} CH_3-\overset{\displaystyle O}{\underset{OH}{C}} + CH_3-\overset{\displaystyle O}{\underset{\|}{C}}-CH_3$$

醋酸　　　　　丙酮

$$\underset{H}{\overset{H}{C}}=\underset{CH_2-CH_3}{\overset{CH_3}{C}} \xrightarrow{+KMnO_4} \left(H-\overset{\displaystyle O}{\underset{OH}{C}} + CH_3-\overset{O}{\underset{\|}{C}}-CH_2-CH_3 \right)$$

（蟻酸）　　　　　丁酮

會再進一步氧化※

$$\longrightarrow CO_2 + H_2O + CH_3-\overset{O}{\underset{\|}{C}}-CH_2-CH_3$$

※蟻酸仍有還原性，故會進一步氧化成碳酸，再分解成水與二氧化碳。

若雙鍵在環上，則可將環打開變成鏈狀化合物。

$$環己烯 \xrightarrow{+KMnO_4} \overset{\displaystyle O}{\underset{HO}{C}}-(CH_2)_4-\overset{\displaystyle O}{\underset{OH}{C}}$$

環己烯　　　　　　　　　　己二酸

延伸　**馬可尼可夫法則**

　　碳碳雙鍵產生加成反應時，「氫原子會優先加成在與較多氫原子鍵結的碳原子上」，這個規則稱為「**馬可尼可夫法則**」。雖然這是延伸內容，但考試時可能會用到，最好能熟悉這個規則。

　　丙烯與溴化氫加成反應後，理論上會生成2種產物，但實際上大部分的產物都是2-溴丙烷。

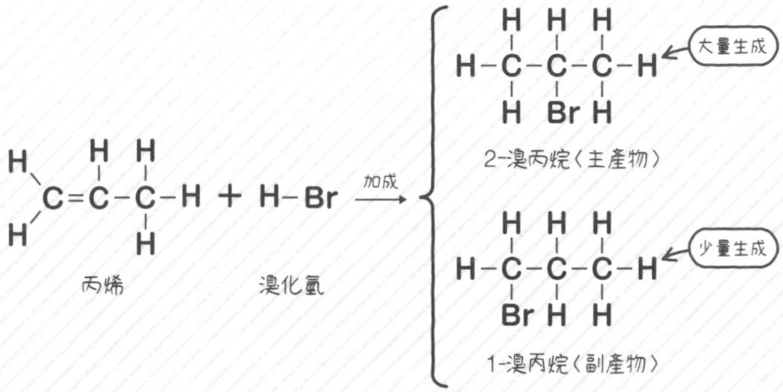

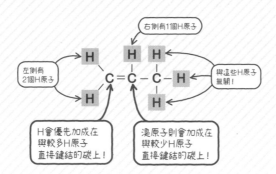

　　計算丙烯雙鍵的2個碳上分別與幾個氫直接鍵結，可得到左側的碳與2個氫原子鍵結，右側的碳則與1個氫原子鍵結（與甲基上的H無關）。左側的氫比較多，故加成反應時氫原子會優先加成在左側的碳上，溴原子則加成在右側的碳上。

　　馬可尼可夫法則也適用於碳碳三鍵的加成反應。

　　使用馬可尼可夫法則時要特別注意的是，「只有在必要的時候才用」。有機化學範圍的考題中，通常會要你「考慮所有可能的結構式」。譬如丙烯與氯化氫進行加成反應時，會有2種產物，答題時必須把2種都考慮進去。只有當題目要求「只能回答1個」時，才會用到馬可尼可夫法則。

$$CH_2=CH-CH_3 + HCl \xrightarrow{\text{加成}} \begin{cases} CH_3-CHCl-CH_3 \\ \text{2-氯丙烷〈主產物〉} \\ \\ CH_2Cl-CH_2-CH_3 \\ \text{1-氯丙烷〈副產物〉} \end{cases}$$

丙烯

2種都要
回答！

如果題目這樣問

$$CH_2=CH-CH_3 + HCl \longrightarrow \boxed{\text{1個答案}}$$

那麼回答主產物 $CH_3-CHCl-CH_3$ 即可。

　　相反的，進行脫去反應時，「氫原子較少的碳會優先脫去氫」。這個規則相當於顛倒的馬可尼可夫法則，名為「**柴瑟夫規則**」（這也屬於延伸內容）。下面是以 2-丁醇為例，說明分子內脫水會如何反應。

3個H原子　2個H原子

$$\underset{\underset{\text{2-丁醇}}{\overset{\displaystyle |}{OH}}}{CH_3-CH-CH_2-CH_3} \xrightarrow{(-H_2O)} \begin{cases} \overset{CH_3}{\underset{H}{}}C=C\overset{CH_3}{\underset{H}{}} \quad \overset{CH_3}{\underset{H}{}}C=C\overset{H}{\underset{CH_3}{}} \\ \text{2-丁烯〈主產物〉} \\ \\ CH_2=CH-CH_2-CH_3 \\ \text{1-丁烯〈副產物〉} \end{cases}$$

　　總之，加成反應時，原本有比較多氫的碳會多1個氫；脫去反應時，原本有比較多氫的碳會少1個氫。想成是「貧富差距擴大」法則，或許會比較好理解吧。雖然讓人有些傷心……。

④ 炔

（1）炔

　　鏈狀不飽和碳氫化合物中，含有1個三鍵的物質稱為「**炔**」。炔的一般式可寫成「C_nH_{2n-2}」。另外，因為有三鍵，故至少要有2個碳原子，故「n為2以上的整數」。

$$H-C\equiv C-H \qquad\qquad H-C\equiv C-CH_3$$

　　　　乙炔（C_2H_2）　　　　　　　　丙炔（甲基乙炔）（C_3H_4）
　　　　　〈$n=2$〉　　　　　　　　　　　　　〈$n=3$〉

$$\cdots-\underset{\underset{H}{|}}{C}=\underset{\underset{H}{|}}{C}-\cdots \qquad\qquad \cdots-C\equiv C-\cdots$$

$$\boxed{C_nH_{2n}} \xrightarrow{(-2H)} \boxed{C_nH_{2n-2}}$$

　　（烯的一般式）　　　　　　　　　（炔的一般式）

（2）乙炔

　　乙炔是代表性的炔類，分子式為C_2H_2，為無色、無臭氣體，可由碳化鈣（CaC_2）加水製備而成。燃燒時會產生高溫明亮的火焰（**氧乙炔火焰**），可用於焊接。另外，乙炔的分子為「直線形」。

$$CaC_2 + 2H_2O \longrightarrow Ca(OH)_2 + H-C\equiv C-H$$

　碳化鈣　　　　　　　　　　　　　　　　　　乙炔
　（電石）　　　　　　　　　　　　　　　　〈直線形〉

（3）乙炔的加成反應

　　乙炔的三鍵由1個較強的鍵（σ鍵）與2個較弱的鍵（π鍵）組成，故乙炔可發生2次加成反應。

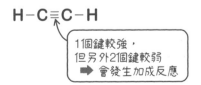

$$H-C\equiv C-H$$

1個鍵較強，
但另外2個鍵較弱
➡ 會發生加成反應

① 氫氣加成反應

以鉑或鎳做為催化劑，可讓乙炔與氫氣產生加成反應。

$$H-C\equiv C-H \xrightarrow[\text{加成反應}]{+H_2} \begin{array}{c} H \\ C=C \\ H \end{array} \xrightarrow[\text{加成反應}]{+H_2} H-\overset{H}{\underset{H}{C}}-\overset{H}{\underset{H}{C}}-H$$

　　　乙炔　　　　　　　　　乙烯　　　　　　　　乙烷

② 氯化氫加成反應

有催化劑的情況，乙炔與氯化氫加成反應後可產生「氯乙烯（$CH_2=CHCl$）」。

$$H-C\equiv C-H + H-Cl \xrightarrow{\text{加成反應}} \begin{array}{c} H \quad\quad H \\ C=C \\ H \quad\quad Cl \end{array}$$

　　　乙炔　　　　　氯化氫　　　　　　氯乙烯　　　←　乙烯基

③ 氰化氫加成反應

催化劑存在的情況下，乙炔與氰化氫（HCN）加成反應後可產生「丙烯腈（$CH_2=CHCN$）」。

$$H-C\equiv C-H + H-C\equiv N \xrightarrow{\text{加成反應}} \begin{array}{c} H \quad\quad H \\ C=C \\ H \quad\quad C\equiv N \end{array}$$

　　　乙炔　　　　　氰化氫　　　　　　　丙烯腈

④ 醋酸加成反應

乙炔與醋酸加成反應後可產生「乙酸乙烯酯（$CH_2=CHOCOCH_3$）」。

$$H-C\equiv C-H + CH_3-\overset{O}{\underset{O-H}{C}} \xrightarrow{\text{加成反應}} \begin{array}{c} H \quad\quad H \\ C=C \\ H \quad\quad O-\overset{\parallel O}{C}-CH_3 \end{array}$$

　　　乙炔　　　　　　醋酸　　　　　　　　　　　乙酸乙烯酯

⑤ 水加成反應

以硫酸汞（Ⅱ）為催化劑的情況下，可讓乙炔與水產生加成反應，生成「乙烯醇（$CH_2=CHOH$）」，但乙烯醇不穩定，會轉變成「乙醛（CH_3CHO）」。

$$H-C\equiv C-H + H-O-H \xrightarrow[(HgSO_4)]{\text{加成反應}} \begin{matrix} H \\ \diagdown \\ C=C \\ \diagup \quad \diagdown \\ H \quad \quad OH \end{matrix}$$

乙炔　　　　水　　　　　　乙烯醇
　　　　　　　　　　　　（不穩定）

$$\longrightarrow \begin{matrix} H \quad O \\ | \quad \diagdown \\ H-C-C \\ | \quad \diagdown \\ H \quad H \end{matrix}$$

乙醛

除上述反應之外，乙炔通過硝酸銀氨水溶液後，會產生白色沉澱（乙炔銀）。

$$H-C\equiv C-H + 2Ag^+ \longrightarrow Ag-C\equiv C-Ag\downarrow + 2H^+$$

乙炔　　　　　　　　　　　　乙炔銀
　　　　　　　　　　　　　　（白色）

另外，乙炔通過加熱鐵管後，會生成苯（→p.257）。

乙炔　　　　　　　苯（C_6H_6）

第26講 脂肪族化合物 Ⅱ

本節將介紹含有羥基的醇、含有醚鍵的醚。兩者互為異構物，性質卻大不相同。

1 醇與醚

> 💡 **速成重點！**
>
> 烴基＋羥基（－OH）→**醇**
>
> 2個烴基以醚鍵相連（－O－）→**醚**

（1）醇

以羥基取代碳氫化合物的氫原子後，得到的化合物叫做「**醇**」。若分子內有1個羥基，稱為「**一元醇**」；有2個羥基，稱為「**二元醇**」。二元醇以上的醇類稱為「**多元醇**」。

■ 醇的例子

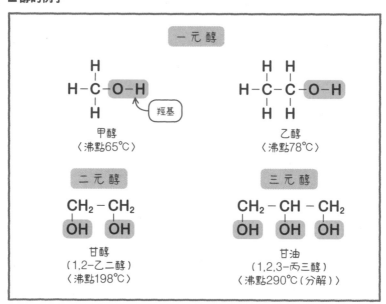

醇類含有羥基，故含碳數少的醇與水的親和性高，可溶於水中。烴基與水的親和性較低，故含碳數較多的醇難溶於水。

> 非常易溶於水

$$CH_3 - CH_2 - OH$$
乙醇

> 難溶於水

$$CH_3 - CH_2 - CH_2 - CH_2 - CH_2 - OH$$
1-戊醇

大部分的醇都是烷基與羥基結合後的產物。

烷基（$C_nH_{2n+1}-$）	醇（$C_nH_{2n+1}OH$）
甲基（CH_3-）	➡ 甲醇（CH_3OH）
乙基（C_2H_5-）	➡ 乙醇（C_2H_5OH）
丙基（C_3H_7-）	➡ 丙醇（C_3H_7OH）
丁基（C_4H_9-）	➡ 丁醇（C_4H_9OH）
戊基（$C_5H_{11}-$）	➡ 戊醇（$C_5H_{11}OH$）
己基（$C_6H_{13}-$）	➡ 己醇（$C_6H_{13}OH$）

① 甲醇的製造

工業上會以催化劑使一氧化碳與氫氣在高溫高壓下反應生成甲醇。

$$CO + 2H_2 \xrightarrow{（ZnO 催化劑）} CH_3OH$$
一氧化碳　　　　　　　　　　　甲醇

② 乙醇的製造

乙醇可由醣類發酵獲得，工業上會以催化劑使乙烯與水在加成反應後生成乙醇。

$$CH_2=CH_2 + H_2O \xrightarrow{（H_3PO_4 催化劑）} C_2H_5OH$$
乙烯　　　　　　　　　　　　　　乙醇

（2）醇的分類

醇可依照**「與羥基相連的碳原子」與多少個烴基結合**，分成一級醇、二級醇、三級醇。

① 一級醇

若與羥基相連的碳原子與「1個烴基」相連，則為「**一級醇**」（只有甲醇，雖然碳原子沒有其他烴基，卻被分類於一級醇）。

② 二級醇

若與羥基相連的碳原子與「2個烴基」相連，則為「**二級醇**」。

③ 三級醇

若與羥基相連的碳原子與「3個烴基」相連，則為「**三級醇**」。

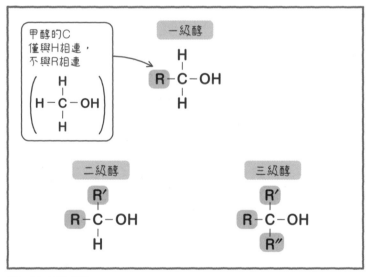

※R、R'、R"為烴基。

（3）醇的氧化

在「化學基礎」曾學過什麼是「氧化」。氧化的本質是「失去電子」，這裡可以想成是「失去氫」或者是「獲得氧」。

■ 什麼是「氧化」……

$$\boxed{\begin{array}{c}\text{失去2個}\\ \text{H原子}\end{array}} = \boxed{\begin{array}{c}\text{失去}\\ \text{2個}e^-\end{array}} = \boxed{\begin{array}{c}\text{獲得1個}\\ \text{O原子}\end{array}}$$

① 一級醇的氧化

一級醇失去「2個氫原子」後，會轉變成「**醛**」。若繼續氧化，再獲得「1個氧原子」後，會轉變成「**羧酸**」。

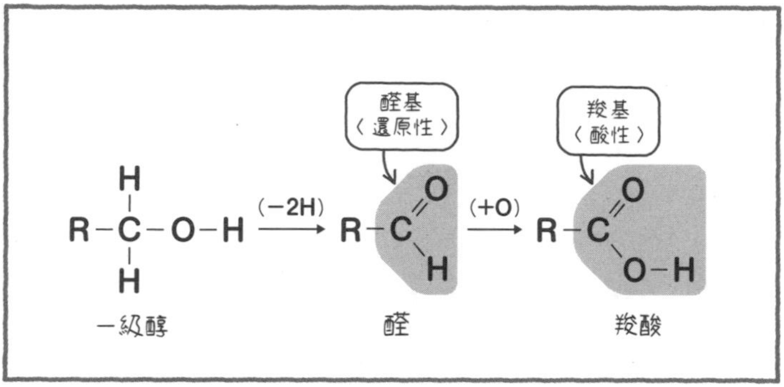

舉例來說，「乙醇（CH_3CH_2OH）」為一級醇，而在氧化後會變成「乙醛（CH_3CHO）」，再變成「醋酸（CH_3COOH）」（括弧內為示性式）。

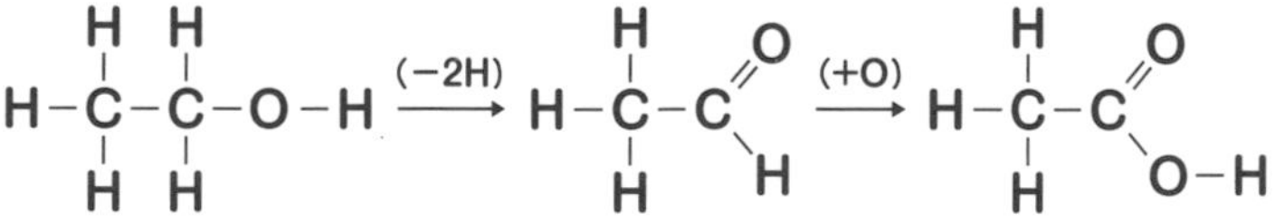

「酒」中含有乙醇，「食用醋」中含有醋酸，所以「把酒暴露在空氣中，會被空氣中的氧氣氧化成醋」。

② 二級醇的氧化

二級醇失去「2個氫原子」後，會轉變成「酮」。

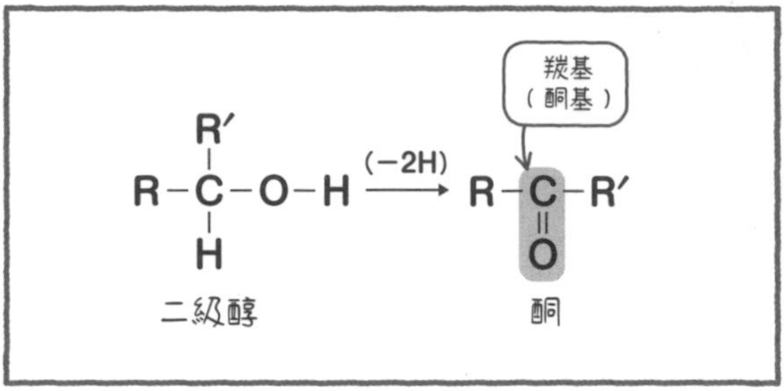

舉例來說，「2-丙醇」氧化後會變成「丙酮（CH_3COCH_3）」。

$$CH_3-CH-CH_3 \xrightarrow{(-2H)} CH_3-C-CH_3$$

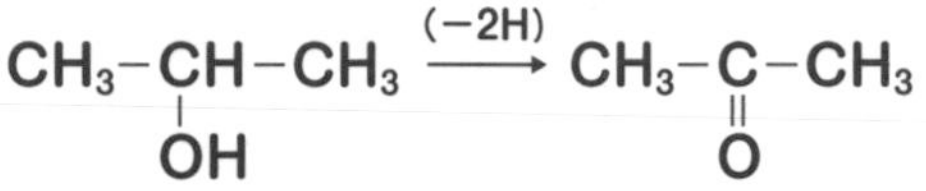

2-丙醇
（$CH_3CH(OH)CH_3$
或 $(CH_3)_2CHOH$）

丙酮
（CH_3COCH_3）

為什麼會這樣？　2-丙醇的命名方式

　　為碳原子編號後，會發現「羥基與2號碳相連」，所以會命名為「2-丙醇」。

　　還有一種丙醇是「1-丙醇」。這是一級醇（如果編號順序相反的話，會是「3-」，但命名規定需取最小的數字，故為「1-」）。

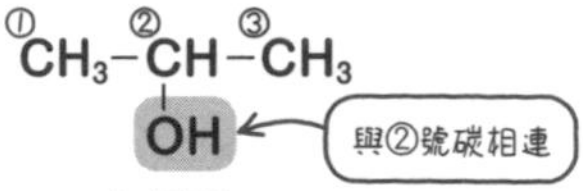

②③①
$CH_3-CH-CH_3$
OH　　與②號碳相連
2-丙醇

③②①
$CH_3-CH_2-CH_2-OH$
1-丙醇
與①號碳相連

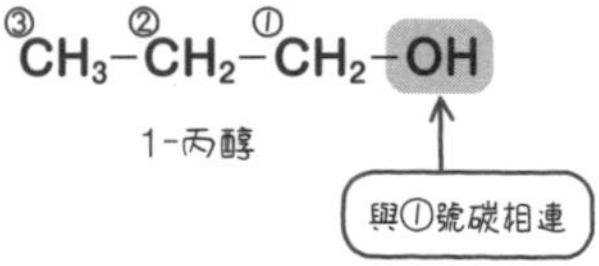

③ 三級醇的氧化

三級醇難以氧化，無法用一般的試劑氧化。

$$R-\underset{\underset{R''}{|}}{\overset{\overset{R'}{|}}{C}}-OH \longrightarrow \; ✘$$

三級醇 　　　　　　（不會被氧化）

為什麼會這樣？ 　**2-甲基-2-丙醇的命名方式**

三級醇最少會有4個碳，故最小的三級醇為丁醇（C_4H_9OH）。這個化合物的正式名稱為「2-甲基-2-丙醇」。最長直鏈有「3個」碳，故為「丙醇」。

$$CH_3-\underset{\underset{③CH_3}{|}}{\overset{\overset{①CH_3}{|}}{②C}}-OH$$

因為 2 號碳上有甲基也有羥基

2-甲基-2-丙醇

所以……

（4）醇的反應

① 與金屬鈉反應

醇與金屬鈉混合後，會生成氫氣與醇鹽[※]。

$$2C_2H_5OH + 2Na \longrightarrow 2C_2H_5ONa + H_2\uparrow$$

乙醇　　　　　　　　　乙醇鈉

[※]基醇的-OH基的氫原子被金屬原子取代的鹽類化合物，就稱為醇鹽。

② 脫水反應

乙醇與濃硫酸混合加熱後，會產生「**脫水反應**」，生成醚或烯。脫水反應的「**溫度**」特別重要!!

130～140℃時會發生分子間脫水反應，生成「乙醚（$C_2H_5OC_2H_5$）」。溫度低時，脫水反應比較弱，要2分子乙醇才能脫去1分子水。

※由2個分子脫去1個像水這種簡單分子的反應，稱為「**縮合**」。

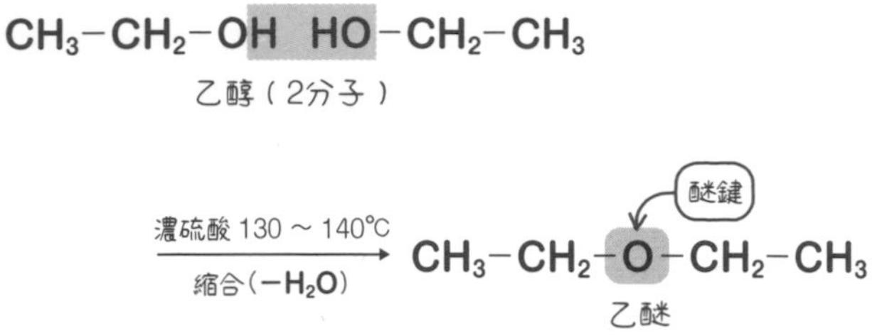

CH3－CH2－OH HO－CH2－CH3
乙醇（2分子）
醚鍵
濃硫酸 130～140℃
縮合（－H2O）
CH3－CH2－O－CH2－CH3
乙醚

160～170℃時則會發生分子內脫水反應，生成「乙烯」。溫度高時，脫水反應比較強，1分子乙醇就能脫去1分子水。

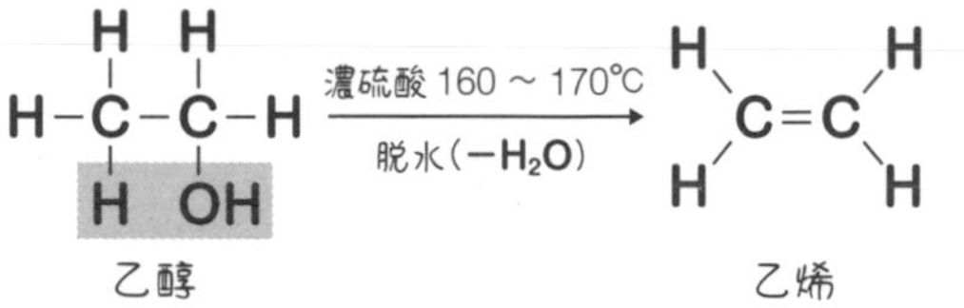

濃硫酸 160～170℃
脫水（－H2O）
乙醇
乙烯

（5）乙醚

氧原子的兩側各與1個烴基相連所形成的化合物稱為「**醚**」，氧原子的部分稱為「**醚鍵**」。

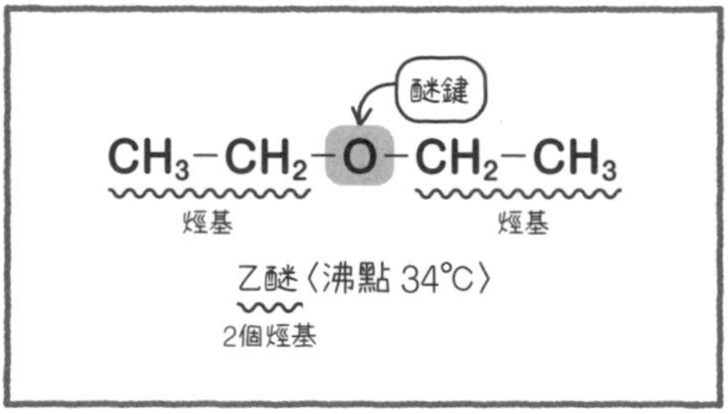

醚鍵
CH3－CH2－O－CH2－CH3
烴基
烴基
乙醚〈沸點 34℃〉
2個烴基

醚為醇的結構異構物。

■分子式C_2H_6O（2種!!）

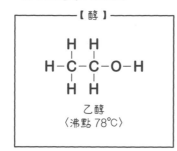

【醇】

```
    H  H
    |  |
H — C — C — O — H
    |  |
    H  H
```

乙醇
〈沸點 78℃〉

【醚】

```
    H     H
    |     |
H — C — O — C — H
    |     |
    H     H
```

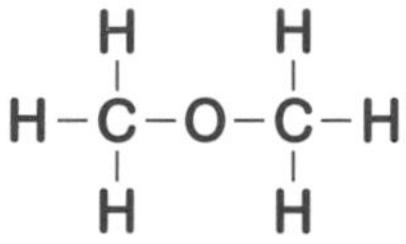

甲醚
〈沸點 −25℃〉

■分子式C_3H_8O（3種!!）

【醇】

$$CH_3 - CH_2 - CH_2 - OH$$

1-丙醇
（正丙醇）
〈沸點97℃〉

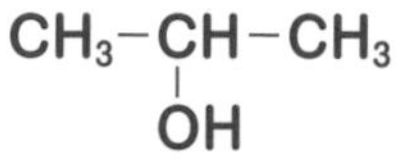

$$CH_3 - \underset{\underset{OH}{|}}{CH} - CH_3$$

2-丙醇
（異丙醇）
〈沸點82℃〉

【醚】

$$CH_3 - O - CH_2 - CH_3$$

甲乙醚
〈沸點7℃〉

　　與醇相比，醚的沸點非常低。另外，醇相當易溶於水，醚則難溶於水。再者，金屬鈉與醇混合時會反應生成氫氣，與醚混合時則無反應。

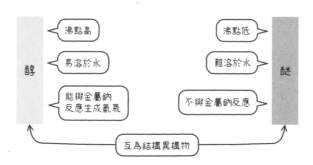

2 羰基化合物

💡 速成重點！

醛的醛基（－CHO）有還原性，故可用**斐林試劑或銀鏡反應**檢測醛。

　　含有羰基的化合物也叫做「**羰基化合物**」。羰基與1個以上的氫原子連接時為「**醛**」，羰基與2個烴基連接時為「**酮**」。

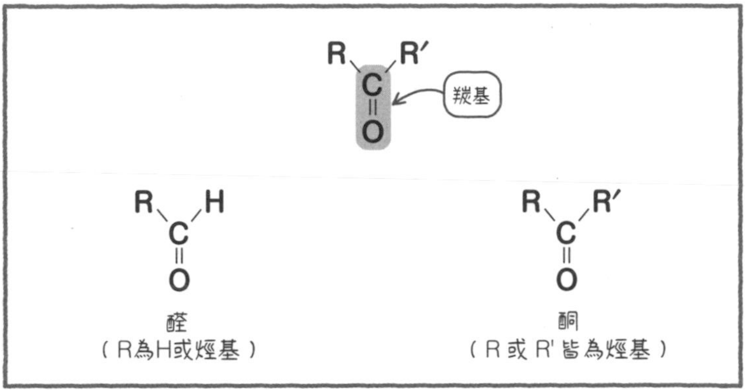

R　R′
C＝O ──→ 羰基

R　H
C
‖
O
醛
（R為H或烴基）

R　R′
C
‖
O
酮
（R或R′皆為烴基）

（1）醛

　　含有醛基的化合物叫做「**醛**」。一級醇在和緩氧化下會生成醛。

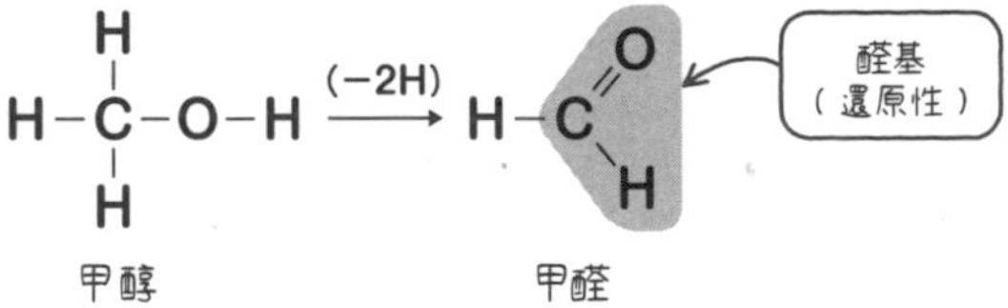

H
H－C－O－H
H
甲醇
──(−2H)──→
O
‖
H－C
H
甲醛
── 醛基（還原性）

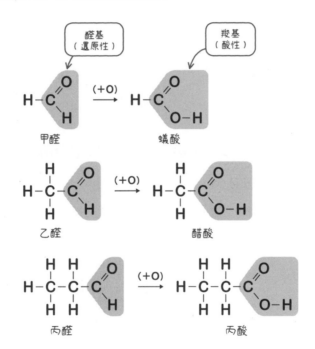

醛基仍有還原性，故可繼續氧化成羧酸。

甲醛的製造

在試管內放入少量甲醇，以加熱銅線靠近甲醇液面，此時甲醇會被銅線表面的氧化銅（Ⅱ）（CuO）氧化，生成甲醛。

$$CH_3OH + (O) \longrightarrow HCHO + H_2O$$

甲醇　　　　　　　　甲醛

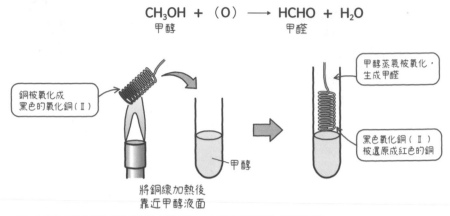

將銅線加熱後
靠近甲醇液面

※37%左右的甲醛水溶液就是所謂的「福馬林」，可做為消毒藥物或樹脂原料。

（2）醛的檢測反應

醛基有還原性，故可用「**斐林試劑的還原反應**」與「**銀鏡反應**」檢測出醛。

① 斐林試劑的還原反應

斐林試劑（含有銅（Ⅱ）離子的藍色溶液）與醛混合加熱後，藍色的銅（Ⅱ）離子會被還原成「氧化銅（Ⅰ）（Cu$_2$O）」紅色沉澱。這個反應叫做「斐林試劑的還原反應」。

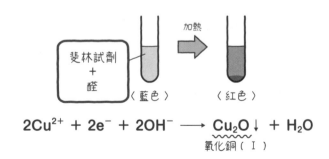

$$2Cu^{2+} + 2e^- + 2OH^- \longrightarrow Cu_2O\downarrow + H_2O$$

氧化銅（Ⅰ）

② 銀鏡反應

　　銀氨溶液與醛混合加熱後，銀離子會被還原成銀原子，附著在試管內側，看起來就像鏡子一樣，故稱為「銀鏡反應」。

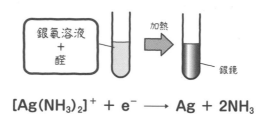

$$[Ag(NH_3)_2]^+ + e^- \longrightarrow Ag + 2NH_3$$

（3）酮

　　二級醇氧化後會生成「**酮**」。代表性的丙酮可藉由2-丙醇的氧化或醋酸鈣的乾餾製得。

$$CH_3-\underset{\underset{\text{2-丙醇}}{OH}}{CH}-CH_3 \xrightarrow{(-2H)} CH_3-\underset{\underset{\text{丙酮}}{O}}{C}-CH_3$$

$$\underset{\text{醋酸鈣}}{(CH_3COO)_2Ca} \xrightarrow{\text{乾餾}} CaCO_3 + CH_3-\underset{\underset{\text{丙酮}}{O}}{C}-CH_3$$

※乾餾就是所謂的「乾燒」，精確來說是「隔絕空氣加熱」。丙酮易燃，在空氣中加熱的危險性很高。所以不是只有加熱就好，還要「隔絕空氣」。

（4）碘仿反應

　　將含有以下結構式的化合物與碘及氫氧化鈉水溶液混合加熱後，會產生有特殊氣味的黃色結晶——碘仿（CHI_3）。這個反應也叫做**碘仿反應**。

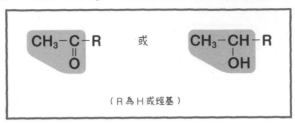

（R為H或烴基）

　　含有醇結構的化合物（上圖右）被氧化後會變成上圖左的結構，產生碘仿反應。甲基部分會變成碘仿，其餘部分則變成羧酸鹽。

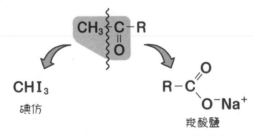

　　讓我們來看看丙酮、乙醇、羧酸會如何反應吧。乍看之下，三者結構似乎都能引起碘仿反應的樣子。但上圖的R必須是「H或烴基」。醋酸的R為OH，所以不會產生碘仿反應。這些分子的結構都有些複雜，容易搞混，請特別注意。

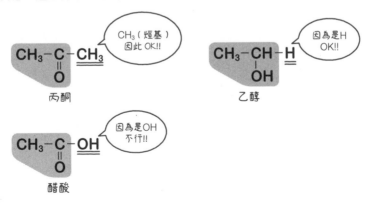

3 羧酸

速成重點！

羧酸含有羧基（－COOH），呈酸性。
若烴基（R－）不含不飽和鍵 → **飽和脂肪酸**
若烴基（R－）含有不飽和鍵 → **不飽和脂肪酸**

(1) 羧酸

含羧基的化合物叫做「**羧酸**」。羧基可釋放出氫離子，故羧酸呈酸性。羧酸可依分子內的−COOH數，分成單羧酸（一元羧酸）、二羧酸（二元羧酸）等。

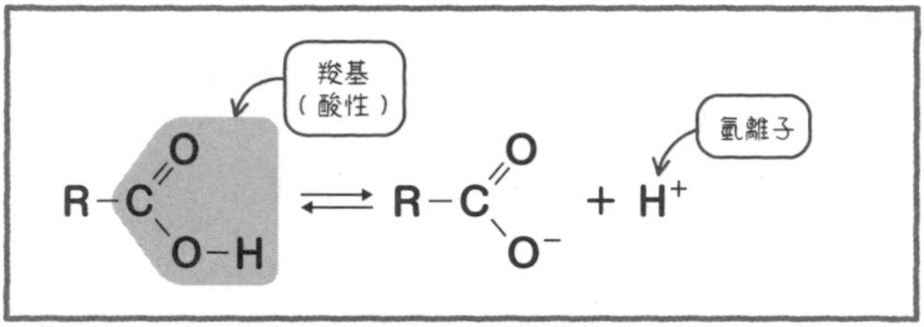
羧基
（酸性）
氫離子

羧酸可由一級醇或醛在氧化後生成（一級醇的氧化見→p.225）。

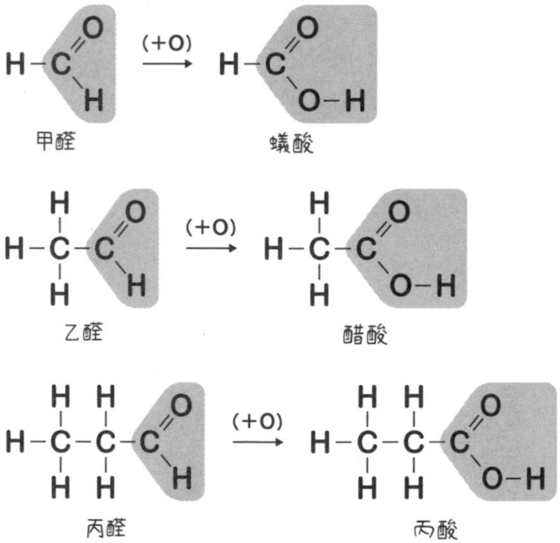
(+O)
甲醛
蟻酸
(+O)
乙醛
醋酸
(+O)
丙醛
丙酸

（2）低級脂肪酸

一元鏈狀羧酸稱為「脂肪酸」，烴基碳數較少的脂肪酸稱為「低級脂肪酸」。

另外，若烴基中不含不飽和鍵，便稱為「飽和脂肪酸」；含有不飽和鍵，則稱為「不飽和脂肪酸」。

■ 低級脂肪酸

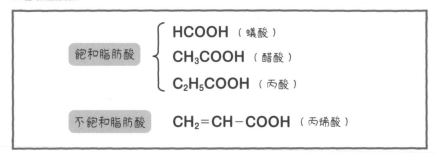

※脂肪酸是從脂肪，也就是油脂（→p.246）中發現的，所以稱其為「脂肪酸」。精確來說，這種取自脂肪的羧酸是「高級脂肪酸」；相對的，醋酸與蟻酸等則稱為「低級脂肪酸」。

蟻酸分子內含有醛基，故有「還原性」，被氧化後會生成碳酸，再分解成二氧化碳與水。

$$\underset{\text{蟻酸}}{\overset{\text{醛基}}{H-\overset{\overset{\displaystyle O}{\|}}{C}{\diagdown}_{OH}}} \xrightarrow{\text{(+O)}} \underset{\text{碳酸（不穩定）}}{HO-\overset{\overset{\displaystyle O}{\|}}{C}-OH} \longrightarrow CO_2\uparrow + H_2O$$

工業上製造蟻酸時，會在高溫高壓下使氫氧化鈉與一氧化碳反應成「醋酸鈉（HCOONa）」，再加入稀硫酸便能得到蟻酸。

$$NaOH + CO \xrightarrow{\text{（高溫、高壓）}} \underset{\text{醋酸鈉}}{HCOONa}$$

$$\underset{\text{（弱酸的鹽）}}{2HCOONa} + \underset{\text{（強酸）}}{H_2SO_4} \longrightarrow \underset{\text{（強酸的鹽）}}{Na_2SO_4} + \underset{\text{蟻酸（弱酸）}}{2HCOOH}$$

（3）高級脂肪酸

　　若脂肪酸烴基的碳素很多，便稱為「**高級脂肪酸**」。與低級脂肪酸相同，**烴基中若不含不飽和鍵，則屬於「飽和脂肪酸」；若含有不飽和鍵，則屬於「不飽和脂肪酸」**。

　　讓我們來看看飽和脂肪酸的示性式。飽和脂肪酸的烴基中「僅含單鍵」，故可視為「烷」的衍生物。從烷上拿掉1個氫原子，可得到「烷基」，烷基再與羧基結合，就可以得到「飽和脂肪酸」。

$$\boxed{C_nH_{2n+2}} \xrightarrow{\binom{拿掉}{1\,個H}} \boxed{C_nH_{2n+1}-} \xrightarrow{\binom{與-COOH}{相連}} \boxed{C_nH_{2n+1}COOH}$$

（烷） 　　　　　　　（烷基） 　　　　　　（飽和脂肪酸）

$n=11$ 時，$C_{11}H_{23}COOH$（碳數12）時為月桂酸（分子式：$C_{12}H_{24}O_2$），
$n=15$ 時，$C_{15}H_{31}COOH$（碳數16）時為棕櫚酸（分子式：$C_{16}H_{32}O_2$），
$n=17$ 時，$C_{17}H_{35}COOH$（碳數18）時為硬脂酸（分子式：$C_{18}H_{36}O_2$）。

從硬脂酸上陸續拿掉2個H原子，可得到不飽和脂肪酸。

$C_{17}H_{33}COOH$（1個碳碳雙鍵）為油酸（分子式：$C_{18}H_{34}O_2$），
$C_{17}H_{31}COOH$（2個碳碳雙鍵）為亞油酸（分子式：$C_{18}H_{32}O_2$），
$C_{17}H_{29}COOH$（3個碳碳雙鍵）為亞麻酸（分子式：$C_{18}H_{30}O_2$）。

　　高級脂肪酸的烴基非常大，難溶於水，且酸性很弱。相反的，低級脂肪酸的酸性強。脂肪酸中酸性最強的物質為「蟻酸」。

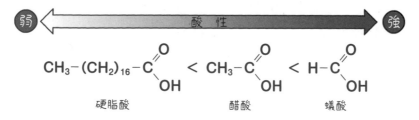

第2章　脂肪族化合物 **237**

（4）二羧酸與酸酐

分子內有2個羧基的化合物，稱為「羧酸（二元羧酸）」。

「馬來酸」與「延胡索酸」皆屬於二羧酸，分子式皆為「$C_4H_4O_4$」，互為順反異構物（馬來酸為順式，延胡索酸為反式）。

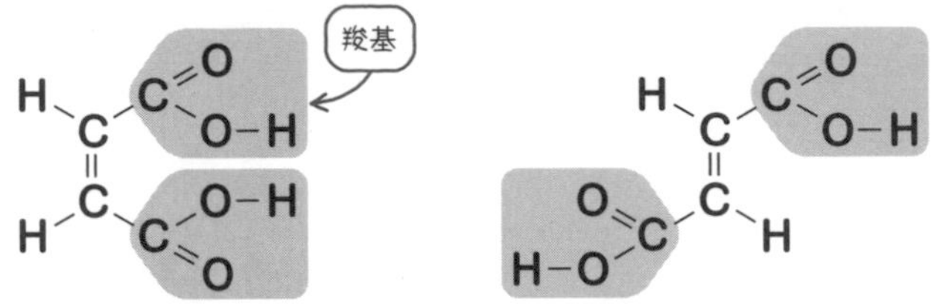

馬來酸（$C_4H_4O_4$）
〈順式〉

延胡索酸（$C_4H_4O_4$）
〈反式〉

順式的馬來酸中，2個羧基靠得很近，加熱後易失去1分子的水，變成「**馬來酸酐**」。相較之下，反式的延胡索酸中，2個羧基離得很遠，通常不會發生這種反應。

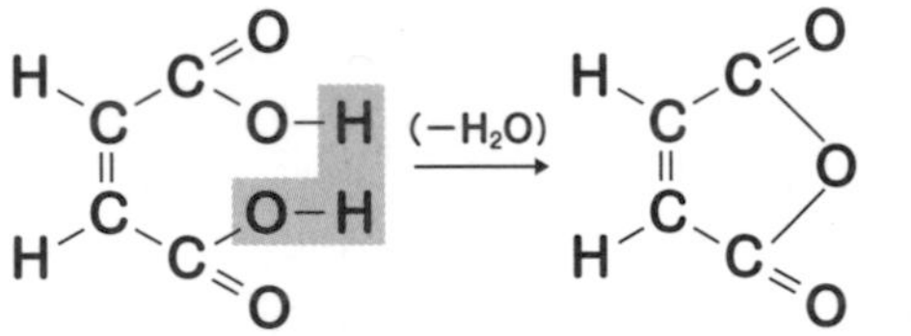

馬來酸

馬來酸酐（$C_4H_2O_3$）

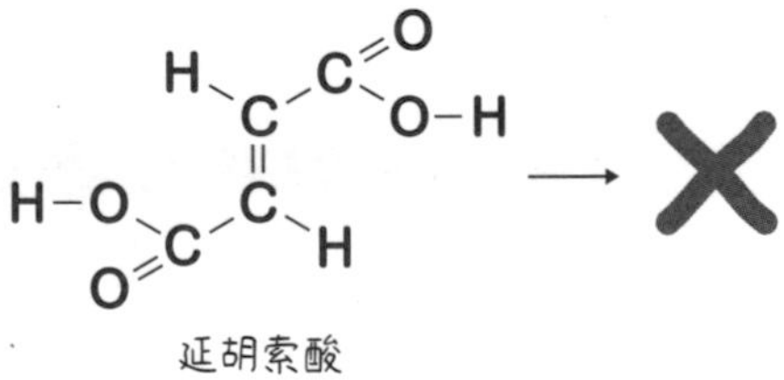

延胡索酸

醋酸與十氧化四磷共熱後，2分子的醋酸會失去1分子的水，成為「**醋酸酐**」。

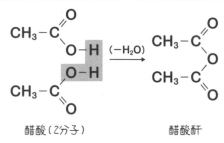

醋酸（2分子）　　　　　醋酸酐

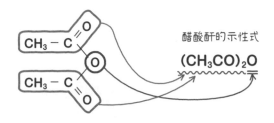

馬來酸酐或醋酸酐等化合物，一般稱為「**酸酐**」。

（5）羥基酸與鏡像異構物

像乳酸或酒石酸這種，**分子內同時含有羥基與羧基**的化合物，稱為「**羥基酸**」。

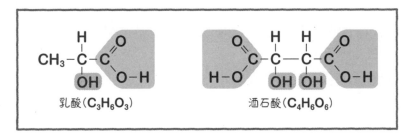

以乳酸為例。乳酸有一種異構物，兩者就像隔著鏡子的實物與鏡像一樣，如下圖所示，亦屬於一種立體異構物。當碳原子與4個彼此相異原子（或原子團）鍵結時，就會產生這樣的異構物，稱為「**鏡像異構物（光學異構物）**」。與4個彼此相異原子（或原子團）鍵結的碳原子，則稱為「**不對稱碳**」。

■ 鏡像異構物（乳酸）

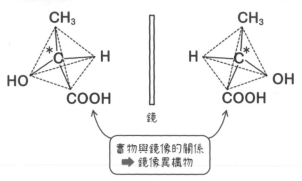

（標有 * 記號的 C 為不對稱碳）

鏡像異構物彼此的物理性質（熔點、沸點等）、化學性質（酸的強度、活性等）皆相同，但光學性質（對於光的性質）不同。故稱為「光學異構物」。

❹ 丁醇

最後就讓我們來確認一下考試常出的丁醇（C_4H_9OH）有哪些性質吧。

（1）醇的結構異構物有4種

丁醇的結構異構物包括2種一級醇、1種二級醇、1種三級醇。

■丁醇的結構異構物（醇）

④CH₃-③CH₂-②CH₂-①CH₂-**OH**

1-丁醇〈一級醇〉

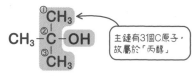

③CH₃-②CH-①CH₂-**OH**
　　　CH₃

2-甲基-1-丙醇〈一級醇〉

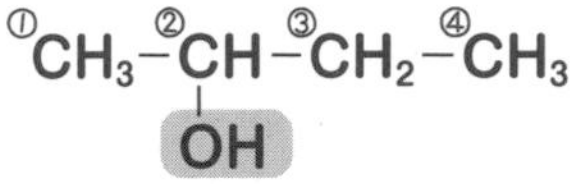

①CH₃-②CH-③CH₂-④CH₃
　　　OH

2-丁醇〈二級醇〉

①CH₃
CH₃-②C-**OH**
③CH₃

2-甲基-2-丙醇〈三級醇〉

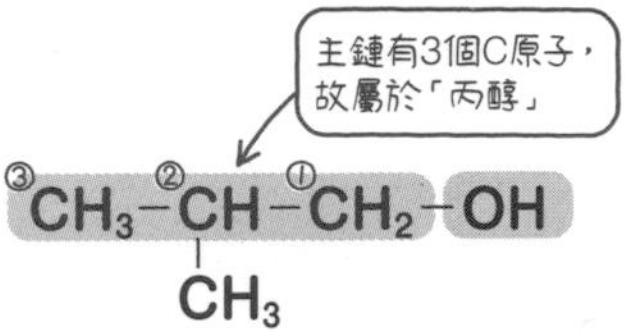

主鏈有3個C原子，故屬於「丙醇」

（2）若把醚算進去，則有7種結構異構物

　　除了上述異構物之外，丁醇還有3種結構異構物，故全部共有4（醇）＋3（醚）＝「7種」結構異構物。

　　■丁醇的異構物（醚）

CH₃-CH₂-**O**-CH₂-CH₃

乙醚

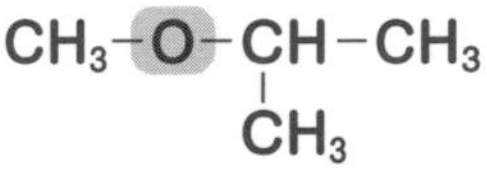

CH₃-**O**-CH-CH₃
　　　　CH₃

甲基異丙基醚

CH₃-**O**-CH₂-CH₂-CH₃

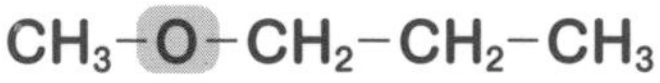

甲丙醚

（3）最常出的「2-丁醇」

　　二級醇的2-丁醇存在「鏡像異構物」。

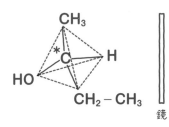

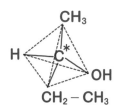

鏡

2-丁醇還會產生「碘仿反應」（p.234）。

$$CH_3-\underset{\underset{OH}{|}}{CH}-CH_2-CH_3$$

$$CH_3-\underset{\underset{O}{\|}}{C}-R \quad 或 \quad CH_3-\underset{\underset{OH}{|}}{CH}-R$$

的結構都會產生碘仿反應

（4）2-丁醇的分子內脫水

以濃硫酸為2-丁醇脫水後，會產生3種異構物（其中2種是順反異構物）。

雙鍵位於1號C的後面，故為「1-丁烯」

$$CH_3-CH-CH_2-CH_3 \xrightarrow{(-H_2O)①} \overset{①}{CH_2}=\overset{②}{CH}-\overset{③}{CH_2}-\overset{④}{CH_3}$$

1-丁烯

這2個部分會脫去1個 H_2O

$$CH_3-CH-CH_2-CH_3 \xrightarrow{(-H_2O)}$$
OH

這2個部分會脫去1個 H_2O

$$\underset{H}{\overset{CH_3}{\diagdown}}C=C\underset{H}{\overset{CH_3}{\diagup}}$$

順-2-丁烯

互為順反異構物

$$\underset{H}{\overset{CH_3}{\diagdown}}C=C\underset{CH_3}{\overset{H}{\diagup}}$$

反-2-丁烯

※順-2-丁烯、反-2-丁烯為主產物，1-丁烯為副產物（「**柴瑟夫規則**」→p.218）。

第27講 脂肪族化合物Ⅲ

羧酸與醇脫去1個水分子後得到的化合物稱為酯，通常帶有香味。食品中的油脂亦屬於「酯」。

1 酯

羧酸 與 醇 在<u>脫水縮合後會生成酯</u>。
RCOOH R′–OH   –H₂O   R–COO–R′

（1）酯的生成

羧酸與醇在脫水縮合（脫去水分子後鍵結在一起）後生成的化合物為「**酯**」。生成酯的反應稱為「**酯化**」。

$$R-\underset{\underset{OH}{|}}{\overset{\overset{O}{\|}}{C}} + HO-R' \xrightarrow[\text{酯化}]{(-H_2O)} R-\underset{\underset{O}{\|}}{C}-O-R'$$

羧酸　　　　　醇　　　　　　　　　　　酯鍵 酯

酯化時需用酸做為催化劑，而且酯化反應時會生成水，故合成酯時，會將羧酸、醇與「少量濃硫酸」混合加熱。因為濃硫酸具有脫水作用，也具有「酸」的催化劑功能。

$$CH_3-\underset{\underset{OH}{|}}{\overset{\overset{O}{\|}}{C}} + C_2H_5-OH$$

醋酸　　　　　　　　　乙醇

少量濃硫酸
（脫水、催化劑）

$$\xrightarrow[\text{酯化}]{(H^+)} CH_3-\underset{\underset{O}{\|}}{C}-O-C_2H_5 + H_2O$$

醋酸 ⟵ 乙醇

乙酸乙酯

這裡讓我們試著練習寫出「乙酸乙酯的示性式」吧。從分子左端寫起的話為「CH₃COOC₂H₅」，從分子右端寫起的話則是「C₂H₅OCOCH₃」。

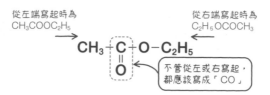

從左端寫起時為
CH₃COOC₂H₅

從右端寫起時為
C₂H₅OCOCH₃

$$CH_3-C-O-C_2H_5$$

不管從左或右寫起，都應該寫成「CO」

「C＝O」的順序必定會寫成「CO」。所以，酯鍵從左端寫起時為「COO」，從右端寫起時則是「OCO」。

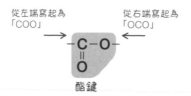

從左端寫起為「COO」

從右端寫起為「OCO」

酯鍵

日本大學入學考試的選擇題中，常出現分子的示性式，請注意不要看錯了！

專欄 **酯類常帶有果香**

酯類常帶有果實般的芳香，常用於製作香料，譬如乙酸戊酯就有著香蕉的香味。以下為數種天然果實中含有的酯類。

蘋果→丁酸甲酯（$C_3H_7COOCH_3$）
鳳梨→丁酸乙酯（$C_3H_7COOC_2H_5$）
香蕉→乙酸戊酯（$CH_3COOC_5H_{11}$）

（2）酯的水解

酯與少量酸（催化劑）混合，或者與鹼混合加熱後，會分解成羧酸與醇，稱為「水解反應」。其中，使用鹼基水解酯類時，稱為**皂化**。

$$CH_3COOC_2H_5 + H_2O \xrightarrow{\text{水解}} CH_3COOH + C_2H_5OH$$

乙酸乙酯　　　　　　　　　　　醋酸　　　　乙醇

$$CH_3COOC_2H_5 + NaOH \xrightarrow{\text{皂化}} CH_3COONa + C_2H_5OH$$

乙酸乙酯　　　　　　　　　　　醋酸鈉　　　乙醇
　　　　　　　　　　　　　　（羧酸的鹽類）

　　乙酸乙烯酯（→p.220）中具有酯鍵，經水解後應該會生成醋酸和乙烯醇，但因為乙烯醇不穩定，會直接轉變成乙醛，故最後生成「醋酸與乙醛」。

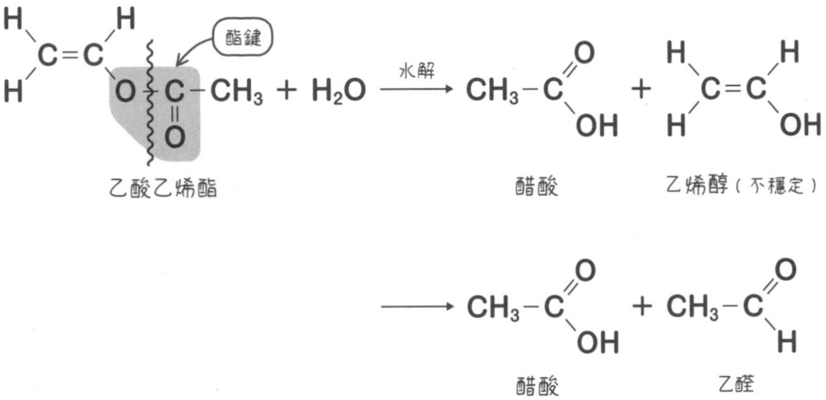

乙酸乙烯酯　　　　　　　　　醋酸　　　　乙烯醇（不穩定）

醋酸　　　　乙醛

（3）各種酯類

　　除了羧酸之外，其他「含氧酸」也可以形成酯類。譬如硫酸、硝酸、磷酸，皆可形成酯類。

　　舉例來說，「硝化甘油」就是甘油與硝酸反應生成的「酯類」。

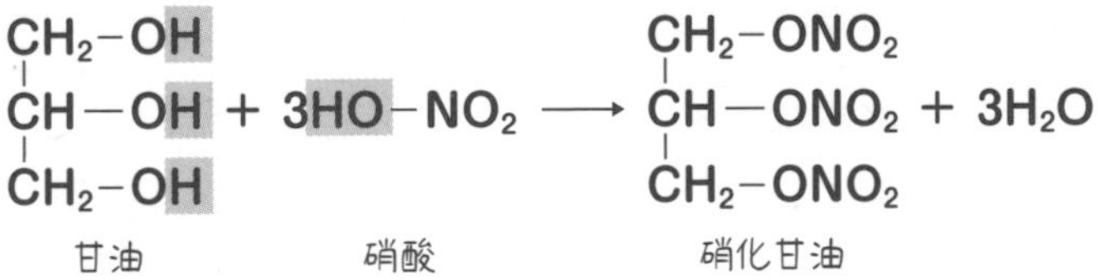

甘油　　　　　　　硝酸　　　　　　硝化甘油

示性式 $\begin{cases} \text{甘油：} C_3H_5(OH)_3 \\ \text{硝化甘油：} C_3H_5(ONO_2)_3 \end{cases}$

專 欄 硝化甘油的用途

　　硝化甘油有爆炸性，可用於製作矽藻土炸藥，卻也是心絞痛（心臟的冠狀動脈變細，使血液暫時停止流動的疾病）的治療藥物。硝化甘油可擴張血管，讓血液易於通過。

2 油脂

（1）油脂

速成重點！

油脂為**高級脂肪酸與甘油形成的酯類**。

　　3分子的高級脂肪酸與1分子的甘油鍵結而成的酯類就是「油脂」。天然高級脂肪酸的碳數介於12至26之間，其中又以16與18最多。

$$
\begin{array}{ccc}
CH_2-OH & HOOC-R^1 & CH_2-OCO-R^1 \\
CH-OH + & HOOC-R^2 \xrightarrow{(-3H_2O)} & CH-OCO-R^2 \\
CH_2-OH & HOOC-R^3 & CH_2-OCO-R^3
\end{array}
$$

甘油　　　高級脂肪酸　　　　　　　　油脂

酯鍵

　　油脂的高級脂肪酸中，如果所有碳碳鍵結都是單鍵，便屬於「飽和脂肪酸」；如果存在雙鍵，便屬於「不飽和脂肪酸」（→p.237）。舉例來說，硬脂酸為飽和脂肪酸，油酸、亞油酸、亞麻酸為不飽和脂肪酸。

■ 構成油脂的高級脂肪酸

飽和脂肪酸的一般式為 $C_nH_{2n+1}COOH$

構成油脂的脂肪酸		示性式	碳碳雙鍵
飽和脂肪酸	硬脂酸	$C_{17}H_{35}COOH$	0
不飽和脂肪酸	油酸	$C_{17}H_{33}COOH$	1
	亞油酸	$C_{17}H_{31}COOH$	2
	亞麻酸	$C_{17}H_{29}COOH$	3

　　油脂相當適合用於貯藏能量。1 g的澱粉或蛋白質完全燃燒時可產生16 kJ的熱；1 g油脂完全燃燒時則可產生37 kJ的熱，兩者相差約2.3倍。

① 脂肪與油

 速成重點！

脂肪→固態，多由**飽和脂肪酸**組成
油→液態，含大量**不飽和脂肪酸**

　　動物性油脂中含有大量飽和脂肪酸，熔點高，常溫下為固態。常溫下為固態的油脂稱為「脂肪（fat）」。另一方面，植物性油脂中含有大量不飽和脂肪酸，熔點較低，常溫下為液態。常溫下為液態的油脂稱為「油（fatty oil）」。

② 油

 速成重點！

依照**碳碳雙鍵由多至少**，可將油分成
乾性油、**半乾性油**、**不乾性油**。

　　若油的分子含有大量碳碳雙鍵，便容易被氧化、固化，稱為「**乾性油**」。若油的碳碳雙鍵較少，便不容易氧化、固化，稱為「**不乾性油**」。
　　「**半乾性油**」的性質介於兩者之間。

③ 氫化油

💡 **速成重點！**

油與氫加成反應後可得到**氫化油**。

　　油（液態）含有許多不飽和脂肪酸，在催化劑的作用下可與氫氣行加成反應，使不飽和脂肪酸變成飽和脂肪酸，轉變成脂肪（固態）。以這種方式得到的油脂稱為「**氫化油**」。

油（液態）　　　脂肪（固態）

不飽和　　　　　飽和

（2）油脂的性質

① 油脂的消化

💡 **速成重點！**

脂酶是油脂的消化酵素。

　　油脂不溶於水，胰液中卻有名為「脂酶」的酵素可以將油脂水解成甘油與高級脂肪酸。

$$C_3H_5(OCOR)_3 + 3H_2O \longrightarrow C_3H_5(OH)_3 + 3RCOOH$$
油脂　　　　　　　　　　　　甘油　　　高級脂肪酸

② 油脂的皂化

　　油脂與氫氧化鈉水溶液混合加熱後，會產生「**皂化**」反應，生成甘油與**肥皂**（詳情將於次頁說明）。

$$C_3H_5(OCOR)_3 + 3NaOH \longrightarrow C_3H_5(OH)_3 + 3RCOONa$$
油脂　　　　　　　　　　　　甘油　　　　　肥皂

③ 如何收集油脂

擠壓油菜花籽，從中收集菜籽油的方法，稱為「壓榨法」。用己烷等有機溶劑溶出菜籽、玉米、大豆油脂的方法稱為「萃取法」。以萃取法收集油脂的效率明顯較壓榨法高。

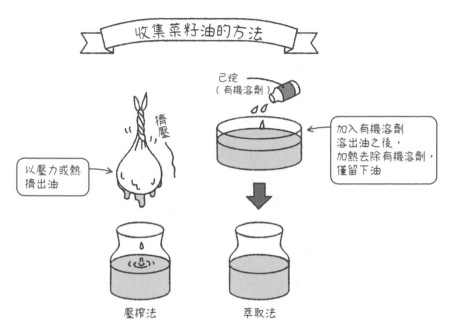

收集菜籽油的方法

己烷
（有機溶劑）

加入有機溶劑
溶出油之後，
加熱去除有機溶劑，
僅留下油

擠壓

以壓力或熱
擠出油

壓榨法　　　　萃取法

3 肥皂與合成清潔劑

（1）肥皂

將油脂與氫氧化鈉水溶液混合加熱後，油脂會**皂化**，分解成甘油與高級脂肪酸的鈉鹽，也就是「**肥皂**」。

$$
\begin{array}{l}
CH_2-OCO-R \\
CH-OCO-R + 3NaOH \xrightarrow{\text{皂化}} \\
CH_2-OCO-R
\end{array}
\quad
\begin{array}{l}
CH_2-OH \\
CH-OH + 3R-COONa \\
CH_2-OH
\end{array}
$$

油脂　　　　　　　　　　　　甘油　　　　　肥皂
　　　　　　　　　　　　　　　　　（高級脂肪酸的鈉鹽）

① 肥皂的結構

💡 **速成重點！**

肥皂可以分成**親水基**與**疏水基**。

　　肥皂分子要有什麼樣的結構，才能讓汙垢脫落呢？既然要用「水」洗掉「油汙」，就表示肥皂必須能夠同時與「油」與「水」結合。

　　肥皂分子擁有由烴基構成的「**疏水基**」，以及由羧基（因為是鹽類，故已離子化）構成的「**親水基**」。

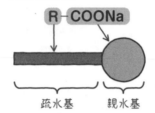

■肥皂的結構

R—COONa

疏水基　　親水基

② 肥皂的乳化作用

💡 **速成重點！**

肥皂會在水溶液中形成**微胞**，
可對油產生**乳化作用**（或稱為**洗淨作用**）。

　　肥皂水中的肥皂分子會排列成球狀膠體粒子，疏水基在內側，親水基在外側，稱為「**微胞**」。肥皂水之所以呈混濁狀，就是因為溶液中含有膠體粒子。

■肥皂水內的微胞

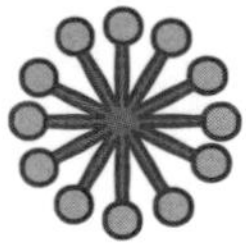

　　油水原本並不互溶，但在加入肥皂攪拌後，肥皂分子會用疏水基包住油滴，在水中散開。這個過程稱為「**乳化作用**」或「**洗淨作用**」。肥皂分子同時含有親油部分與親水部分，故「可以讓水洗掉油汙」。

■肥皂的乳化作用

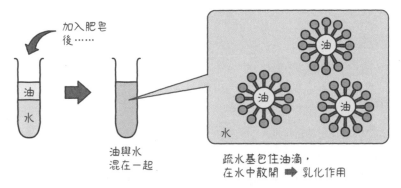

加入肥皂
後……

油

水

油與水
混在一起

疏水基包住油滴，
在水中散開 ➡ 乳化作用

水

參考.. 醋酸鈉可以用來製作肥皂嗎？

　　乍看之下，醋酸鈉同時擁有疏水基與親水基，那麼醋酸鈉可以作成肥皂嗎？

　　就疏水基而言，甲基太小，沒辦法發揮肥皂的作用。一般來說，疏水基的碳數要在10以上。

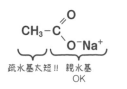

疏水基太短!!　親水基
　　　　　　　　OK

---

③ **肥皂的性質**

速成重點！

肥皂為**弱鹼性**。在硬水中，肥皂的**洗淨力會降低**。

　　肥皂為弱酸（高級脂肪酸）與強鹼（氫氧化鈉）所形成的鹽，在水溶液中會水解，呈弱鹼性。因為蛋白質遇到鹼會變性，故不能用肥皂來清洗動物性纖維（絲、羊毛等）。

$$R-COO^- + H_2O \xrightleftharpoons{水解} R-COOH + \underset{鹼性}{OH^-}$$

另外，高級脂肪酸的鈣鹽與鎂鹽難溶於水，故肥皂在含大量鈣離子或鎂離子的「硬水」中會沉澱，難以發揮作用，洗淨力會下降。

$$2R-COO^- + Ca^{2+} \longrightarrow (R-COO)_2Ca\downarrow$$
$$2R-COO^- + Mg^{2+} \longrightarrow (R-COO)_2Mg\downarrow$$

（2）合成清潔劑

① 合成清潔劑的結構與性質

合成清潔劑為**中性**，亦可在硬水中使用。

合成清潔劑的種類很多，烷基苯磺酸鈉（ABS）為代表性的合成清潔劑。合成清潔劑同樣擁有疏水基與親水基，故與肥皂一樣有洗淨能力。肥皂為弱鹼性，不過ABS清潔劑為強酸（磺酸）與強鹼（氫氧化鈉）所形成的鹽，故呈中性。

另外，合成清潔劑不會與鈣離子或鎂離子形成沉澱，故可在硬水中起泡，發揮洗淨作用。

■ **合成清潔劑**

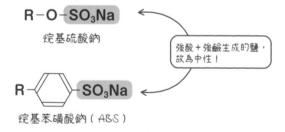

合成清潔劑中的烷基（R−）通常是十二烷基（$C_{12}H_{25}-$）。

參考.. 烷基硫酸鈉的合成

合成「烷基硫酸鈉」時，需先合成出醇與硫酸的酯。

$$R-OH + HO-SO_2-OH \xrightarrow{(-H_2O)} R-O-SO_3H$$

　　醇　　　　　　硫酸　　　　　　　　硫酸酯

以NaOH中和產物，便可得到烷基硫酸鈉。

$$R-O-SO_3H \xrightarrow{(+NaOH)} R-O-SO_3Na$$

② 界面活性劑

 速成重點！

肥皂與合成清潔劑皆擁有**界面活性作用**。

　　肥皂與合成清潔劑皆可減少水的表面張力，潤濕纖維等物質的表面。這種作用稱作「**界面活性作用**」，能產生這種作用的肥皂與合成清潔劑則稱為「**界面活性劑**」。舉例來說，若將毛線放在水面上，毛線會排開水而不會下沉。加入清潔劑後，毛線便會被水潤濕，沉到水面下。

毛線

水

表面張力會讓
毛線浮在水面！

加入清潔劑後……

溶有清潔劑的水

被水潤濕後，
毛線會下沉！

　清潔劑的輔助成分

除了擁有洗淨力的成分之外，市面上的清潔劑通常還會添加其他物質。

（1）洗淨輔助劑

①**碳酸鈉**：呈鹼性，可將游離的脂肪酸轉變成肥皂。

②**酵素**：額外添加可分解蛋白質與油脂的酵素。

③**沸石（鋁矽酸鹽）**：可吸收鈣離子與鎂離子，並釋放出鈉離子，以軟化水質。

④**聚丙烯酸鈉**：防止脫落的汙垢再度附著到衣物上。

（2）添加劑

為了讓泛黃的衣物看起來更白，還會添加「螢光劑」。

第**3**章

芳香族化合物

28講　芳香族化合物Ⅰ ································· p.256

29講　芳香族化合物Ⅱ ································· p.266

芳香族化合物 I

含有苯環的有機化合物稱為芳香族化合物。苯分子內有碳碳雙鍵，卻不容易產生加成反應，較容易產生取代反應。

💡 速成重點！

芳香族化合物是含有環狀不飽和碳氫化合物的苯環之化合物。

若苯環上有2個取代基，則有**3種結構異構物（位置異構物）**。

（1）芳香族化合物

含有苯環的化合物稱為「芳香族化合物」。

■ 芳香族化合物的例子

苯	硝基苯	鄰苯二甲酸

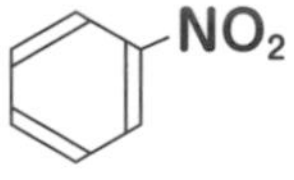

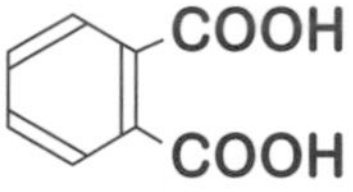

■ 脂肪族化合物的例子

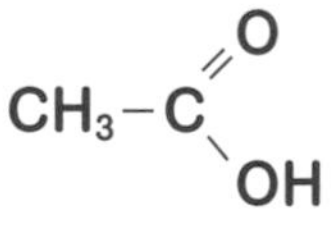

醋酸	2-丁醇	環己烷

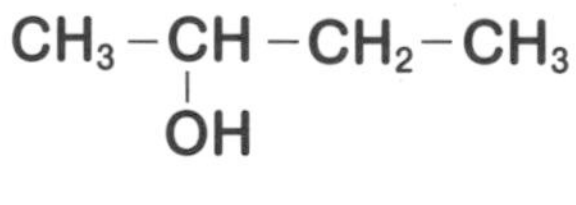

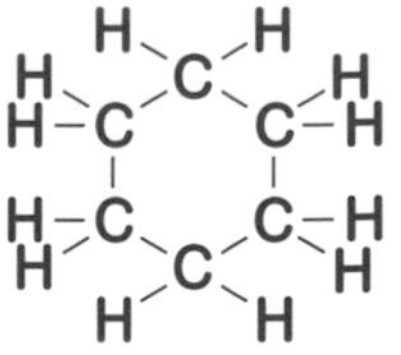

※考試時，不能將「有香味的分子」視為「芳香族化合物」。芳香劑多為「酯」，故看到題目出現「有香味的分子」時，應聯想到「酯」。

（2）苯

苯（C_6H_6）是芳香族中最基本的**環狀不飽和碳氫化合物**。除了提煉自石油之外，還能以鐵為催化劑，由乙炔合成出苯。

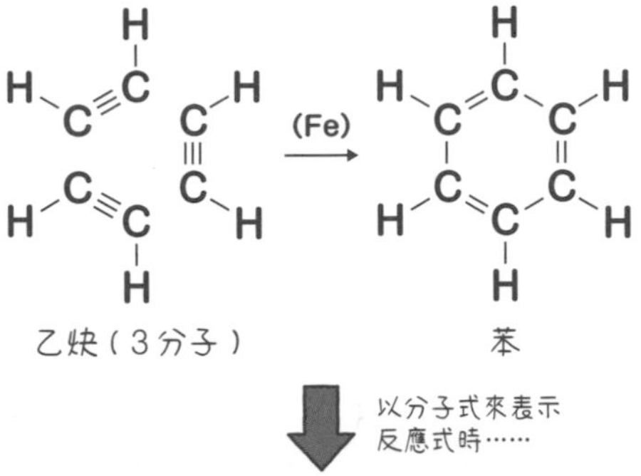

$$H-C\equiv C-H \quad \xrightarrow{\text{(Fe)}} \quad C_6H_6$$

乙炔（3分子）　　　　　　　　苯

以分子式來表示反應式時……

$$3C_2H_2 \longrightarrow C_6H_6$$

（3）苯的碳碳鍵強度與長度

碳碳鍵中最強的是碳碳三鍵，最短的也是碳碳三鍵。

> 鍵結力：　　　三鍵＞雙鍵＞單鍵
> 原子間距離：　單鍵＞雙鍵＞三鍵

由上述關係，或許會讓人覺得苯的分子形狀如下。

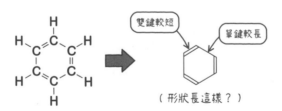

雙鍵較短

單鍵較長

（形狀長這樣？）

但這是錯的！事實上，苯為「正六邊形」。

所有邊的長度都相等

正六邊形!!

為什麼相鄰碳原子之間的距離都相等呢？因為苯是「**共振結構**」，會在2種結構之間快速變化。

　　這表示，相鄰碳原子的鍵結會「介於單鍵與雙鍵之間」，所以每個鍵的長度都相等。

■ 苯的共振結構

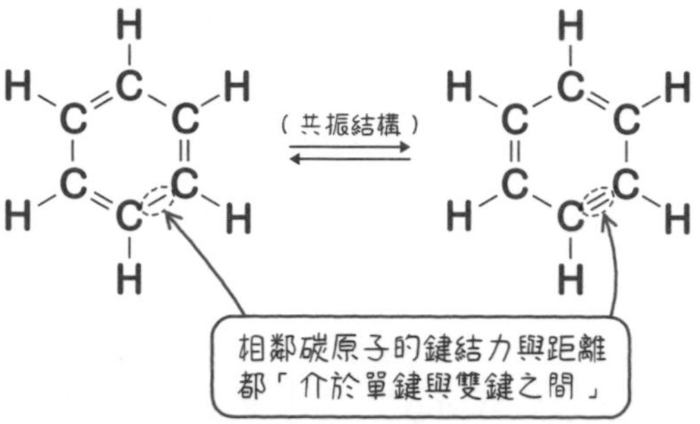

（共振結構）

相鄰碳原子的鍵結力與距離都「介於單鍵與雙鍵之間」

　　若將苯一起放進來比較，那麼碳碳鍵強度與原子間距離如下。

> 鍵結力：　　　三鍵>雙鍵>苯>單鍵
> 原子間距離：　單鍵>苯>雙鍵>三鍵

　　而且，苯的碳碳雙鍵並不是真正的雙鍵。所以「苯不容易產生加成反應」，反而氫原子容易被其他原子（或原子團）取代，也就是產生「取代反應」。因此，提到苯的反應時，主要是取代反應。

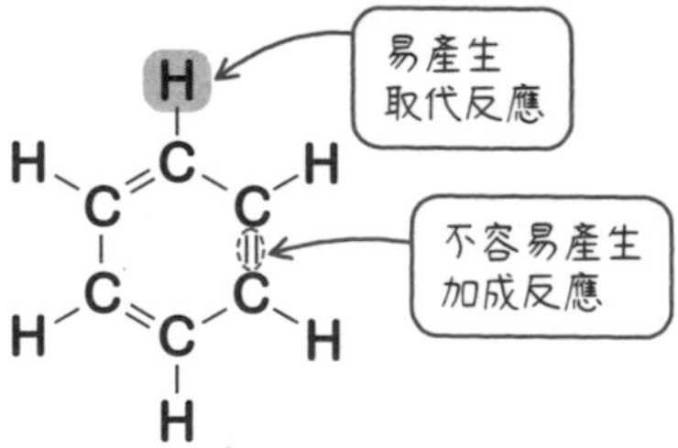

易產生取代反應

不容易產生加成反應

苯的正六邊形碳骨架稱為「**苯環**」。苯環的簡略結構式可表示如下。

■ **苯環的簡略結構式**

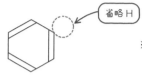

省略 H

※苯的碳碳鍵結皆相等，
　故苯環的結構式可畫成
　右圖的樣子。

（4）芳香烴

擁有苯環的碳氫化合物稱為「**芳香烴**」。

■ **芳香烴的例子**

苯（C_6H_6）　　　甲苯（C_7H_8）　　　乙苯（C_8H_{10}）

異丙苯（C_9H_{12}）　　　萘（$C_{10}H_8$）

苯乙烯（C_8H_8）　　　蒽（$C_{14}H_{10}$）

 萘的結構

　　上面例子中提到的「萘」的結構如下。萘與苯一樣都有共振結構，故難以產生加成反應。

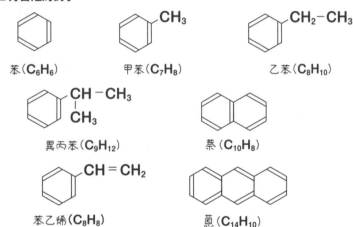

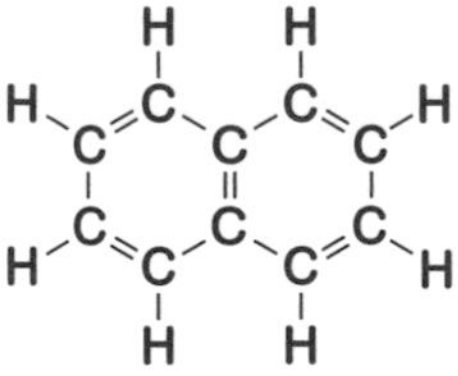

（5）由2個取代基造成的結構異構物（位置異構物）

當苯環有2個取代基時，依照取代基位置的不同，會產生3種結構異構物（此時特別稱為「位置異構物」）。

2個取代基相鄰時稱為「鄰（ortho）」，間隔一個碳時稱為「間（meta）」，在彼此對面時稱為「對（para）」。以二甲苯（C_8H_{10}）為例，3種位置異構物如下。

■二甲苯的結構異構物（位置異構物）

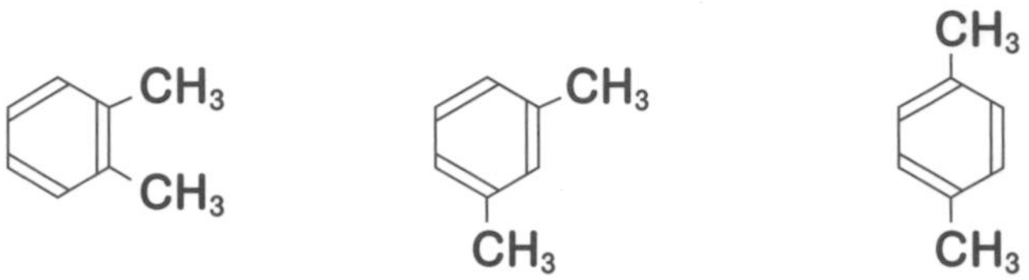

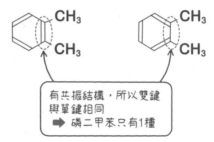

鄰二甲苯
(*o*-Xylene)　　　　間二甲苯
(*m*-Xylene)　　　　對二甲苯
(*p*-Xylene)

請觀察下方2種鄰二甲苯的結構式。注意到了嗎？雖然2種結構式的雙鍵位置不同，不過它們是「同一物質」。苯環有共振結構，所有碳原子都相等，所以磷二甲苯只有1種。

有共振結構，所以雙鍵與單鍵相同
➡ 磷二甲苯只有1種

2 苯的反應

💡**速成重點！**

苯較容易產生取代反應，不容易產生加成反應。
取代反應 → **鹵化**、**硝化**、**磺酸化**

如前所述，苯的反應以「**取代反應**」為主。

（1）鹵化

以鐵粉為催化劑，苯能與氯氣（Cl_2）或溴（Br_2）反應，使苯上的氫原子被氯原子或溴原子取代，生成「**氯苯（C_6H_5Cl）**」或「**溴苯（C_6H_5Br）**」，這個反應稱為「**鹵化**」。

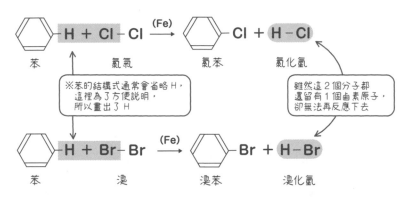

※苯的結構式通常會省略 H，這裡為了方便說明，所以畫出了 H

雖然這 2 個分子都還留有 1 個鹵素原子，卻無法再反應下去

苯　氯氣　氯苯　氯化氫

苯　溴　溴苯　溴化氫

（2）硝化

苯與濃硫酸及濃硝酸混合加熱後，氫原子會被硝基取代，生成「**硝基苯（$C_6H_5NO_2$）**」。這個反應稱為「**硝化**」。

$$苯 \quad H + HO-NO_2 \xrightarrow[\text{（濃硫酸）}]{硝化} \quad NO_2 + H_2O$$

硝基

用濃硫酸脫水

苯　硝酸　硝基苯

※濃硫酸有「脫水作用」。

（3）磺化

苯與濃硫酸混合加熱之後，氫原子會被磺酸基取代，生成「**苯磺酸（$C_6H_5SO_3H$）**」。這個反應稱為「**磺化**」。

$$苯 \quad H + HO-SO_2-OH \xrightarrow{磺化} \quad SO_3H + H_2O$$

磺酸基（強酸）

用濃硫酸脫水

苯　硫酸　苯磺酸

硫酸為2價強酸。而苯磺酸中，硫酸根的1個酸（—OH）用於和苯結合，另一個則留了下來，故苯磺酸為強酸性。

（4）加成反應

　　苯難以產生加成反應，不過在高壓，且鎳催化劑存在時，1個苯分子會與3個氫氣分子產生加成反應，生成「環己烷（C_6H_{12}）」。

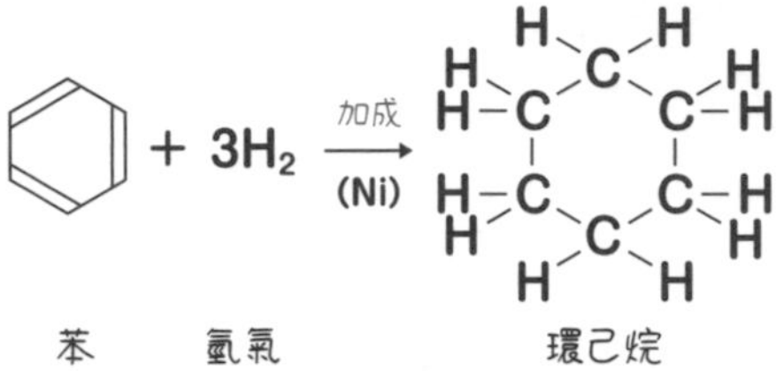

苯　　　氫氣　　　　　　　環己烷

　　另外，苯與氯氣混合，並以紫外線照射時，1個苯分子會與3個氯氣分子產生加成反應，生成「六氯環己烷（BHC）（$C_6H_6Cl_6$）」。

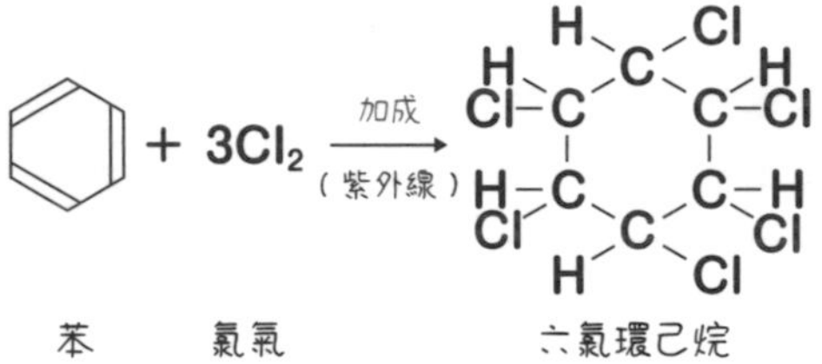

苯　　　氯氣　　　　　　六氯環己烷

3 苯酚類

💡 **速成重點！**

苯酚為**苯環與羥基直接相連**的化合物。

製造方法 → **異丙苯法**、氯苯的**水解**、苯磺酸鈉的**鹼熔**

（1）苯酚

　　苯環與羥基「直接相連」的化合物稱為「**苯酚**」。含有苯酚結構的化合物，統稱為「**苯酚類**」。

　　苯酚類的羥基帶有弱酸性（比碳酸還弱的弱酸，醇的羥基則是中性）。另外，苯酚類分子與$FeCl_3$（氯化鐵（Ⅲ））水溶液混合時會呈現紫色。

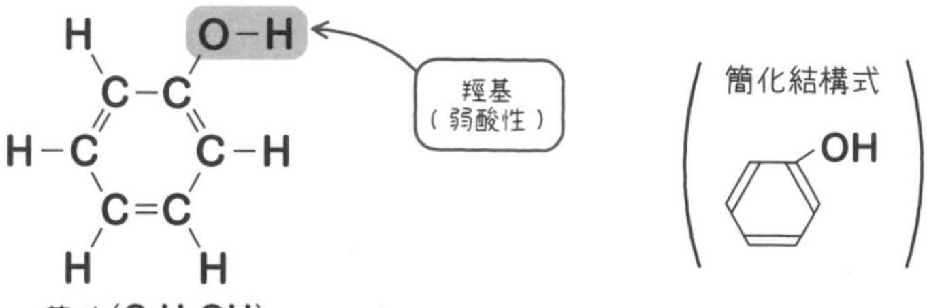

羥基
（弱酸性）

簡化結構式

苯酚（C_6H_5OH）

　　苯酚類分子的羥基呈弱酸性，但下列結構式中的「**苯甲醇**」則為中性。與氯化鐵（Ⅲ）水溶液混合時也不會呈現顏色。

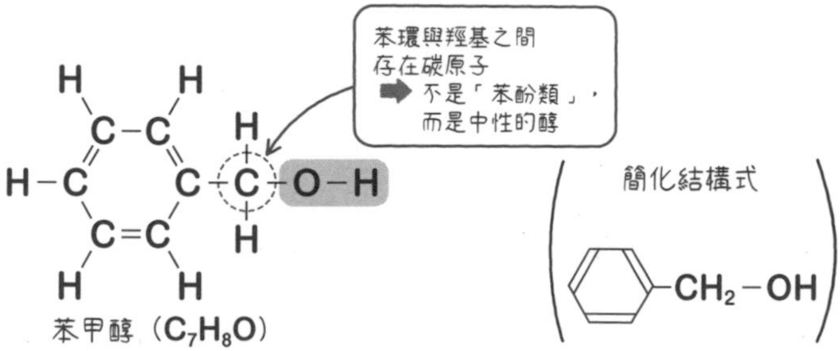

苯環與羥基之間
存在碳原子
➡ 不是「苯酚類」，
而是中性的醇

簡化結構式

苯甲醇（C_7H_8O）

　　苯環必須「直接」與羥基相連，分子才會呈弱酸性，與氯化鐵（Ⅲ）水溶液混合時才會呈現紫色。苯甲醇的羥基與苯環之間夾了1個碳原子，並沒有直接相連，所以就像苯甲醇這個名字一樣，只是醇而非苯酚。

參考 苯酚原文phenol的由來

C_6H_5—叫做「苯基（phenyl）」。我們在醇的章節中介紹過羥基（→第26講 **1**），醇的原文語尾「-nol」便代表羥基，譬如甲醇為methanol，乙醇為ethanol。苯基phenyl加上羥基nol之後，就會得到「苯酚phenol」。

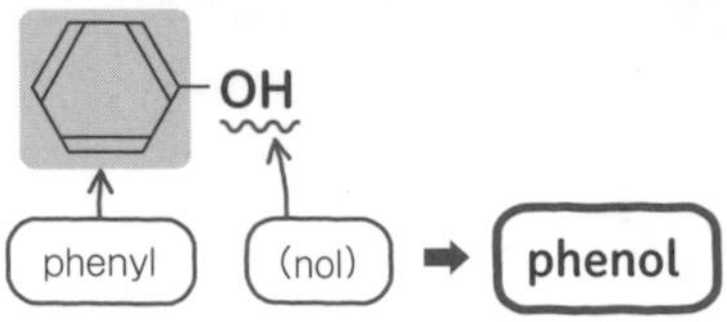

OH
phenyl
(nol)
phenol

苯酚類中的**甲酚**（C_7H_8O）就存在3種不同的結構異構物（位置異構物）。

■ **甲酚的結構異構物（位置異構物）**

CH3
OH
鄰甲酚
CH3
OH
間甲酚
CH3
OH
對甲酚

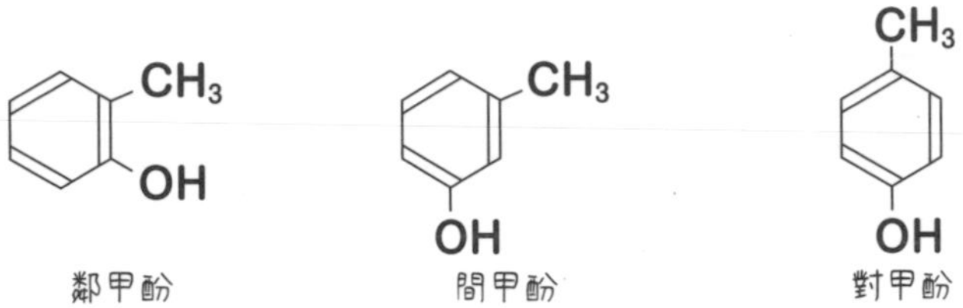

（2）苯酚的製造

① 異丙苯法

丙烯與苯進行加成反應後會生成「**異丙苯**」。異丙苯在空氣中氧化後會變成「過氧化氫異丙苯（cumene hydroperoxide）」，接著加入稀硫酸，就會分解成苯酚與丙酮。這種方法稱為「**異丙苯法**」。

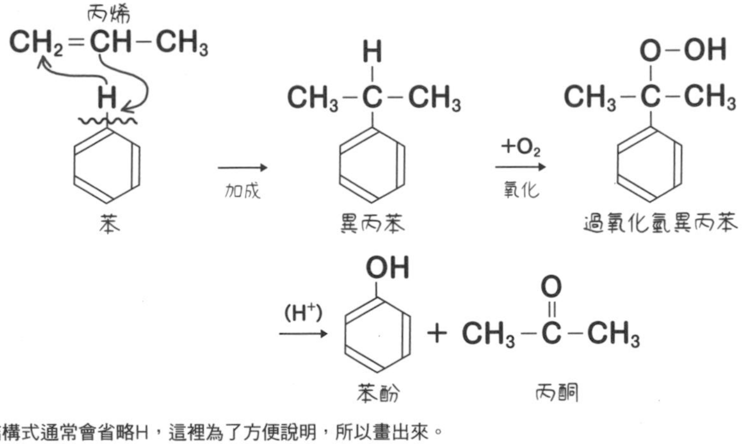

丙烯
CH2=CH−CH3
H
苯
加成
H
CH3−C−CH3
異丙苯
+O2
氧化
O−OH
CH3−C−CH3
過氧化氫異丙苯
(H+)
OH
苯酚
+
O
CH3−C−CH3
丙酮

※苯的結構式通常會省略H，這裡為了方便說明，所以畫出來。

什麼是cumene hydroperoxide?

　　「peroxide」是「過氧化物」的意思。Cumene hydroperoxide（過氧化氫異丙苯）分子的一部分確實是過氧化氫般的結構。

$$H-O-O-H$$

過氧化氫

② 氯苯的水解

　　高溫高壓下混合氯苯與濃氫氧化鈉水溶液時，會「**水解**」生成苯酚。不過鹼性環境下，實際上生成的是苯酚鈉。加入碳酸或鹽酸，使其轉變成酸性後，就會生成苯酚。

氯苯 $\xrightarrow[\text{高溫高壓}]{\text{NaOH}}$ 苯酚鈉 $\xrightarrow[\text{(CO}_2\text{ 或 HCl)}]{\text{酸性}}$ 苯酚

③ 苯磺酸鈉的鹼熔

　　將苯磺酸與氫氧化鈉水溶液混合後，會發生中和反應並生成「苯磺酸鈉」（由強酸與強鹼生成的鹽，故為中性）。混合苯磺酸鈉與**固態氫氧化鈉**，加熱至300℃時，會分解成苯酚鈉。這個反應稱為「**鹼熔**」。

　　苯酚鈉與碳酸或鹽酸混合後，就會生成苯酚。

苯磺酸〈強酸〉 $\xrightarrow[\text{中和}]{\text{+NaOH}_{(aq)}}$ 苯磺酸鈉〈中性〉

$\xrightarrow[\text{鹼熔}]{\text{+NaOH}_{(s)}}$ 苯酚鈉 $\xrightarrow[\text{(CO}_2\text{ 或 HCl)}]{\text{酸性}}$ 苯酚

第29講 芳香族化合物 Ⅱ

芳香族化合物經過各式各樣的反應後，可製成染料或醫藥品的原料。這是考試常出範圍，請牢記各種反應途徑與物質名稱。

1 苯胺

> 速成重點！
>
> 苯胺為**苯環加上胺基**。
> 由硝基苯製造而來，是偶氮染料的原料。

（1）苯胺

苯環加上胺基的化合物稱為「**苯胺**」（含有胺基的化合物稱為「某某胺」）。胺基呈弱鹼性。

胺基
（弱鹼性）

簡化結構式

苯胺（C_6H_7N）

苯胺易被氧化，與漂白粉（→p.163）混合後會呈紫色；與二鉻酸鉀混合後會呈黑色（可用於染料，稱為「**苯胺黑**」）。

呈紫色 ← 漂白粉 — 苯胺 — $K_2Cr_2O_7$ → 黑色染料（苯胺黑）

（2）苯胺的製造

硝基苯與錫、鹽酸混合加熱時，硝基苯會被還原（氧化劑為硝基苯，還原劑為錫）。由於苯胺為鹼性，故上述反應會生成苯胺與鹽酸的鹽類（稱為「苯胺鹽酸鹽」）。接著再加入氫氧化鈉就會生成苯胺。

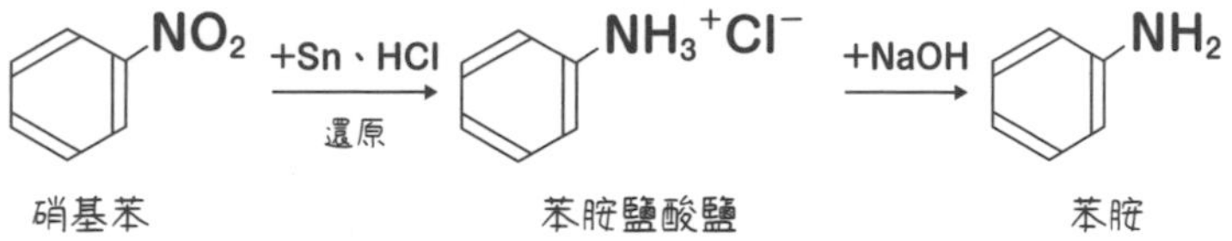

有機化合物通常難溶於水（可想像成油），但在生成鹽類而離子化之後，就會變得易溶於水。

讓我們來詳細看看苯胺鹽酸鹽轉變成苯胺的過程。苯胺鹽酸鹽為水溶性鹽類，但在與氫氧化鈉混合後會生成「油性」的苯胺，使液體「變得混濁」。這時再加入醚（苯胺為油性，故可溶於醚中），就可以萃取出苯胺。

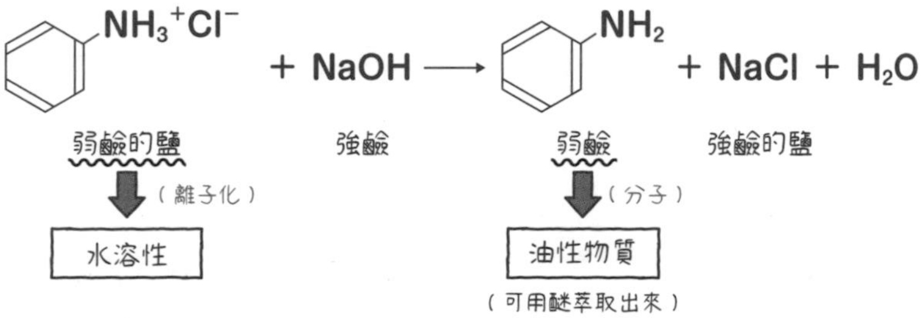

（3）醯胺的生成

胺與羧酸脫水反應後會生成「醯胺鍵」。含有醯胺鍵的化合物稱為「醯胺」。

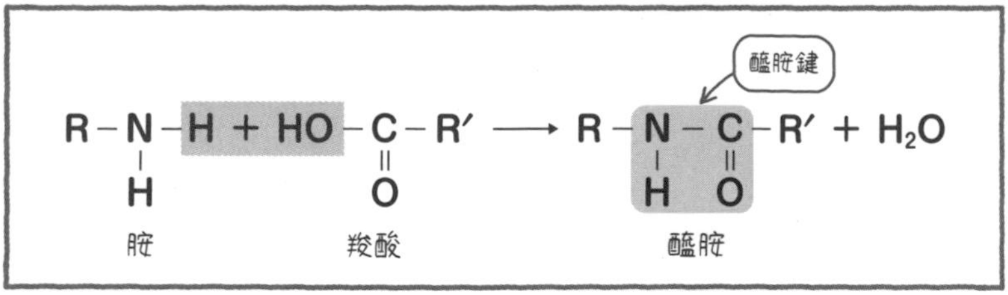

苯胺與醋酸脫水縮合後會生成「**乙醯苯胺**」。

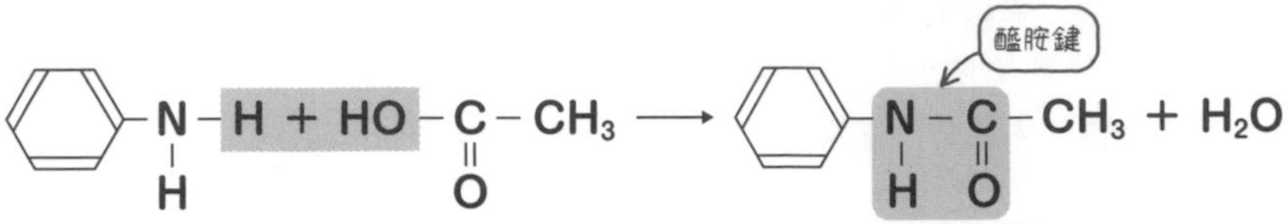

苯胺 　　　　醋酸 　　　　　　　　乙醯苯胺〈白色結晶〉

實際製造乙醯苯胺時會使用醋酸酐。因為這是脫水縮合反應，使用本身就少了1個水分子的醋酸酐來反應的話效率更好。

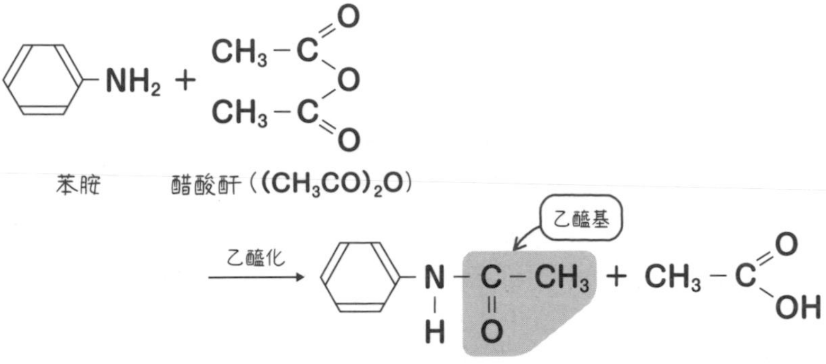

苯胺 　　　醋酸酐（(CH$_3$CO)$_2$O）

乙醯苯胺 　　　　　　　　醋酸

這個反應會為反應物加上乙醯基，故稱為「**乙醯化**」。會用到醋酸酐的反應，都是「乙醯化」反應。

（4）偶氮染料的合成

苯胺溶於鹽酸中，在低溫環境中（約5℃）與亞硝酸鈉溶液混合，會生成「**氯化重氮苯**」。這個反應稱為「**重氮化**」。

苯胺 　　　　　鹽酸 　　　亞硝酸鈉

氯化重氮苯

氯化重氮苯相當不穩定，加熱後會分解出氮氣，生成苯酚。

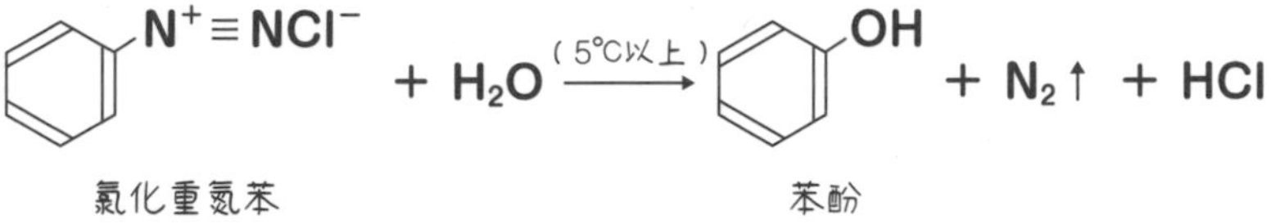

$$\text{氯化重氮苯} + H_2O \xrightarrow{\text{（5℃以上）}} \text{苯酚} + N_2\uparrow + HCl$$

氯化重氮苯　　　　　　　　　　　　　　　苯酚

氯化重氮苯水溶液與苯酚鈉混合後，會生成「**對羥偶氮苯**」，這個反應稱為「**偶聯反應**」。

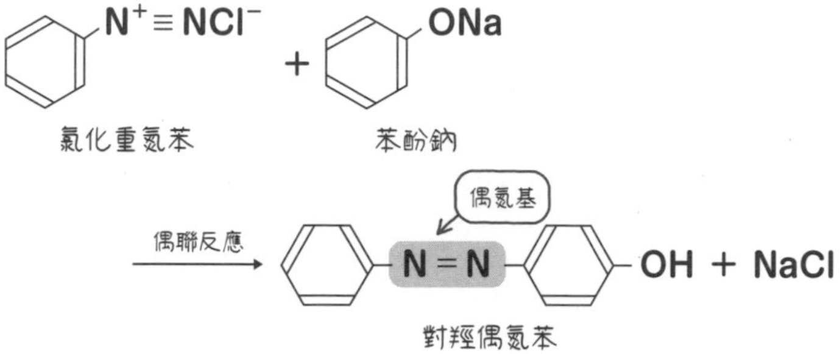

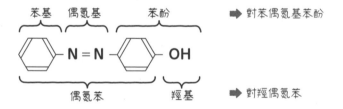

偶氮基

氯化重氮苯　　　　　苯酚鈉

偶聯反應 ——→ 　N = N　 — OH ＋ NaCl

對羥偶氮苯

對羥偶氮苯也叫做對苯偶氮基苯酚，為橙紅色染料。因為擁有**偶氮基**（發色團為「偶氮基」），故一般稱為「**偶氮染料**」。

苯基　偶氮基　　苯酚　　　　➡ 對苯偶氮基苯酚

— N = N — 　 — OH

偶氮苯　　　　　羥基　　　　➡ 對羥偶氮苯

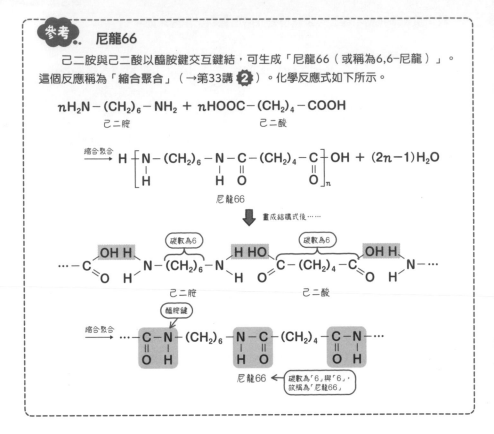

參考 **尼龍66**

　　己二胺與己二酸以醯胺鍵交互鍵結，可生成「尼龍66（或稱為6,6-尼龍）」。
這個反應稱為「縮合聚合」（→第33講 **2**）。化學反應式如下所示。

$$n\text{H}_2\text{N}-(\text{CH}_2)_6-\text{NH}_2 + n\text{HOOC}-(\text{CH}_2)_4-\text{COOH}$$

己二胺　　　　　　　　　　　　己二酸

$$\xrightarrow{\text{縮合聚合}} \text{H}\left[\text{N}-(\text{CH}_2)_6-\text{N}-\overset{\text{O}}{\underset{\|}{\text{C}}}-(\text{CH}_2)_4-\overset{\text{O}}{\underset{\|}{\text{C}}}\right]_n\text{OH} + (2n-1)\text{H}_2\text{O}$$

尼龍66

畫成結構式後……

己二胺　　　　　　己二酸

醯胺鍵

尼龍66　　碳數為「6」與「6」，故稱為「尼龍66」

2 芳香族羧酸

（1）安息香酸

　　若苯環上的碳原子上接有羧基，便稱為「**芳香族羧酸**」。其中，苯環上接有1個羧基的化合物稱為「**安息香酸**」。

安息香酸（$C_7H_6O_2$）

簡化結構式

羧基

安息香酸的生成

甲苯經過錳酸鉀氧化後可生成安息香酸。其他像是苯甲醇或乙苯，氧化後亦可得到安息香酸。

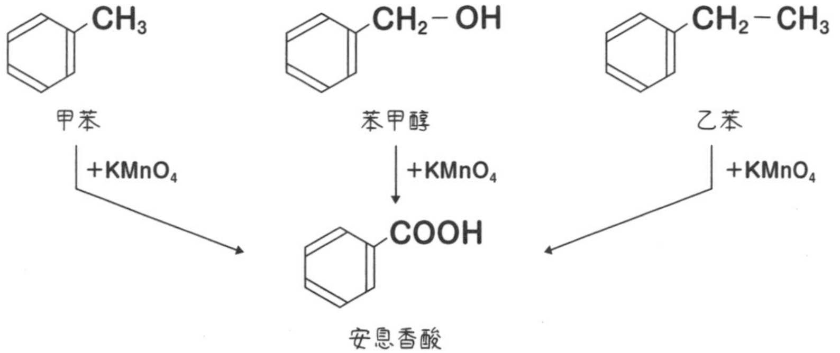

甲苯經過錳酸鉀氧化後可生成安息香酸。

苯甲醇為一級醇，理所當然地，一級醇氧化後會先變成醛（稱為「苯甲醛」），再轉變成羧酸。

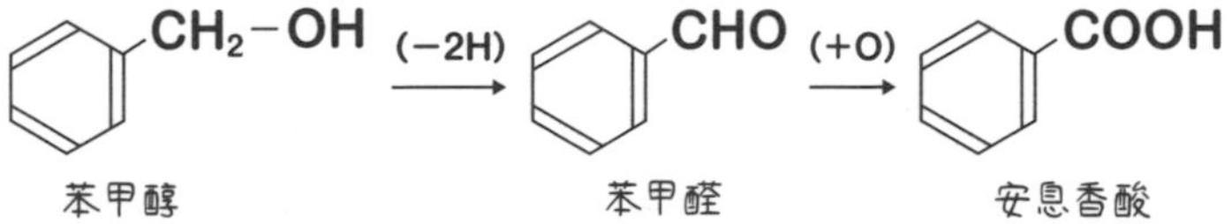

以乙苯為反應物時，末端的碳原子會轉變成二氧化碳脫離。整個碳原子都被拔走，可見過錳酸鉀的氧化力相當強。

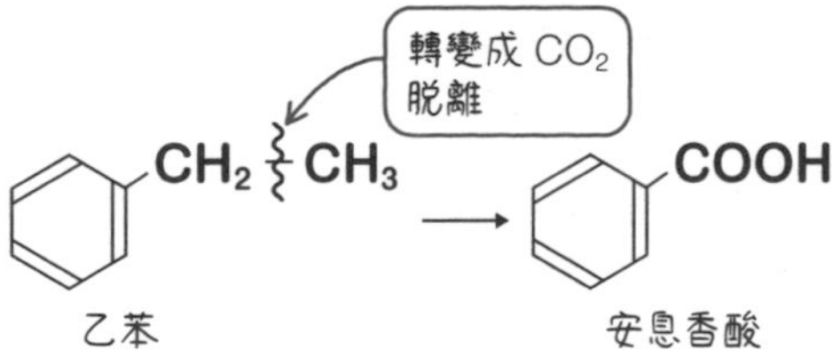

(2) 水楊酸

苯環在相鄰碳上分別接有羧基與羥基的化合物，稱為「**水楊酸**」。水楊酸擁有羧酸的性質，同時也擁有苯酚（能與氯化鐵（Ⅲ）水溶液反應，呈現出紫紅色）的性質。

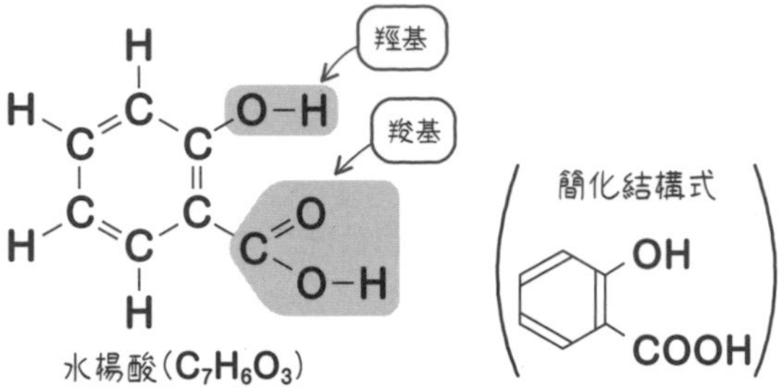

羥基
羧基
簡化結構式
OH
COOH
水楊酸($C_7H_6O_3$)

① 水楊酸的生成

高溫高壓（125℃、400～700 kPa）下，苯酚鈉會與二氧化碳反應生成「水楊酸鈉」。再加入稀鹽酸後，會生成水楊酸。

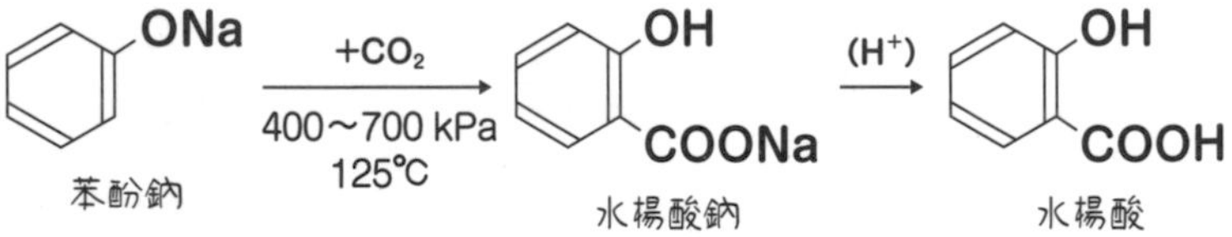

ONa
$+CO_2$
400～700 kPa
125℃
OH
COONa
(H^+)
OH
COOH
苯酚鈉
水楊酸鈉
水楊酸

如果反應時沒有「加熱、加壓」的話，苯酚鈉會變回苯酚，使水楊酸鈉的產率降低（因為苯酚為酸性比碳酸弱的弱酸）。

ONa
$+ CO_2 + H_2O \longrightarrow$
OH
$+ NaHCO_3$
（碳酸）
苯酚鈉
（苯酚的鹽）
苯酚
碳酸氫鈉
（碳酸的鹽）

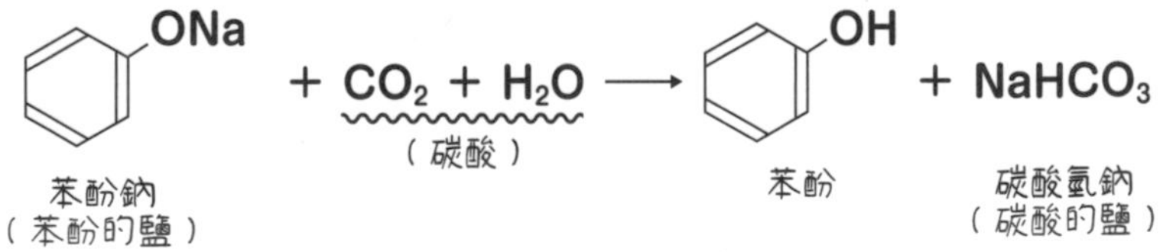

② 水楊酸的反應

水楊酸擁有羥基與羧基，故可形成酯。

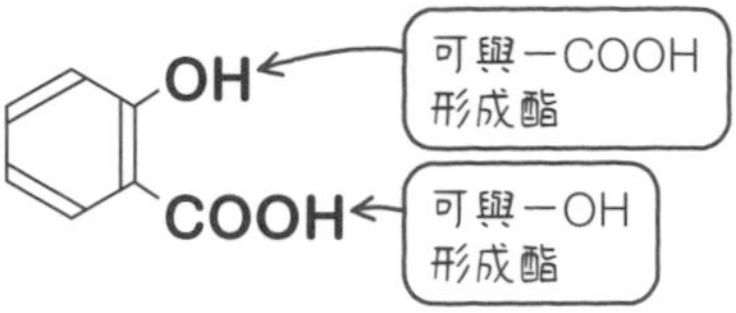

（ⅰ）水楊酸甲酯

水楊酸與甲醇及少量濃硫酸混合加熱後會「酯化」，生成「**水楊酸甲酯**」。可用做消炎止痛劑（痠痛藥布等）。

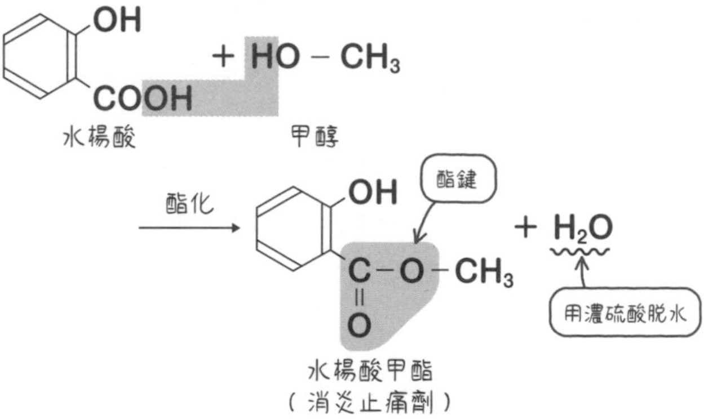

（ⅱ）乙醯水楊酸

水楊酸與醋酸以酯鍵結合，可生成「**乙醯水楊酸**」。乙醯水楊酸又叫做「阿斯匹靈」，可用做解熱鎮痛劑。

實際製造乙醯水楊酸時，會用醋酸酐與水楊酸反應。酯化為脫水反應，使用本身就少了1個水分子的醋酸酐來反應的話效率更好。

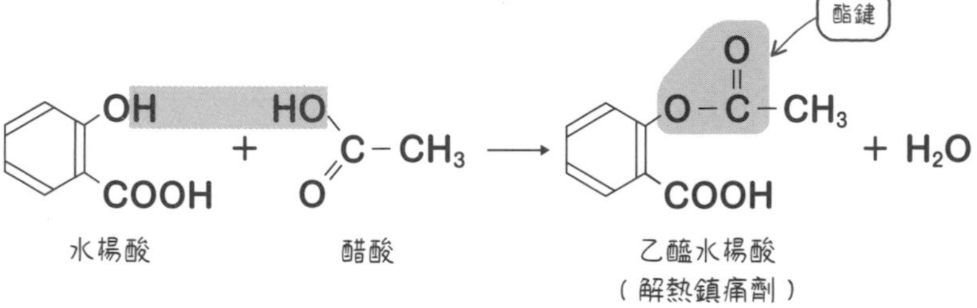

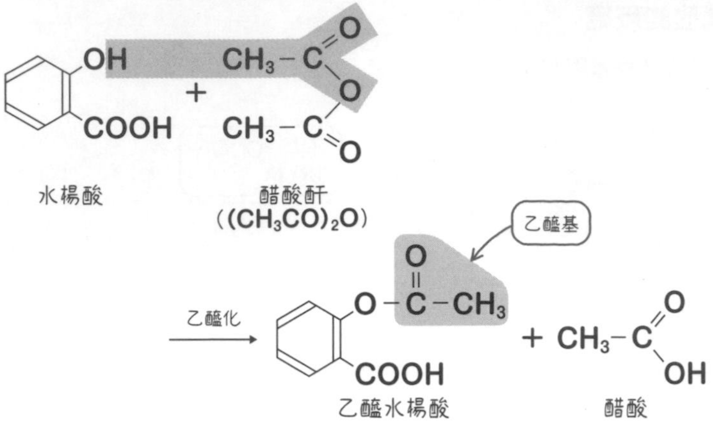

水楊酸　　　　　　　　醋酸酐
　　　　　　　　　　（(CH₃CO)₂O）

乙醯基

乙醯化

乙醯水楊酸　　　　　醋酸

這個反應會為反應物加上乙醯基，故稱為「**乙醯化**」。會用到醋酸酐的反應，都是「乙醯化」反應（→p.268）。

（3）鄰苯二甲酸

苯的相鄰碳上分別接有1個羧基時，稱為「**鄰苯二甲酸**」。若2個羧基間隔1個碳，為「**間苯二甲酸**」；2個羧基在彼此對面時，則是「**對苯二甲酸**」。

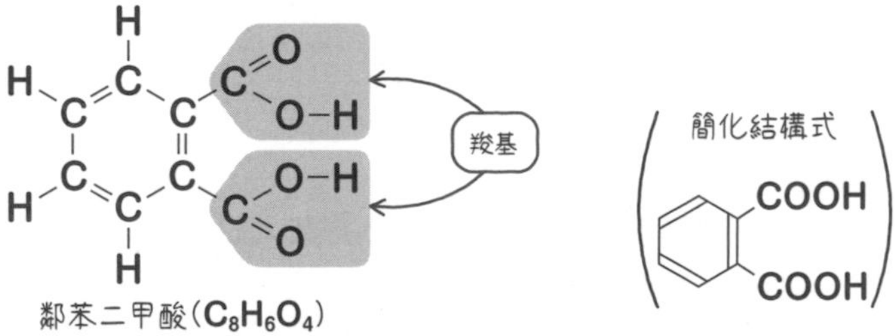

羧基

簡化結構式

$$COOH$$
$$COOH$$

鄰苯二甲酸（$C_8H_6O_4$）

■鄰苯二甲酸的結構異構物（位置異構物）

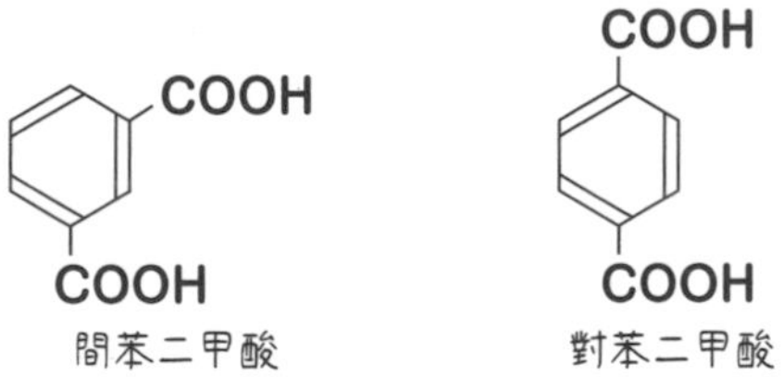

間苯二甲酸　　　　　對苯二甲酸

鄰苯二甲酸的2個羧基靠得很近，加熱後容易失去水分，變成「**鄰苯二甲酸酐**」。

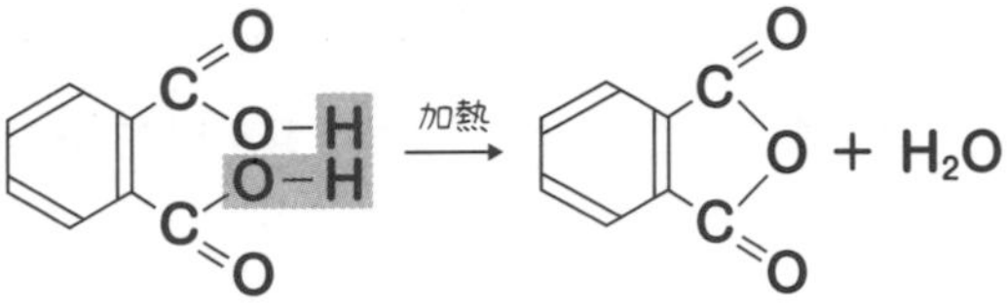

鄰苯二甲酸　　　　　　　　鄰苯二甲酸酐

醋酸酐、馬來酸酐、鄰苯二甲酸酐皆屬於「**酸酐**」（p.239）。

鄰苯二甲酸的生成

鄰二甲苯或鄰甲基苯甲酸經過錳酸鉀氧化後，可生成鄰苯二甲酸。。

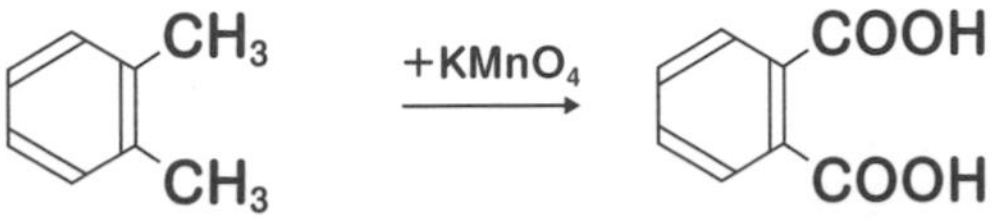

磷二甲苯　　　　　　　　　鄰苯二甲酸

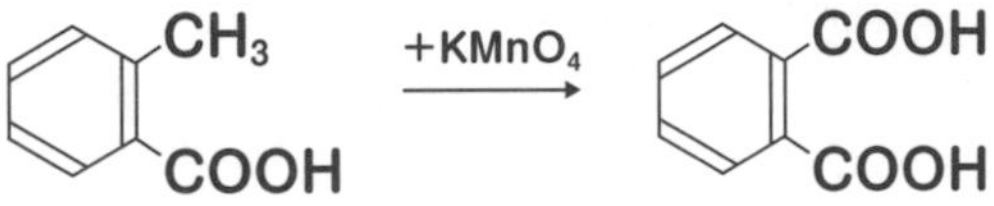

鄰甲基苯甲酸　　　　　　　鄰苯二甲酸

苯環不易起氧化反應。但在氧化釩（Ⅴ）（V_2O_5）存在時，苯環會被空氣氧化，生成馬來酸酐；萘則會被氧化成鄰苯二甲酸酐。

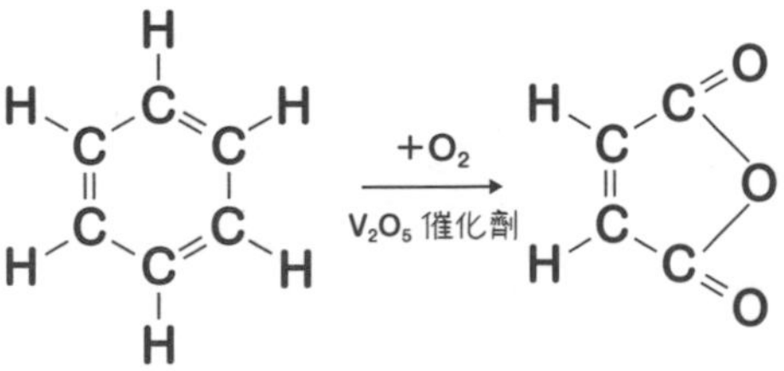

苯　　　　　　　　　　　馬來酸酐

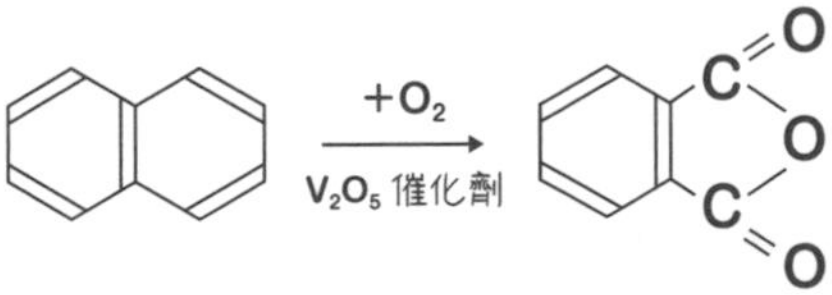

萘　　　　　　　　　　　鄰苯二甲酸酐

（4）聚酯

對苯二甲酸與乙二醇以酯鍵交互結合，可生成「**聚對苯二甲酸乙二酯（PET）**」。這是邊脫水（縮合）邊聚合的反應，故屬於「**縮合聚合**」反應（→第33講 **2**）。

對苯二甲酸　　　　　　　乙二醇

酯鍵

$(-H_2O)$

縮合聚合

聚對苯二甲酸乙二酯（PET）

畫成化學反應式……

$$n\text{HOOC} - \langle\!\!\!\rangle - \text{COOH} + n\text{CH}_2 - \text{CH}_2$$
$$\qquad\qquad\qquad\qquad\quad | \qquad |$$
$$\qquad\qquad\qquad\qquad\ \text{OH} \quad \text{OH}$$

對苯二甲酸　　　　　　　　乙二醇

$$\xrightarrow{\text{縮合聚合}} \text{HO} \left[\begin{matrix} \text{C} \\ \| \\ \text{O} \end{matrix} - \langle\!\!\!\rangle - \begin{matrix} \text{C} \\ \| \\ \text{O} \end{matrix} - \text{O} - \text{CH}_2 - \text{CH}_2 - \text{O} \right]_n \text{H} + (2n-1)\text{H}_2\text{O}$$

聚對苯二甲酸乙二酯（PET）

聚對苯二甲酸乙二酯可製成合成纖維，用於衣物原料；還可製成塑膠，做為PET寶特瓶的原料（→p.339、342、363）。

像是聚對苯二甲酸乙二酯這種分子內有許多酯鍵的高分子化合物，稱為「**聚酯**」。

苯有幾種三取代物？

　　若苯的6個氫原子中，有3個被其他原子（或原子團）取代，便稱為「三取代物」。

　　二取代物有3種（鄰、間、對）排列方式，那麼三取代物有幾種排列方式呢？

①取代基為X-、X-、X-時

　　如果3種取代基都相同，會有幾種排列方式呢。就算試著畫出幾種排列方式，旋轉後卻可能發現有幾種排列方式重複，所以這裡應該要關注苯上的「間隔」。

　　所謂的「間隔」，指的是沒有取代基的碳，也就是仍與氫原子鍵結的碳。有3個取代基，間隔就有6－3＝3〔個〕。在「環狀」分子上分配3個間隔，共有以下3種分配方式。

　　這3種分配方式分別對應以下3種結構式。

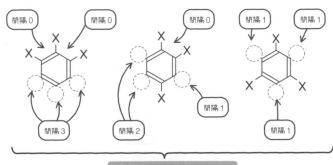

共有 3 種分配方式 !!

　　要憑空畫出這3種排列方式並不困難，但畫出這3種排列後，可能會讓人覺得還存在第4種。用上述方法系統性地整理出各種排列方式後，便可確定不存在第4種排列。

②取代基為X-、X-、Y-時

　　如果取代基中有2個相同，第3個與前2個不同時，會有幾種排列方式呢？此時可先畫出2個「X-」，這2個取代基存在「鄰、間、對」等3種可能。

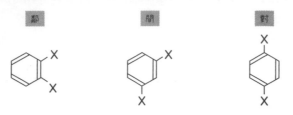

接著加上「Y−」。此時還剩下4個氫，乍看之下應該各有4種可能排列，但在考慮到對稱性之後，X為鄰位時有2種可能排列；X為間位時有3種可能排列；X為對位時有1種可能排列。故總共有2＋3＋1＝6〔種〕。

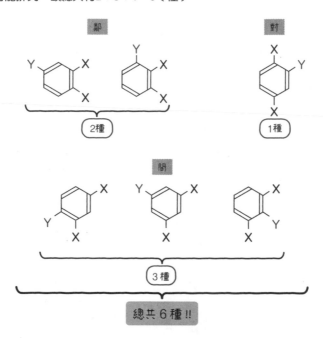

※ 以間位為例，間位有2條對稱軸，不管Y接在4個位置中的哪個位置，結構式都相同。

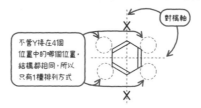

③取代基為X−、Y−、Z−時

　　如果3個取代基各不相同，會有幾種排列方式呢？這裡我們先排出「X−、Y−」的位置。這2個取代基同樣會有「鄰、間、對」等3種排列方式。

278

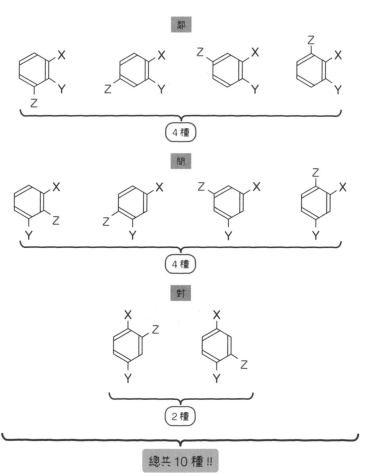

接著加上「Z–」。此時還剩下4個氫，原則上應該各有4種可能排列。X–與Y–為鄰位或間位時沒有對稱性，故「Z–」接在不同位置時，皆能得到4種可能排列；但X–與Y–為對位時有對稱性，故「Z–」只有2種接法。因此，總共有4＋4＋2＝10〔種〕排列方式。

（5）芳香族化合物的分離

🔆 **速成重點！**

芳香族化合物的分離過程中，重點在於**「分子」會移動到有機層**，**「鹽」會移動到水層**。

「分液漏斗」這種器材可用於芳香族等有機化合物的分離。我們會讓漏斗內的物質分成上方的「有機層」與下方的「水層」，再行分離。

■ 以分液漏斗分離物質

有機化合物多為油性物質，其「分子」難溶於水，較易溶於乙醚中（有機層）。

另一方面，酸鹼中和生成「鹽」之後，會在水中解離，使其易溶於水，卻難以溶於乙醚中。

也就是說，「分子」會溶於有機層，「鹽」則會溶於水層。故只要在溶解完畢後，打開「分液漏斗」的拴，使下層液體流出，就可以分開有機層溶液與水溶液，完成「分離」。

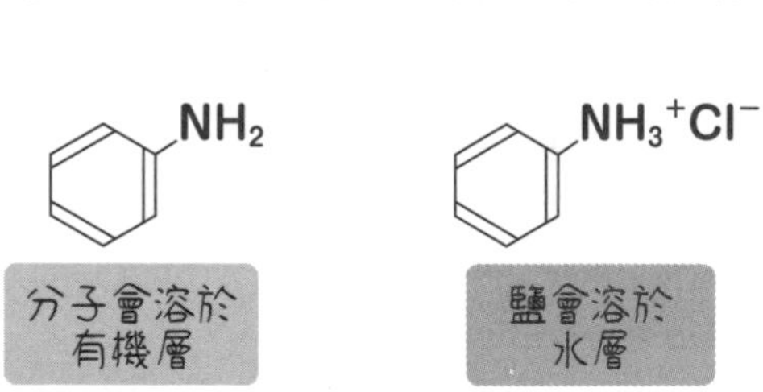

這裡讓我們再確認一次「酸的強度關係」。羧酸為弱酸，但酸性在有機物質中相對較強，酸性由強到弱依序為羧酸＞碳酸＞苯酚。

■ 酸的強度

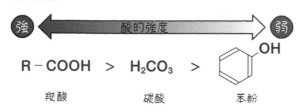

強 ← 酸的強度 → 弱

$$R-COOH \quad > \quad H_2CO_3 \quad > \quad \text{（苯酚）OH}$$

　　　羧酸　　　　　　碳酸　　　　　　苯酚

　　舉例來說，將安息香酸鈉與苯酚鈉的水溶液（兩者都是鹽，皆可溶於水中）與乙醚混合，再通入二氧化碳，會發生什麼事呢？安息香酸為羧酸，酸性比碳酸強，所以不會出現變化。但苯酚的酸性比碳酸弱，故碳酸會轉變成鹽，重新生成的苯酚會移動到有機層。故我們可藉此分離安息香酸鈉與苯酚鈉。

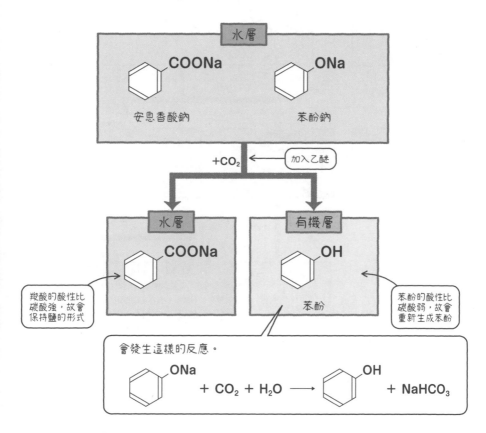

水層

COONa　　　　　　　ONa

安息香酸鈉　　　　　　苯酚鈉

＋CO₂ ← 加入乙醚

水層　　　　　　　　有機層

COONa　　　　　　　OH

　　　　　　　　　　　苯酚

羧酸的酸性比碳酸強，故會保持鹽的形式

苯酚的酸性比碳酸弱，故會重新生成苯酚

會發生這樣的反應。

$$\text{ONa} + CO_2 + H_2O \longrightarrow \text{OH} + NaHCO_3$$

來看看一個應用吧。假設有硝基苯、苯胺、苯酚、安息香酸溶解於乙醚中（有機層），則可依以下步驟分離四者。

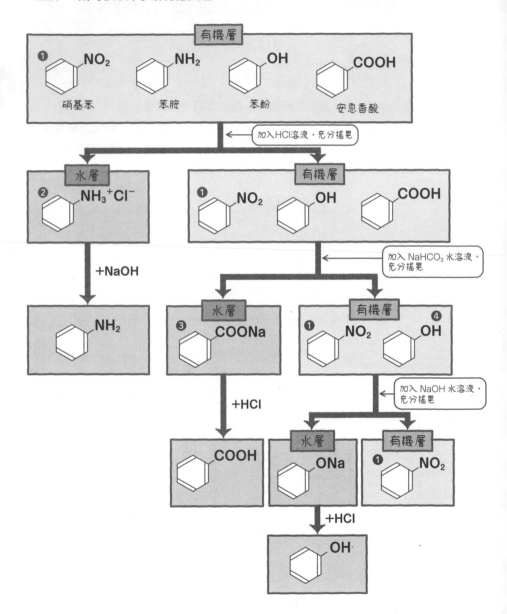

❶ 中性物質（本例中為硝基苯）無法形成鹽，故會一直待在有機層內。

❷ 苯胺為鹼性，與鹽酸混合後會變成鹽，移動到水層。

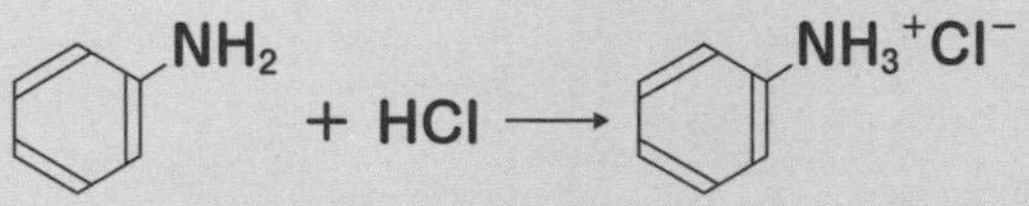

$$\text{(苯環)}NH_2 \ + \ HCl \ \longrightarrow \ \text{(苯環)}NH_3^+Cl^-$$

取出水層，再與氫氧化鈉混合，可得到油性的苯胺，再用乙醚萃取。

❸ 安息香酸的酸性比碳酸強，故能與碳酸鈉反應，轉變成鹽類（安息香酸鈉：水溶性）。

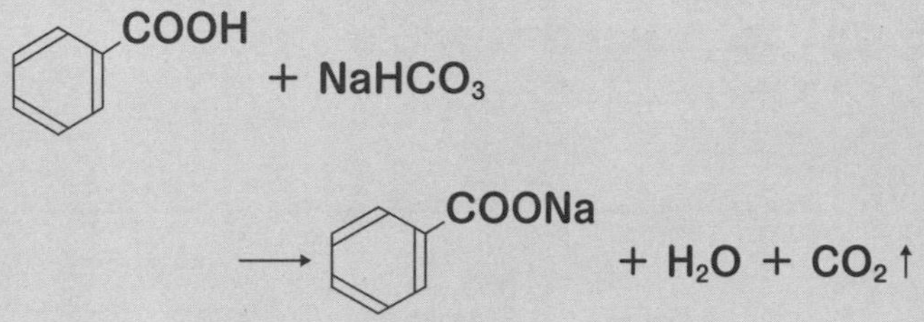

$$\text{(苯環)}COOH \ + \ NaHCO_3$$

$$\longrightarrow \ \text{(苯環)}COONa \ + \ H_2O \ + \ CO_2\uparrow$$

❹ 苯酚的酸性比碳酸弱，不會與碳酸鈉反應。

（6）苯酚的取代反應

苯酚比苯更容易產生取代反應，其中又以鄰位與對位特別容易產生取代反應。甲苯也容易發生這些取代反應。

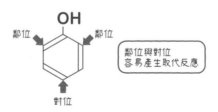

鄰位　　　OH　　　鄰位

對位

鄰位與對位
容易產生取代反應

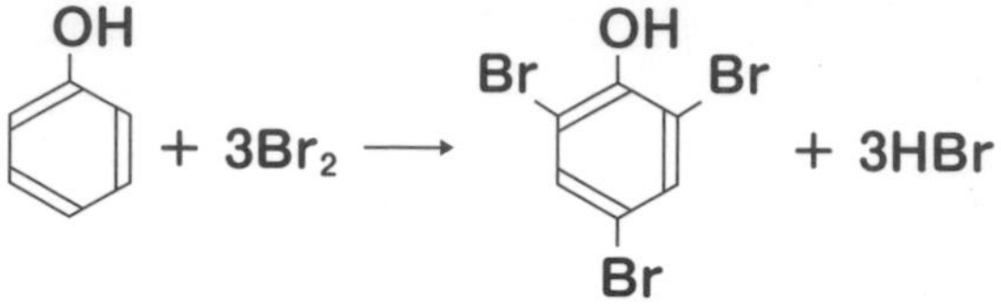

2,4,6-三溴苯酚
〈白色沉澱〉

參考. **苯環上的碳原子編號**

為苯環上的碳原子編號時，如果是「苯酚」分子，那麼與羥基相連的碳原子就是1號，接著依次為2號、3號……。右圖分子中，2號、4號、6號碳皆與溴相連（總共3個），故為「2,4,6-三溴苯酚」。

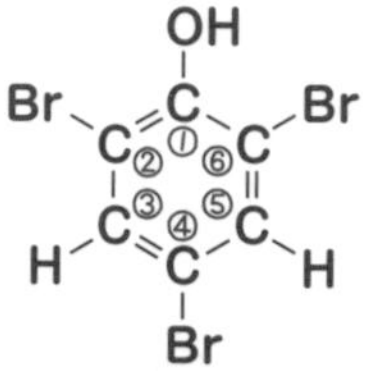

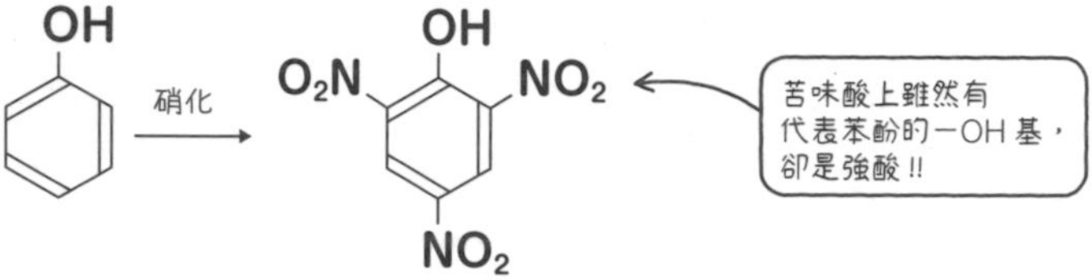

2,4,6-三硝基苯酚（苦味酸）
〈黃色結晶〉

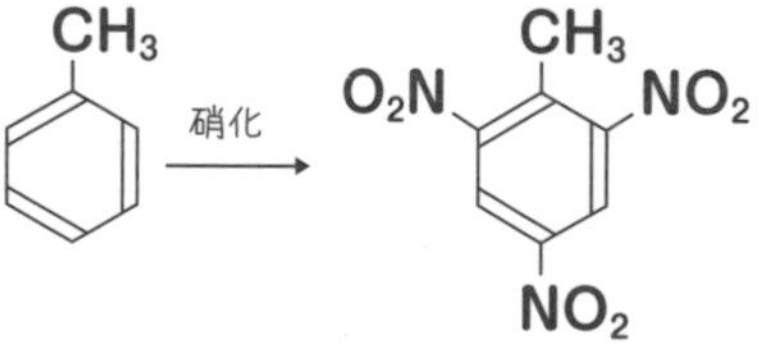

苦味酸上雖然有代表苯酚的－OH基，卻是強酸!!

2,4,6-三硝基甲苯（TNT）
〈黑色火藥〉

284

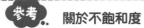

參考。 **關於不飽和度**

「不飽和度」是指該分子「還能與多少個氫氣分子鍵結」。大學入學考試時不會考這個概念，懂這個概念之後，解題速度也不會比較快。所以以下內容當做參考就好。

① 烯類能與1分子氫氣進行加成反應，故不飽和度為1。

$$H_2C=CH_2 + H_2 \longrightarrow H-CH_2-CH_2-H$$

不飽和度 1 ◀ 能與1分子氫氣加成 *所以…*

② 炔類能與2分子氫氣進行加成反應，故不飽和度為2。

$$H-C\equiv C-H + 2H_2 \longrightarrow H-CH_2-CH_2-H$$

不飽和度 2 ◀ 能與2分子氫氣加成 *所以…*

③ 環烷為飽和碳氫化合物，但分子式與烯相同（與1分子氫氣加成後會變成烷），不飽和度為1。

$$\text{環丙烷} + H_2 \longrightarrow H-CH_2-CH_2-CH_2-H$$

不飽和度 1 ◀ 能與1分子氫氣加成 *所以…*

④ 因此，苯環的不飽和度為4。

雙鍵：3個 ➡ 不飽和度3
環狀結構 ➡ 不飽和度1 } 合計不飽和度為4

苯的分子式為「C_6H_6」。烷類中的己烷分子式為「C_6H_{14}」，故還少了「8個H原子」，或者說是「4個H_2分子」。由此也可看出苯的「不飽和度是4」。

⑤ 不飽和度不僅適用於碳氫化合物，乙酸乙酯的酯鍵也存在1個雙鍵，故不飽和度為
1。

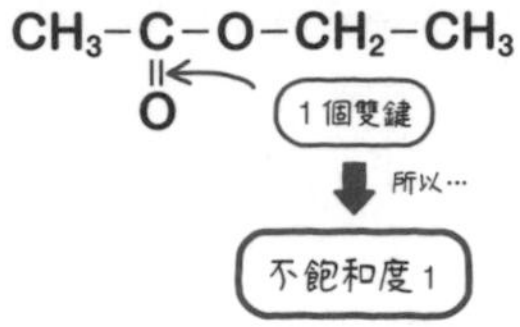

$$CH_3-C-O-CH_2-CH_3$$

1個雙鍵

所以…

不飽和度 1

只要看得懂④和⑤是什麼意思就可以了。

第**1**章

天然高分子化合物

第**30**講 醣類（碳水化合物） ⋯⋯⋯⋯⋯⋯⋯ p.288

第**31**講 胺基酸、蛋白質 ⋯⋯⋯⋯⋯⋯⋯ p.306

第**32**講 核酸 ⋯⋯⋯⋯⋯⋯⋯ p.324

第30講 醣類（碳水化合物）

白飯、烏龍麵皆由澱粉構成，屬於「碳水化合物」。「碳水化合物」在化學上有那些性質呢？

一般來說，分子量在約1萬以上的物質會稱為「**高分子化合物**」。高分子化合物可以分成存在於自然界的「**天然高分子化合物**」，以及人工合成的「**合成高分子化合物**」。

澱粉與纖維素是由大量葡萄糖串聯而成的「天然高分子化合物」。

澱粉、纖維素、葡萄糖也稱為「**碳水化合物**」。這些分子的分子式中，H與O的物質量比皆為2：1，可寫成$C_m(H_2O)_n$的形式，故被稱為「碳」「水」化合物。碳水化合物也叫做「**醣類**」。

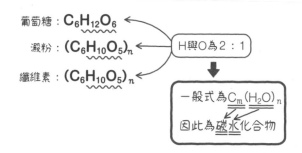

$$葡萄糖：C_6H_{12}O_6$$
$$澱粉：(C_6H_{10}O_5)_n$$
$$纖維素：(C_6H_{10}O_5)_n$$

H與O為2：1

一般式為$C_m(H_2O)_n$
因此為碳水化合物

1 單醣

葡萄糖這種無法再水解的糖稱為「**單醣（單醣類）**」。單醣是構成醣類的最小單位，碳數在「3以上」，不過考試題目中常出現的是碳數為6的單醣。

自然界中存在許多碳數為5的五碳糖與碳數為6的六碳糖。核糖與去氧核糖（→p.325）為五碳糖的代表；葡萄糖、果糖、半乳糖為六碳糖的代表。

碳數為3 → 三碳糖　　碳數為4 → 四碳糖
碳數為5 → 五碳糖　　碳數為6 → 六碳糖

三碳糖

　　甘油（$C_3H_8O_3$）氧化後為三碳糖，是最簡單的醣類，包括甘油醛、二羥丙酮（分子式皆為$C_3H_6O_3$）2種。

（1）葡萄糖（glucose）

💡 **速成重點！**

- 葡萄糖水溶液可產生「**斐林試劑的還原反應**」與「**銀鏡反應**」。
- 葡萄糖會在**酒精發酵**後，轉變成乙醇。

　　葡萄糖是最基本的單醣，分子式為$C_6H_{12}O_6$，碳數為6，屬於「六碳糖」。

　　葡萄糖有 α-葡萄糖（環狀結構）、β-葡萄糖（環狀結構）、鏈狀結構等3種構形。α-葡萄糖的結構式如下所示。

$$
\begin{array}{c}
\text{CH}_2-\text{OH} \\
\text{C} \\
\text{H} \quad \text{O} \quad \text{H} \\
\text{C} \quad \quad \text{C} \\
\text{HO} \quad \text{OH} \quad \text{H} \quad \text{OH} \\
\text{C} \quad \quad \text{C} \\
\text{H} \quad \quad \text{OH}
\end{array}
$$

α-葡萄糖

※較粗的鍵標線條表示位於離讀者較近的前方。

　　練習畫畫看 α-葡萄糖的結構式吧，有4個步驟。

α-葡萄糖結構式的寫法

① 首先，畫出5個碳原子和1個氧原子，排列成六邊形。

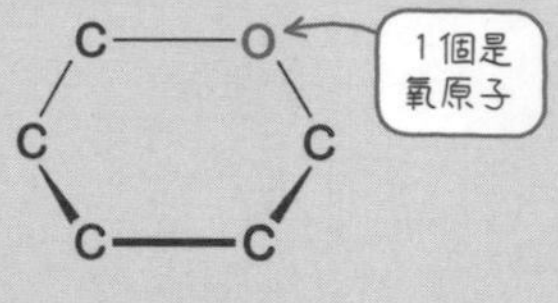

1個是氧原子

② 接著畫出旗子（−CH₂OH看起來像「旗子」一樣）。

畫出旗子

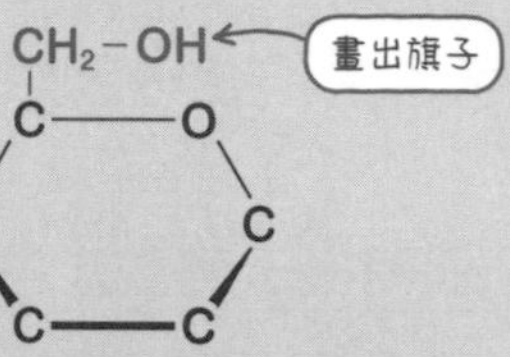

③ 畫出與下方4個碳原子相連的羥基。方向從左到右依序為「下、上、下、下」。

羥基從左到右依序為「下、上、下、下」

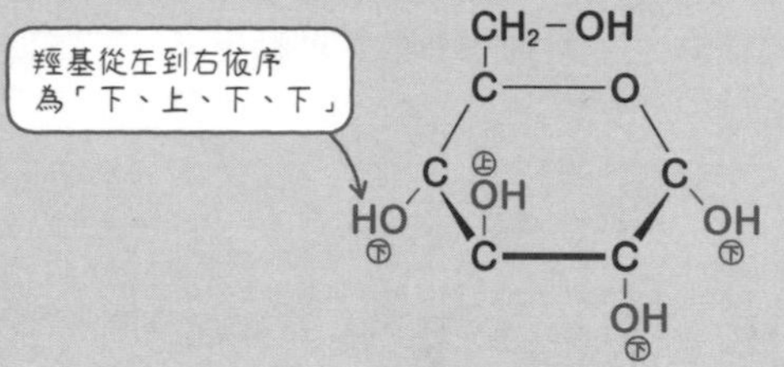

④ 剩下的位置填上氫原子。

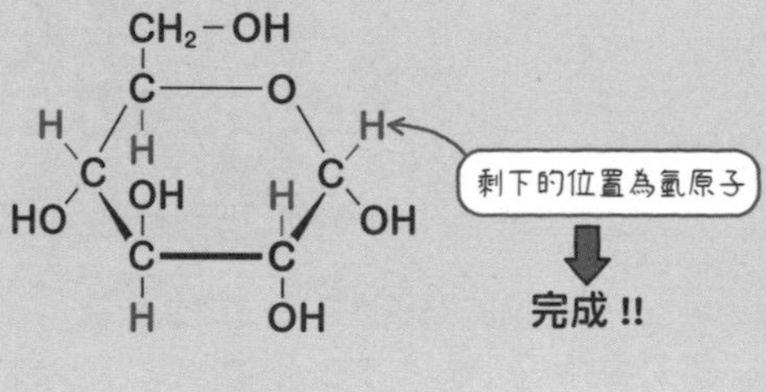

剩下的位置為氫原子

完成!!

　　α-葡萄糖右端的碳原子與環狀結構的氧原子之間的鍵結容易斷開，使右端碳原子成為醛基。這會讓葡萄糖溶液呈現出還原性，能引起「**斐林試劑的還原反應**」或「**銀鏡反應**」。

「鏈狀結構」的葡萄糖含有醛基。鏈狀結構的葡萄糖中，醛基上的碳為1號碳，接著依序為2號碳、3號碳，旗子部分（−CH$_2$OH）的碳則是6號碳。

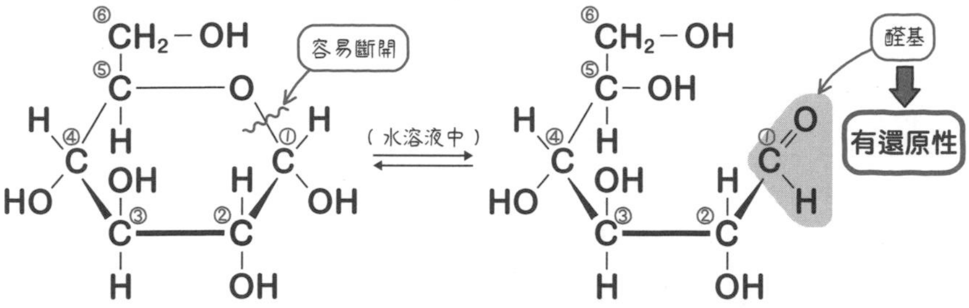

α-葡萄糖（環狀結構）　　葡萄糖（鏈狀結構）

葡萄糖從鏈狀結構再度變回環狀結構時，1號碳上的氫原子與羥基的方向可能會形成與α-葡萄糖顛倒的結構，此為β-葡萄糖。水溶液中，α-葡萄糖、鏈狀結構、β-葡萄糖處於平衡狀態，不過鏈狀結構的量極少。

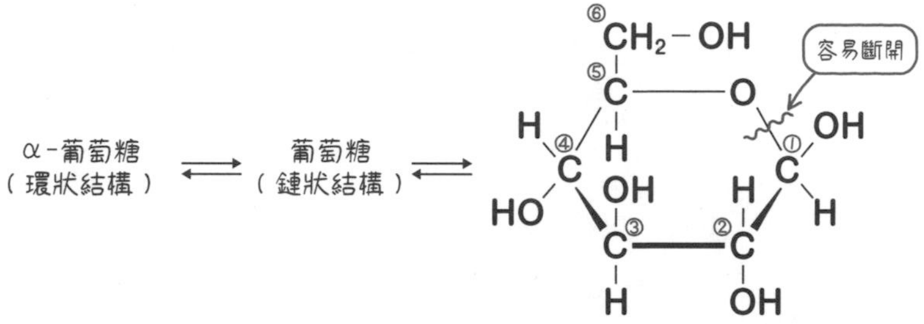

β-葡萄糖（環狀結構）

可能有人會覺得「既然擁有醛基的鏈狀結構葡萄糖很少，那麼斐林試劑的還原反應應該不明顯吧？」。鏈狀結構確實很少，不過在斐林試劑的還原反應開始進行後，平衡就會倒向鏈狀結構葡萄糖，以補充消耗掉的鏈狀結構葡萄糖，所以反應會持續進行（p.76「勒沙特列原理」）。

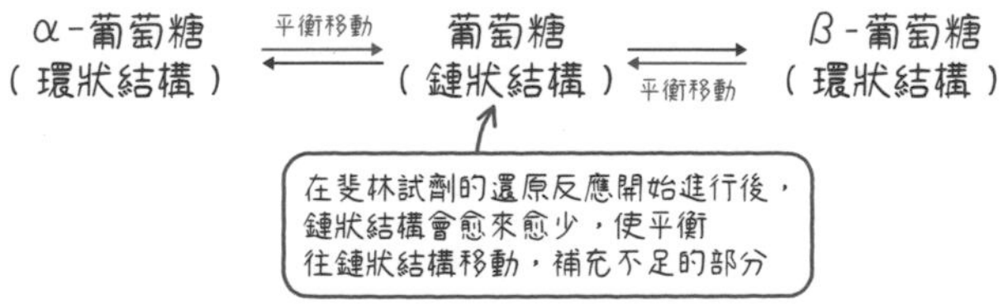

另外，葡萄糖可在酵母菌的酵素「**發酵酶**」作用下，轉變成乙醇與二氧化碳，這個過程稱為「**酒精發酵**」。

$$C_6H_{12}O_6 \longrightarrow 2C_2H_5OH + 2CO_2$$

葡萄糖　　　　　乙醇

（2）半乳糖

半乳糖為葡萄糖的立體異構物，4號碳上的氫原子與羥基方向與葡萄糖顛倒。

半乳糖的鏈狀結構也含有醛基，帶有還原性。

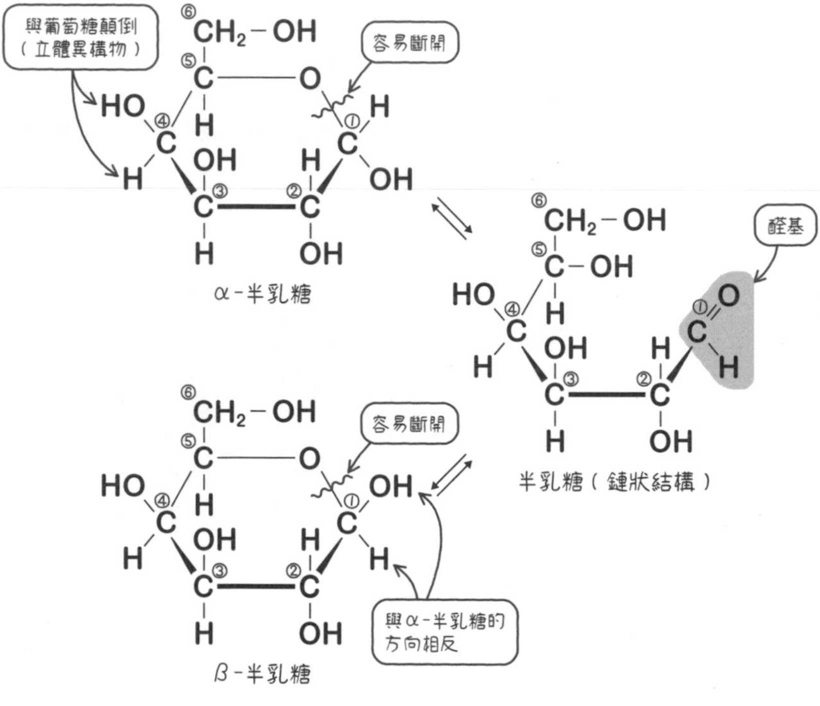

α-半乳糖

β-半乳糖

半乳糖（鏈狀結構）

（3）果糖（fructose）

果糖稍微有些複雜。首先，果糖的環狀結構為五員環。那麼，哪個鍵容易斷開呢？

請比對葡萄糖的結構。「類似醚結構的氧原子與羥基」之間的鍵容易斷開，形成鏈狀結構。

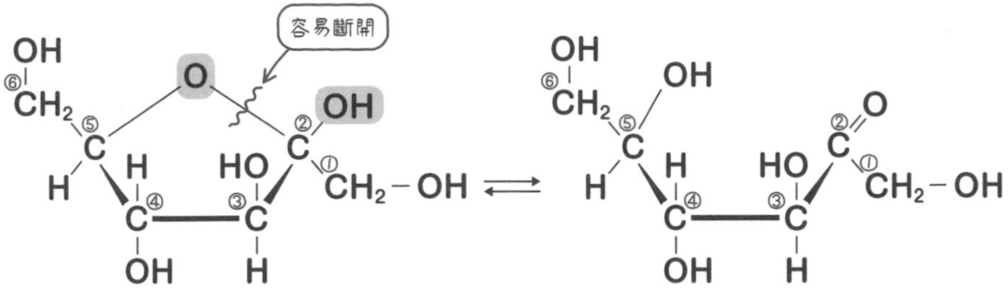

β-果糖（五員環結構） ⇌ 果糖（鏈狀結構）

鏈狀結構的1號碳上有羥基，2號碳上有酮基。雖然沒有醛基，但溶於水中時，一部分的果糖會改變構形，使1號碳轉變成醛基，故果糖也有還原性。

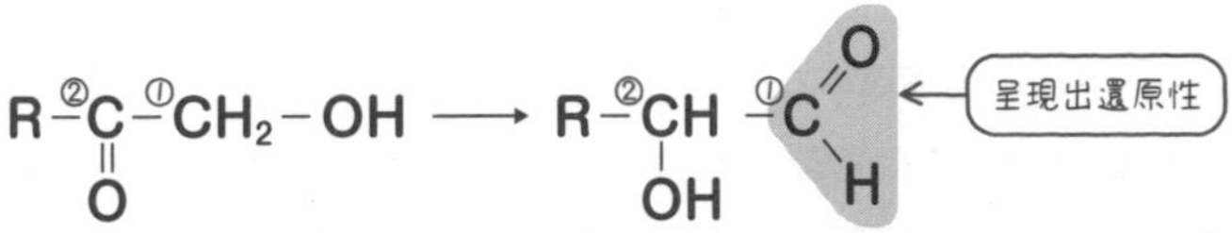

另外，果糖也存在六員環結構。

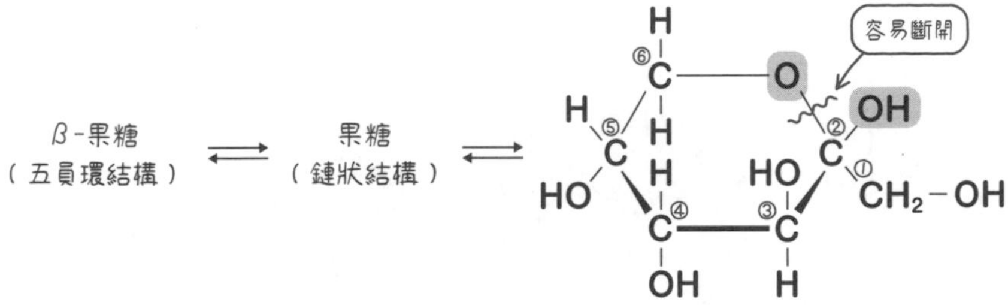

β-果糖（五員環結構） ⇌ 果糖（鏈狀結構） ⇌

β-果糖（六員環結構）

參考 **呋喃型與吡喃型**

醣類的五員環結構稱為「呋喃型」，六員環結構稱為「吡喃型」。這是因為它們的結構與名為呋喃、吡喃的物質相似。

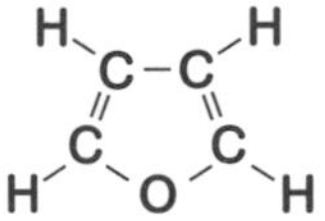

呋喃 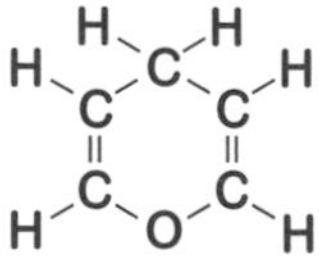　　　　吡喃

---

② 雙醣

2個單醣分子鍵結在一起時，可得到「雙醣」。單醣的羥基可彼此鍵結、脫水，形成C-O-C的「糖苷鍵」（看起來和醚鍵很像，但正式名稱為「糖苷鍵」）。

雙醣與酸混合加熱，或者加入酵素後，可水解變回2個單醣分子。

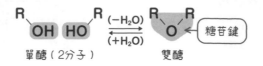

單醣（2分子）　　　　　　雙醣

（1）麥芽糖（maltose）

首先來看麥芽糖的結構式。麥芽糖為2個葡萄糖分子以糖苷鍵結合而成的分子。下圖中，左側的環為α-葡萄糖（圖中右側的環也是α-葡萄糖，但有時會是β-葡萄糖）。左側葡萄糖1號碳的羥基會與右側葡萄糖4號碳的羥基形成糖苷鍵。右側葡萄糖可轉變成鏈狀結構，此時的1號碳會是醛基，故麥芽糖的水溶液有還原性。

■ 麥芽糖的結構

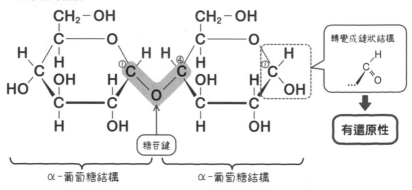

麥芽糖與稀硫酸或稀鹽酸混合加熱後，會水解生成2分子的葡萄糖。另外，也可用酵素「麥芽糖酶」輕易水解麥芽糖。

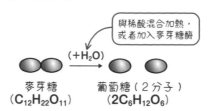

麥芽糖　　　　　葡萄糖（2分子）
$(C_{12}H_{22}O_{11})$　　　　　$(2C_6H_{12}O_6)$

（2）乳糖（lactose）

　　接著來看看乳糖的結構式。乳糖是 β-半乳糖1號碳的羥基，與葡萄糖4號碳的羥基以糖苷鍵鍵結而成的分子（下圖右側的環為 β-葡萄糖，但有時會是 α-葡萄糖）。葡萄糖可轉變成鏈狀結構，此時的1號碳會是醛基，故乳糖的水溶液有還原性。

■ 乳糖的結構

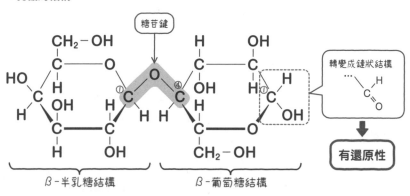

　　乳糖與稀硫酸或稀鹽酸混合加熱後，會水解生成半乳糖與葡萄糖。另外，也可用酵素「乳糖酶」輕易水解乳糖。

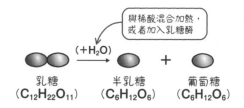

（3）蔗糖（sucrose）

　　接著來看看蔗糖的結構式。蔗糖是 α-葡萄糖1號碳的羥基與 β-果糖（五員環結構）2號碳的羥基以糖苷鍵鍵結而成的分子。蔗糖內的葡萄糖與果糖皆無法轉變成鏈狀結構，故**蔗糖無還原性**。

■ 蔗糖的結構

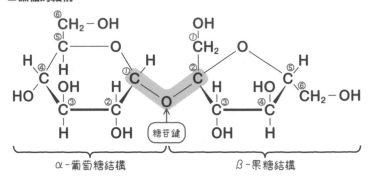

α-葡萄糖結構　　　　β-果糖結構

蔗糖與稀硫酸或稀鹽酸混合加熱後，會水解生成葡萄糖與果糖（這種混合物稱為「轉化糖」）。另外，也可用酵素「轉化酶（或是蔗糖酶）」輕易水解蔗糖。轉化糖為葡萄糖與果糖的混合物，故有還原性。

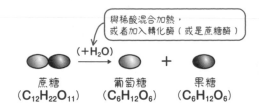

與稀酸混合加熱，或者加入轉化酶（或是蔗糖酶）

蔗 糖　　　　葡萄糖　　　　果 糖
$(C_{12}H_{22}O_{11})$　$(C_6H_{12}O_6)$　$(C_6H_{12}O_6)$

參考　有甜味的醣類

單醣與雙醣多有甜味。蔗糖為砂糖的主成分，麥芽糖則是膠飴的主成分。蜂蜜的甜味來自葡萄糖與果糖，甜味相當強。

設蔗糖的甜味為1.0，那麼乳糖與半乳糖約為0.3，麥芽糖約為0.5，葡萄糖約為0.7，果糖約為1.5。在這之中，果糖的甜味最強。

	名稱	甜味度	
單醣	葡萄糖（glucose）	0.7	
	半乳糖（galactose）	0.3	蜂蜜的主成分
	果糖（fructose）	1.5	
雙醣	麥芽糖（maltose）	0.5	膠飴的主成分
	乳糖（lactose）	0.3	
	蔗糖（sucrose）	1.0	砂糖的主成分

第1章

第2章

第3章

專　欄　糖代用品的使用

　　近年來，為了降低卡路里的攝取，許多人會使用糖代用品，包括山梨糖醇、木糖醇、阿斯巴甜等。

　　另外，海藻糖的甜味可達蔗糖的一半，除了用於食品添加物之外，也因為保濕性而用在化妝品上。海藻糖為2分子的 α-葡萄糖以1號碳的羥基形成糖苷鍵連接而成，故海藻糖沒有還原性。

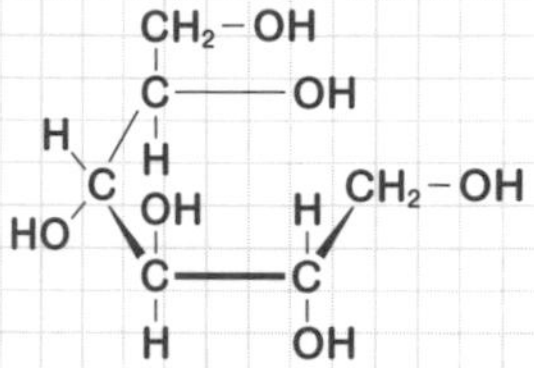

山梨糖醇

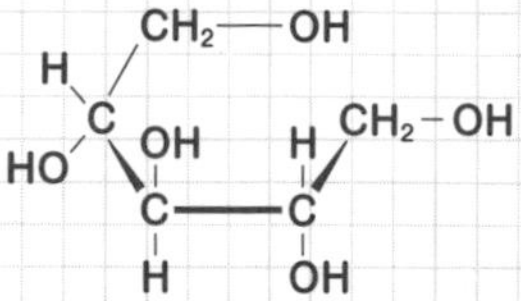

木糖醇

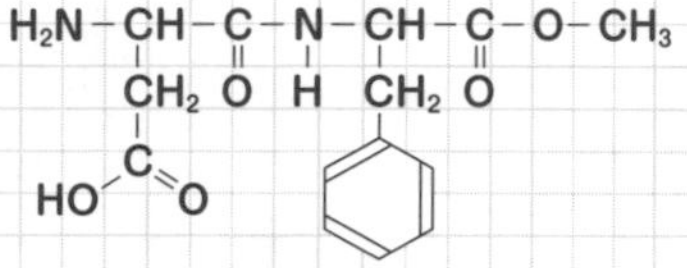

阿斯巴甜

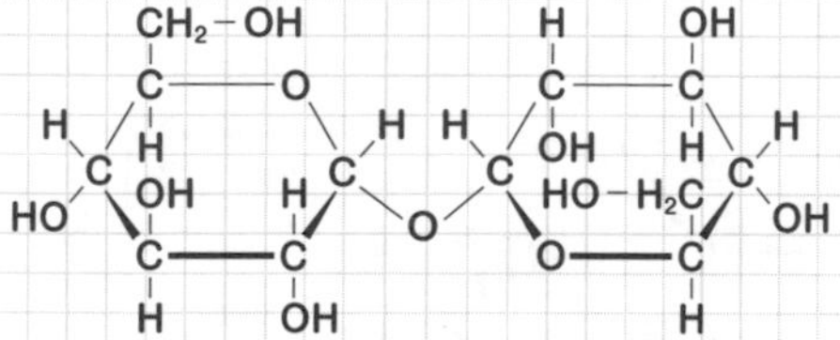

海藻糖

3 多醣

　　3個單醣以糖苷鍵連接成直鏈時會形成三糖，4個單醣相連時會形成四糖，10個左右的單醣會形成「寡糖」，這些都屬於「**多醣**」。澱粉與纖維素都是由1000個以上的葡萄糖分子連接而成。

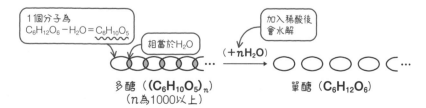

1個分子為
$C_6H_{12}O_6 - H_2O = C_6H_{10}O_5$

相當於H_2O

加入稀酸後會水解

$(+nH_2O)$

多醣（$(C_6H_{10}O_5)_n$）
（n為1000以上）

單醣（$C_6H_{12}O_6$）

（1）澱粉

① 澱粉的結構

　　澱粉主要存在於米或根莖類作物內，是我們平時主要能量來源的營養素。

　　澱粉為 α－葡萄糖以糖苷鍵縮合聚合而成的多醣。直鏈部分的糖苷鍵由 α-葡萄糖的1號碳與4號碳上的羥基脫水形成；分支部分的糖苷鍵由1號碳與6號碳上的羥基脫水形成。

■ **澱粉的結構**

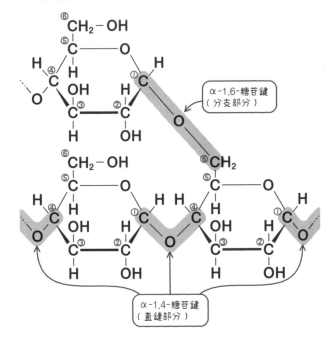

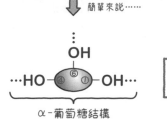

簡單來說……

OH

…HO—④—①—OH…

1號碳與4號碳：直鏈
1號碳與6號碳：分支

α－葡萄糖結構

　　澱粉分子為 α－葡萄糖的1號碳與4號碳上的羥基脫水連接形成，2個羥基都「往下」，所以直鏈部分會逐漸彎曲，使澱粉分子呈現「**螺旋結構**」。

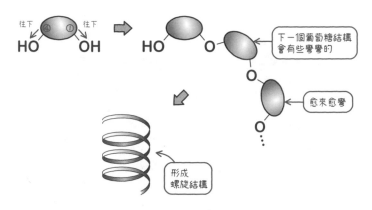

往下　　往下

HO　　OH

HO　　O

下一個葡萄糖結構
會有些彎彎的

O

愈來愈彎

O

⋮

形成
螺旋結構

② 澱粉的性質

💡 **速成重點！**

澱粉碰到碘液時會變成藍紫色（**碘與澱粉的反應**）。

　　澱粉大致上可以分成2個部分，分別是直鏈部分的「**直鏈澱粉**」，以及分支部分的「**支鏈澱粉**」。

　　支鏈澱粉的分支較多，各單體間離得很近，所以顯得比較黏。舉例來說，糯米的支鏈澱粉佔了100%，黏性明顯比粳米（一般的米）還要強。相對的，蕎麥的直鏈澱粉佔了100%，沒什麼黏性。

	直鏈澱粉	支鏈澱粉
糯米	0%	100%
粳米	20%	80%
麵包	30%	70%
烏龍麵	30%	70%
玉米	80%	20%
馬鈴薯	80%	20%
蕎麥	100%	0%

　　直鏈澱粉可溶於溫水，加入碘液後會呈深藍色。而支鏈澱粉則無法溶於溫水，加入碘液後會呈紫紅色。

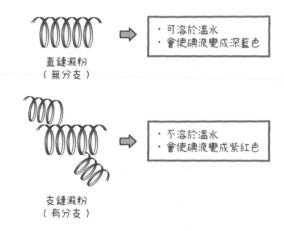

　　澱粉碰上碘液時，會呈現出藍紫色（稱為「**碘與澱粉的反應**」）。這是因為碘分子進入澱粉的螺旋結構內。

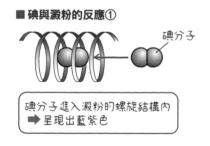

　　加熱後，碘分子會因為劇烈運動而跑出螺旋結構，使藍紫色消失。不過冷卻後，碘分子會再度回到分子內，呈現出藍紫色。

■ 碘與澱粉的反應②

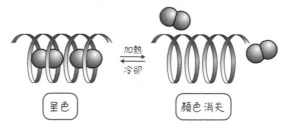

呈色 加熱/冷卻 顏色消失

參考. **什麼是碘液？**

所謂的「碘液」是指碘的碘化鉀水溶液。碘（I_2）不溶於水，但在碘化鉀水溶液中，可變成褐色的三碘離子溶於其中。

$$I^- + I_2 \longrightarrow I_3^-$$
碘離子　碘分子　　三碘離子
〈無色〉　　　　〈褐色〉

三碘離子（I_3^-）在化學上可視為「碘分子（I_2）」。

唾液內的酵素（→p.321）「澱粉酶」可水解澱粉，先分解成糊精，再分解成「麥芽糖」。小腸的酵素「麥芽糖酶」可水解麥芽糖，將其分解成葡萄糖，再由身體吸收。

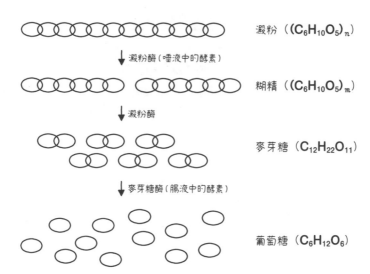

澱粉（$(C_6H_{10}O_5)_n$）

↓ 澱粉酶（唾液中的酵素）

糊精（$(C_6H_{10}O_5)_m$）

↓ 澱粉酶

麥芽糖（$C_{12}H_{22}O_{11}$）

↓ 麥芽糖酶（腸液中的酵素）

葡萄糖（$C_6H_{12}O_6$）

$$(C_6H_{10}O_5)_n \xrightarrow[\text{水解}]{\text{澱粉酶}} C_{12}H_{22}O_{11} \xrightarrow[\text{水解}]{\text{麥芽糖酶}} C_6H_{12}O_6$$

澱粉　　　　　　　　　　　麥芽糖　　　　　　　葡萄糖

糊精為
中間產物

（2）肝糖

速成重點！

動物能以肝糖的形式貯藏 α -葡萄糖。

　　肝糖為多個 α -葡萄糖分子縮合聚合的產物，常見於動物的肝臟與肌肉中。單醣的分支比澱粉多，滴入碘液時會呈紅褐色。分子量可達數百萬。

（3）纖維素

① 纖維素的結構

速成重點！

纖維素為 β -葡萄糖分子縮合聚合的產物。
糖苷鍵連接1號碳與4號碳　→　直鏈（無分支）

　　纖維素是植物細胞壁的成分，是由 β -葡萄糖以糖苷鍵縮合聚合而成的多醣。糖苷鍵由 β -葡萄糖1號碳與4號碳上的羥基連接而成。纖維素沒有支鏈，分子量達數十萬以上。

■ 纖維素的結構

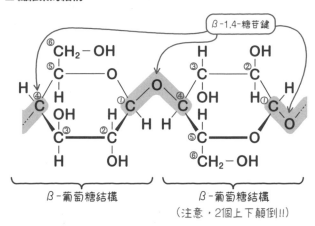

β-1,4-糖苷鍵

β-葡萄糖結構　　　　β-葡萄糖結構

（注意，2個上下顛倒!!）

纖維素分子沒有分支，所以構成纖維素的葡萄糖單體必定保有「3個羥基」。

由此可以推導出纖維素的「示性式」。

推導纖維素的示性式

① 　纖維素為多醣，故分子式可寫成「單醣（葡萄糖）減去1分子的水」的聚合形式。

$$(C_6H_{10}O_5)_n \longleftarrow \begin{array}{c} C_6H_{12}O_6 - H_2O \\ \text{（單醣）}　\text{（水）} \end{array}$$

纖維素的分子式

② 　獨立出3個羥基，將「剩下的原子」寫在左側便完成了。

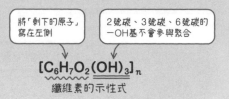

將「剩下的原子」寫在左側　　　2號碳、3號碳、6號碳的－OH基不會參與聚合

$$[C_6H_7O_2(OH)_3]_n$$

纖維素的示性式

---

② 纖維素的性質

纖維素為「**直線狀結構**」。

　　纖維素分子的糖苷鍵由 β-葡萄糖1號碳與4號碳上的羥基連接而成，4號碳的羥基「朝下」，1號碳的羥基「朝上」，所以整條葡萄糖鏈不會彎曲，呈「直線狀」結構。因為呈直線狀，所以滴入碘液時顏色不會改變。

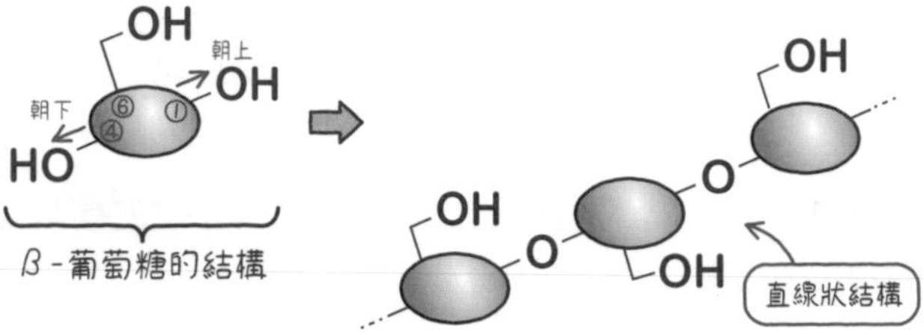

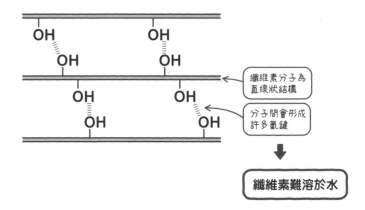

β-葡萄糖的結構

直線狀結構

　　纖維素為直線狀分子，分子間會形成許多氫鍵，故難溶於水。

纖維素分子為直線狀結構

分子間會形成許多氫鍵

纖維素難溶於水

草食動物的消化道內棲息著某些能分泌「**纖維素酶**」的微生物，可消化纖維素。纖維素酶可將纖維素水解成雙醣「**纖維二糖**」，接著名為「**纖維二糖酶**」的酵素會再將其水解成葡萄糖。

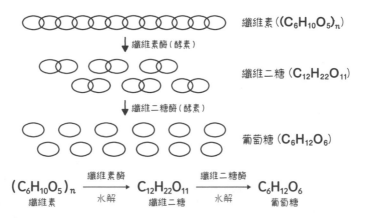

$$(C_6H_{10}O_5)_n \xrightarrow[\text{水解}]{\text{纖維素酶}} C_{12}H_{22}O_{11} \xrightarrow[\text{水解}]{\text{纖維二糖酶}} C_6H_{12}O_6$$

纖維素　　　　　　纖維二糖　　　　　葡萄糖

參考. 膳食纖維

甘露聚糖是 β-甘露糖縮合聚合的產物，是蒟蒻的主成分（蒟蒻有80%是水，其他部分就是甘露聚糖）。

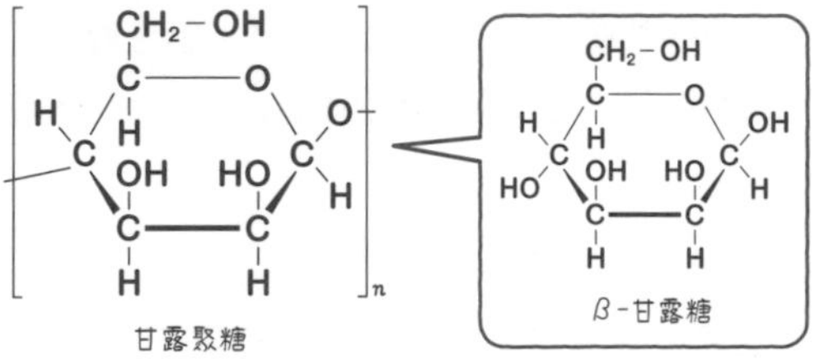

甘露聚糖　　　　　　　　　　β-甘露糖

纖維素與甘露聚糖常被歸類為膳食纖維。人類體內沒有能消化膳食纖維的酵素，不過一般認為膳食纖維有整腸作用。

第31講 胺基酸、蛋白質

蛋白質可構成人類與動物的身體與肌肉,是相當重要的化合物,基本結構為α-胺基酸的縮合聚合產物。

1 α-胺基酸

(1)必需胺基酸

 速成重點!

構成蛋白質的α-胺基酸**約有20種**。
必需胺基酸有**9種**。

蛋白質為天然高分子化合物,可構成肌肉、皮膚等組織。蛋白質的基本單位為「**α-胺基酸**」,結構中含有胺基(呈鹼性)與羧基(呈酸性)。

構成蛋白質的α-胺基酸共有「約20種」,其中9種是人類體內無法自行合成,必須自食物中攝取的「**必需胺基酸**」,包括纈胺酸、白胺酸、異白胺酸、蘇胺酸、甲硫胺酸、離胺酸、苯丙胺酸、色胺酸、組胺酸(幼兒期時,精胺酸亦屬於必需胺基酸,故有10種)。

■ **必需胺基酸(除了組胺酸)**

$$CH_3-CH-CH-C\diagup^O_{OH}$$
$$\quad\quad\; CH_3\; NH_2$$
纈胺酸

$$CH_3-CH-CH_2-CH-C\diagup^O_{OH}$$
$$\quad\quad CH_3\quad\quad\;\; NH_2$$
白胺酸

$$CH_3-CH_2-CH-CH-C\diagup^O_{OH}$$
$$\quad\quad\quad\;\; CH_3\; NH_2$$
異白胺酸

$$CH_3-CH-CH-C\diagup^O_{OH}$$
$$\quad\quad\;\; OH\; NH_2$$
蘇胺酸

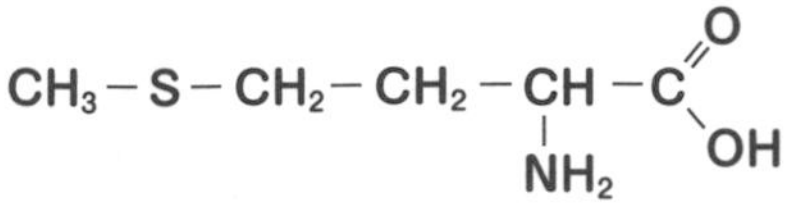

$CH_3-S-CH_2-CH_2-\underset{\underset{NH_2}{|}}{CH}-C\overset{O}{\underset{OH}{\diagup}}$

甲硫胺酸

$H_2N-(CH_2)_4-\underset{\underset{NH_2}{|}}{CH}-C\overset{O}{\underset{OH}{\diagup}}$

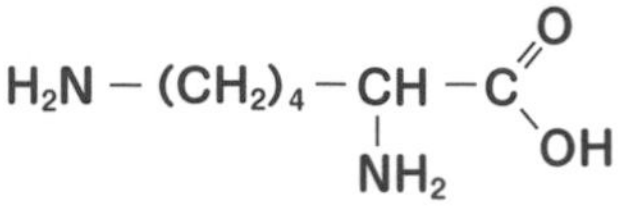

離胺酸

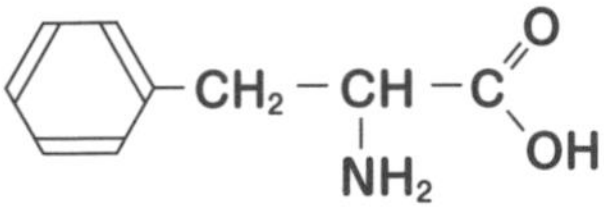

苯丙胺酸

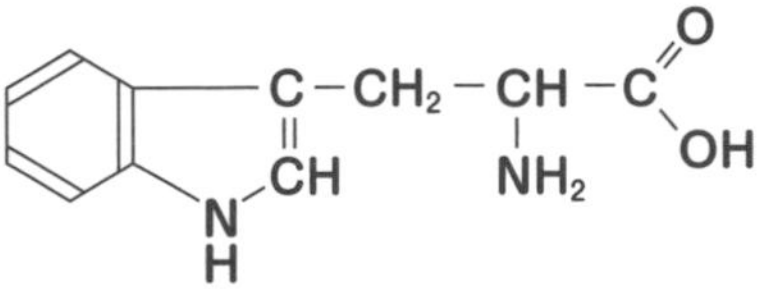

色胺酸

（2）α-胺基酸的結構

構成蛋白質的胺基酸幾乎都屬於「**α-胺基酸**」。那麼，α-胺基酸的「α」是什麼意思呢？讓我們來詳細看看α-胺基酸的結構。

■ α-胺基酸的一般結構式

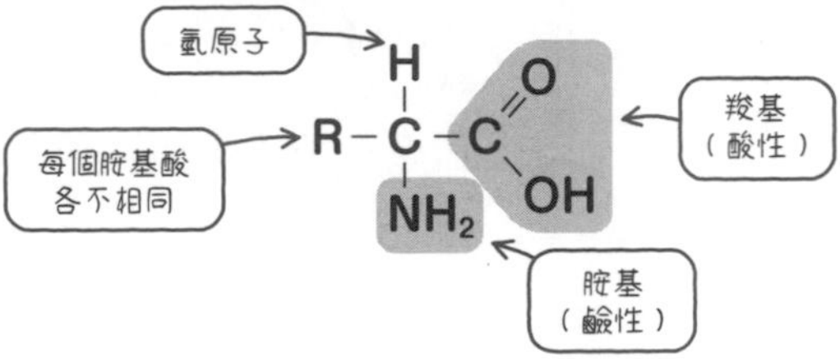

羧酸化合物中，與羧基直接相連的碳原子為「α碳」，下一個是β，再下一個是γ⋯⋯依此類推。

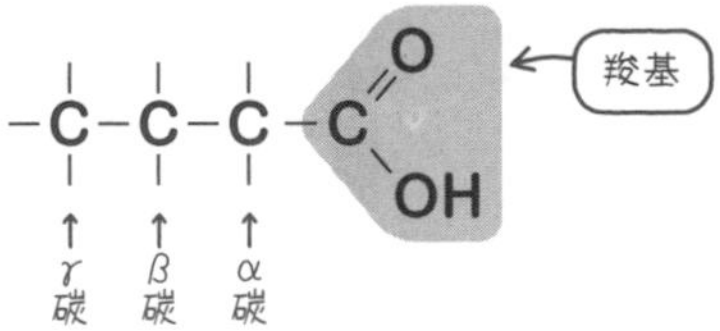

舉例來說，以腦部神經傳導物著名的GABA為γ-胺基丁酸（gamma amino butyric acid）的簡稱。胺基接在γ碳上，故稱為γ-胺基丁酸。

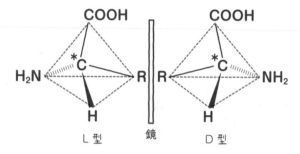

與此相對，幾乎所有構成蛋白質的胺基酸，其胺基都接在與羧基相連的碳上，也就是 α 碳，故稱為 α-胺基酸。

$$R - \overset{*@}{C}H - \overset{O}{\underset{NH_2}{C}} - OH$$

α-胺基酸

能構成蛋白質的 α-胺基酸，通常只限於其中一種鏡像異構物（L型）。

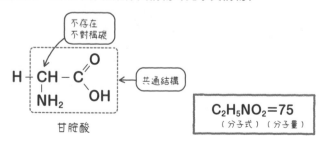

（3）主要的 α-胺基酸

① 甘胺酸

讓我們來看看幾個重要的 α-胺基酸吧。最簡單的 α-胺基酸是「**甘胺酸**」。甘胺酸中沒有不對稱碳，所以不存在鏡像異構物（光學異構物）。

不存在不對稱碳

$$H - \overset{}{\underset{NH_2}{C}}H - \overset{O}{\underset{}{C}} - OH$$ ← 共通結構

甘胺酸

$C_2H_5NO_2 = 75$
（分子式）（分子量）

② 丙胺酸

第二簡單的α-胺基酸是「**丙胺酸**」。有1個甲基，所以有不對稱碳。

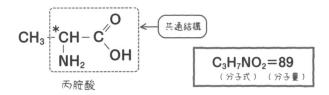

丙胺酸

$C_3H_7NO_2=89$
（分子式）（分子量）

③ 酸性胺基酸

α-胺基酸的共通結構包括1個胺基與1個羧基，兩者加起來幾乎是中性。天門冬胺酸與麩胺酸的側鏈（共通結構以外的部分）有羧基，故整個胺基酸會呈酸性。這類胺基酸叫做「**酸性胺基酸**」。

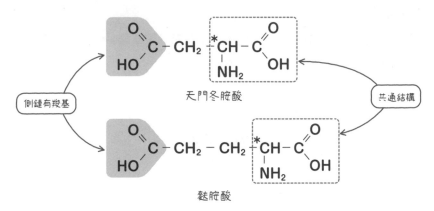

天門冬胺酸

麩胺酸

④ 鹼性胺基酸

離胺酸的側鏈有胺基，故整個胺基酸會呈鹼性。這類胺基酸叫做「**鹼性胺基酸**」。

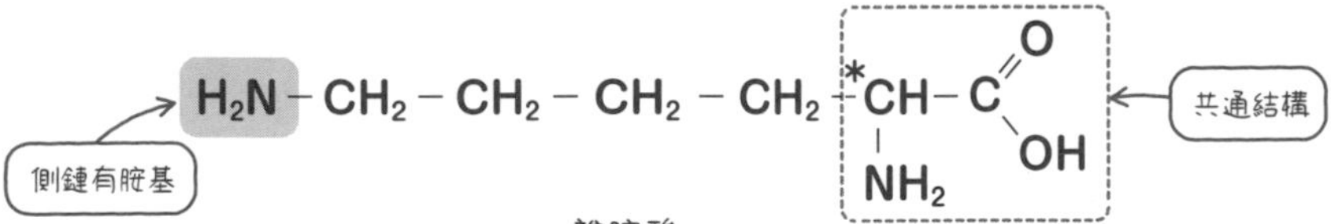

$H_2N-CH_2-CH_2-CH_2-CH_2$⧸CH$-$C⧸O⧸OH

側鏈有胺基　　　　　NH$_2$

離胺酸

⑤ 芳香族胺基酸

苯丙胺酸與酪胺酸的側鏈有苯環，這類胺基酸叫做「**芳香族胺基酸**」。

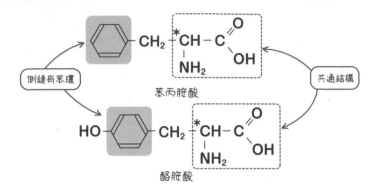

苯丙胺酸

酪胺酸

⑥ 支鏈胺基酸

纈胺酸、白胺酸、異白胺酸等側鏈有分支烷基的胺基酸，稱為「**支鏈胺基酸**」（簡稱BCAA：branched chain amino acid）。

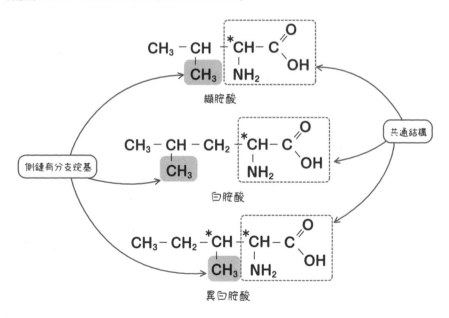

纈胺酸

白胺酸

異白胺酸

❷ 胺基酸的性質

以下以甘胺酸為例，說明 α-胺基酸的性質。在酸性水溶液中，鹼性的胺基會被中和而離子化。

$$H_3N^+ - CH_2 - C \begin{matrix} O \\ OH \end{matrix}$$

胺基被離子化
$(-NH_2 + H^+ \longrightarrow -NH_3^+)$

相對的，在鹼性水溶液中，酸性的羧基會被中和而離子化。

$$H_2N - CH_2 - C \begin{matrix} O \\ O^- \end{matrix}$$

羧基被離子化
$(-COOH + OH^- \longrightarrow -COO^- + H_2O)$

那麼，在中性環境下又會如何呢？中性溶液中，胺基、羧基都會被離子化。

$$H_3N^+ - CH_2 - C \begin{matrix} O \\ O^- \end{matrix}$$

皆被離子化

胺基為鹼性，羧基為酸性，故分子內就會達成酸鹼平衡。

$$\begin{bmatrix} -NH_2 \text{（鹼性）} \\ -COOH \text{（酸性）} \end{bmatrix} \xrightarrow{\text{中和}} \begin{bmatrix} -NH_3^+ \\ -COO^- \end{bmatrix}$$

※甘胺酸在中性環境下整體電荷幾乎為零，故電泳時幾乎不會移動。

胺基離子化後會帶正電，羧基離子化後會帶負電。同時帶有正負2種電荷的離子叫做「**兩性離子（雙性離子）**」。胺基酸分子皆可解離成兩性離子，故胺基酸易溶於水。而且與其他相同分子量的分子相比，胺基酸的熔點特別高。

$$R - \overset{*}{C}H - COOH \longrightarrow R - \overset{*}{C}H - COO^-$$

$$\underset{\text{胺基酸分子}}{NH_2} \qquad\qquad \underset{\text{兩性離子}}{NH_3^+}$$

・易溶於水
・熔點較高

另外，胺基酸與醇以酯鍵結合後，酸性（羧基）會消失。

$$R - CH - COOH \xrightarrow[(H^+)]{+CH_3OH} R - CH - \underset{O}{\overset{}{C}} - O - CH_3$$

$$\quad NH_2 \qquad\qquad\qquad NH_2$$

酯鍵

〈例：甘胺酸〉

$$H_2N - CH_2 - COOH \xrightarrow[(H^+)]{+CH_3OH} H_2N - CH_2 - \underset{O}{\overset{}{C}} - O - CH_3$$

中性環境下為陽離子，故電泳時會往陰極移動
$$H_3N^+ - CH_2 - \underset{O}{\overset{\|}{C}} - O - CH_3$$

胺基酸與醋酸酐反應後，胺基會轉變成醯胺，失去鹼性。

$$R - CH - COOH \xrightarrow{+(CH_3CO)_2O} R - CH - COOH$$

$$\quad NH_2 \qquad\qquad\qquad \underset{H \quad O}{N - C - CH_3}$$

醯胺鍵

〈例：甘胺酸〉

$$H_2N - CH_2 - COOH \xrightarrow{+(CH_3CO)_2O} CH_3 - \underset{O \quad H}{C - N} - CH_2 - COOH$$

中性環境下為陰離子，故電泳時會往陽極移動
$$CH_3 - \underset{O}{\overset{\|}{C}} - \underset{H}{\overset{}{N}} - CH_2 - COO^-$$

3 胺基酸的解離常數與等電點

　　α-胺基酸水溶液中，陽離子、兩性離子、陰離子等3種離子呈平衡狀態。以甘胺酸為例，我們可用水溶液中3種離子的濃度來定義2個解離常數。

$$
\begin{cases}
H_3N^+ - CH_2 - COOH \ (酸性) \longleftarrow \boxed{設其為「A」} \\
H_3N^+ - CH_2 - COO^- \ (中性) \longleftarrow \boxed{設其為「B」} \\
H_2N \ - CH_2 - COO^- \ (鹼性) \longleftarrow \boxed{設其為「C」}
\end{cases}
$$

〈解離平衡①（AB之間）〉

$A \rightleftarrows B + H^+$

➡ $K_1 = \dfrac{[B][H^+]}{[A]} = 10^{-2.3} \ (mol/L)$

〈解離平衡②（BC之間）〉

$B \rightleftarrows C + H^+$

➡ $K_2 = \dfrac{[C][H^+]}{[B]} = 10^{-9.7} \ (mol/L)$

　　使α-胺基酸的正電荷與負電荷相等，離子「總電荷為0」的pH值，稱為「**等電點**」。兩性離子（B）的電荷為0，故當陽離子（A）與陰離子（C）的濃度相等時，甘胺酸的整體電荷就是0。

$$
\begin{cases}
A : H_3N^+ - CH_2 - COOH \ (電荷為+1) \longleftarrow \\
B : H_3N^+ - CH_2 - COO^- \ (電荷為0) \longleftarrow \boxed{\begin{array}{l}當\,[A]=[C]\,時，\\ 甘胺酸的\\ 整體電荷為\,0!!\end{array}} \\
C : H_2N \ - CH_2 - COO^- \ (電荷為-1) \longleftarrow
\end{cases}
$$

$$K_1 \times K_2 = \frac{[B][H^+]}{[A]} \times \frac{[C][H^+]}{[B]}$$

$$= \frac{[C][H^+]^2}{[A]}$$

由[A]＝[C]可得

$$K_1 \times K_2 = [H^+]^2$$

$$[H^+] = \sqrt{K_1 \times K_2} = \sqrt{10^{-2.3} \times 10^{-9.7}}$$

$$= 10^{-6} \text{ (mol/L)}$$

因此，甘胺酸的等電點為

pH＝6.0

　　α－胺基酸水溶液的pH值會接近等電點。甘胺酸為中性，故等電點也接近中性（pH＝6.0），酸性胺基酸的等電點較小，鹼性胺基酸則較大。

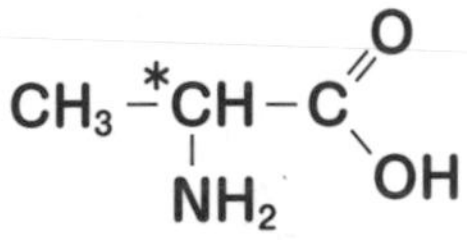

丙胺酸（中性）
〈等電點 6.0〉

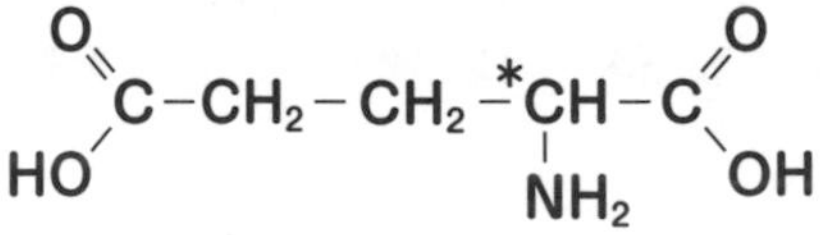

麩胺酸（酸性）
〈等電點 3.2〉

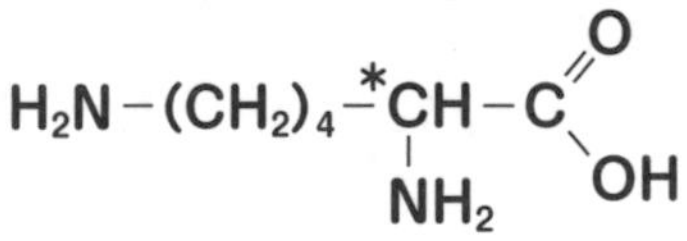

離胺酸（鹼性）
〈等電點 9.7〉

④ 蛋白質

（1）構成生物體的主要元素

　　細胞內最多的物質是水，第二多的則是蛋白質，人類體內有7成是水，剩餘部分中有6成是蛋白質。人類體內約有10萬種蛋白質。

　　體內元素質量由多到少依序為氧（O）、碳（C）、氫（H）、氮（N）。考慮到氫的原子量很小，應該不難理解為什麼是這個順序。這4種元素的質量佔了身體總質量的96.6%。

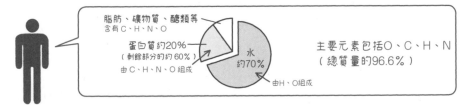

　　含有蛋白質的食物中，肉類為代表性的動物性蛋白質，大豆為代表性的植物性蛋白質。肉類約有30%由蛋白質組成，而蛋白質中約有16%是氮。

　　人體除了上述4種主要元素之外，還包含了許多其他元素。

①鈣（Ca）：骨骼的主要成分。鈣離子在肌肉收縮等方面也扮演著重要角色。

②硫（S）：存在於胺基酸（半胱胺酸、甲硫胺酸）中。

③磷（P）：存在於ATP、DNA、RNA（→第32講）等分子中。

④鈉（Na）、鉀（K）：鈉離子及鉀離子可維持細胞滲透壓，也負責傳遞神經訊號。

⑤鐵（Fe）：二價鐵離子為血紅素（負責在血液中搬運氧氣）的重要成分。

⑥鎂（Mg）：鎂離子在許多代謝作用中都扮演著重要角色。

其他像是鋅（Zn）、銅（Cu）、碘（I）等元素，亦微量存在於體內。

（2）蛋白質的結構

① 肽鍵

蛋白質擁有相當複雜的立體結構。

2個胺基酸分子可縮合成「**雙肽**」，胺基酸之間形成的醯胺鍵特別稱為「**肽鍵**」。3個胺基酸分子縮合後的產物為「**三肽**」。多個胺基相連而成（＝縮合聚合）的產物，稱為「**多肽**」。多肽為蛋白質的基本結構。

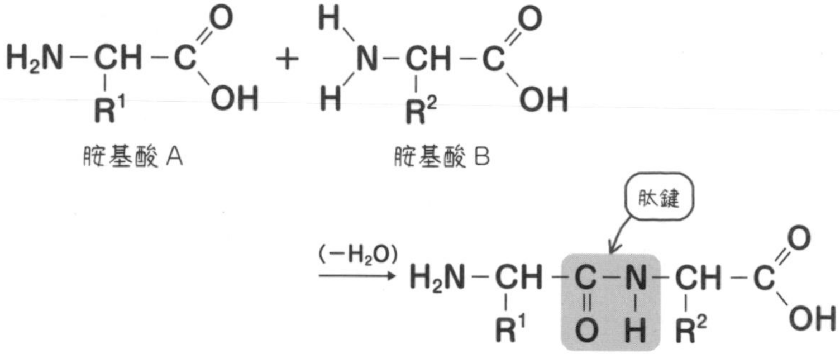

腔基酸 A　　　　　　　腔基酸 B

雙肽

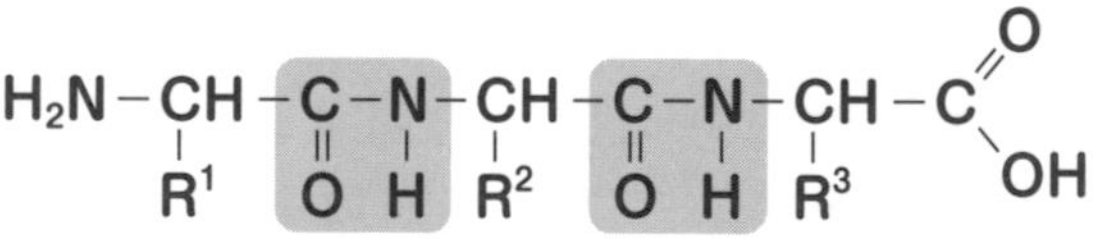

三肽

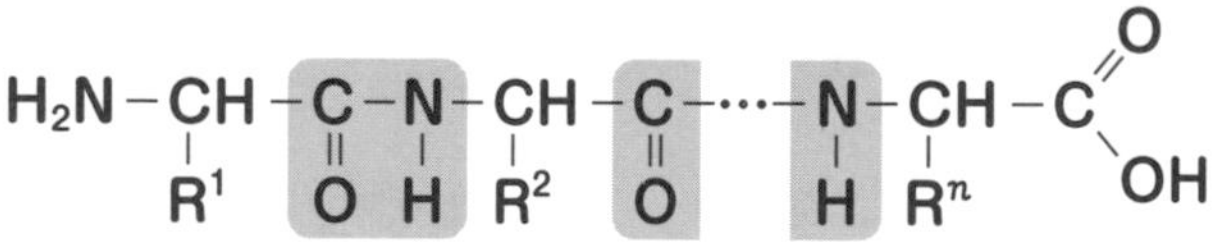

多肽

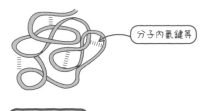

多肽可形成複雜的立體結構……

分子內氫鍵等

成為蛋白質

② 一級結構

構成蛋白質的 α-胺基酸排列順序，稱為「**一級結構**」。

■ **蛋白質的一級結構**

胺基酸A　胺基酸B　胺基酸C　胺基酸D

肽鍵

③ 二級結構

多肽鏈中，各個肽鍵之間會形成氫鍵，進一步形成 **α 螺旋**（**螺旋狀結構**）與 **β 摺板**（**摺板結構**）等立體結構，稱為「**二級結構**」。

■ **蛋白質的二級結構**

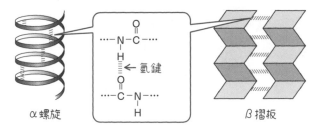

α 螺旋　　　　　← 氫鍵　　　　　β 摺板

④ 三級結構

二級結構的多肽鏈上，則能與更遠的部分形成氫鍵與「雙硫鍵」–S–S–（由半胱胺酸的–SH氧化後連接形成），成為更複雜的立體結構，稱為「三級結構」。

■ 蛋白質的三級結構

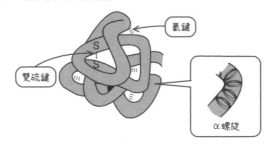

⑤ 四級結構

三級結構的多肽鏈（也叫做「**次單元**」）能以氫鍵或凡得瓦力彼此吸引，形成「四級結構」。譬如血紅素就是由4個次體所形成的四聚體。

二級結構、三級結構、四級結構合稱為「高級結構」。

■ 蛋白質的四級結構（例：血紅素）

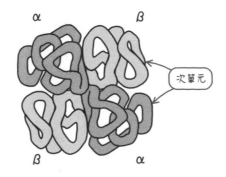

（3）球狀蛋白質與纖維狀蛋白質

蛋白質可依照形狀分成「球狀蛋白質」與「纖維狀蛋白質」。「球狀蛋白質」為球狀，略溶於水，在水中如膠體粒子般四散各處（以血紅素為代表）。另一方面，「纖維狀蛋白質」為線狀，不溶於水（以膠原蛋白為代表）。

（4）簡單蛋白質與複合蛋白質

蛋白質可依組成成分分成僅含 α-胺基酸的「**簡單蛋白質**」，以及包含其他物質的「**複合蛋白質**」。

複合蛋白質有很多種。譬如與醣類結合的「**醣蛋白**」、與色素結合的「**色蛋白**」、與脂質結合的「**脂蛋白**」、與核酸結合的「**核蛋白**」等。紅血球內的血紅素就屬於色蛋白。

（5）蛋白質變性

蛋白質可藉由氫鍵形成複雜的立體結構，然而熱、酸、鹼、酒精、重金屬離子（Pb^{2+}、Hg^{2+}、Cu^{2+}等）卻會對蛋白質的立體結構造成不可逆的破壞。這個過程稱為蛋白質的「**變性**」。

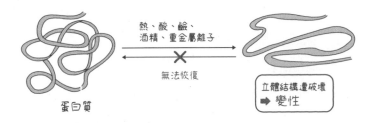

醃漬魚肉時，魚肉會在醋的影響下變性，顏色變白，變得更硬。醋也會讓細菌的蛋白質變性，進而殺死細菌，防止魚肉的腐敗。

專 欄 　燙髮的機制

燙髮時，會用還原劑切斷角蛋白分子（纖維狀蛋白質）的雙硫鍵，定型後再用氧化劑重新形成雙硫鍵，固定髮型。

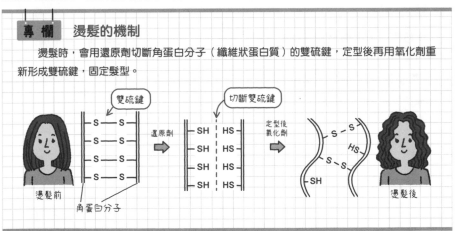

（6）檢測蛋白質

① 氮的檢測

蛋白質與氫氧化鈉混合加熱時會產生氨。

蛋白質
（含有N）
與NaOH
混合加熱
NH_3
可讓沾濕的
紅色石蕊試紙
變成藍色
氮(N)會
變成氨(NH_3)

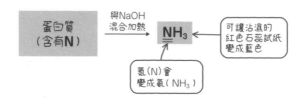

② 硫的檢測

蛋白質與氫氧化鈉混合加熱，再加入醋酸鉛（Ⅱ）水溶液，會生成硫化鉛（Ⅱ）黑色沉澱。

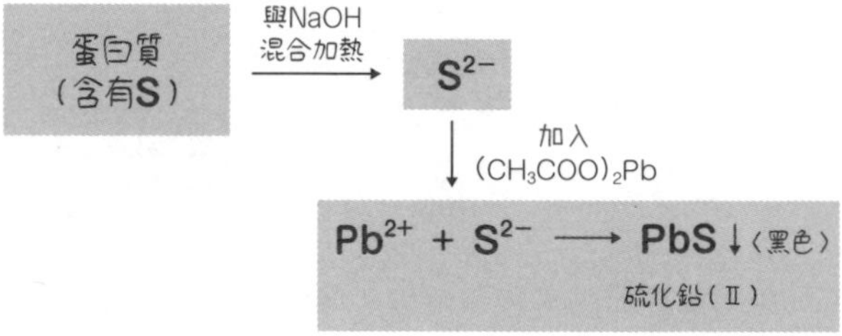

蛋白質
（含有S）
與NaOH
混合加熱
S^{2-}
加入
$(CH_3COO)_2Pb$
$Pb^{2+} + S^{2-} \longrightarrow PbS\downarrow$ (黑色)
硫化鉛(Ⅱ)

③ 薑黃反應

蛋白質與濃硝酸混合加熱後會變成黃色，冷卻後加入氨水使其轉為鹼性，會呈現出橙黃色。

這是因為胺基酸的苯環被硝基化的關係，會發生在酪胺酸等含有苯環的胺基酸上。這個反應稱為「**薑黃反應**」。

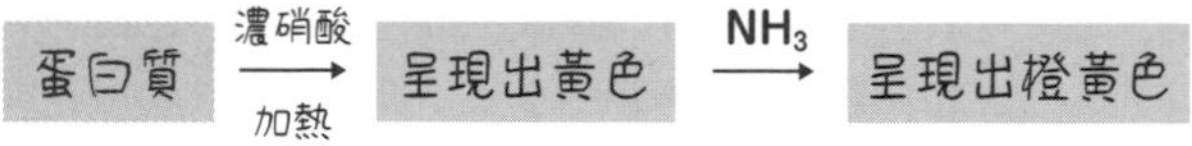

蛋白質
濃硝酸
加熱
呈現出黃色
NH_3
呈現出橙黃色

④ 雙縮脲試劑反應

蛋白質與氫氧化鈉水溶液及硫酸銅（Ⅱ）水溶液混合後，會呈現出紫紅色。這是因為肽鍵與銅（Ⅱ）離子配位形成了錯離子。這個反應叫做「**雙縮脲試劑反應**」，會發生在三肽以上的肽鏈，雙肽與胺基酸則不會有這個反應。

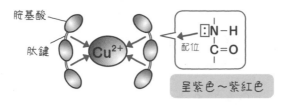

呈紫色～紫紅色

| 胺基酸 | 雙肽 | 三肽 | 多肽 | 蛋白質 |

✕胺基酸分子數在2個以下時，雙縮脲試劑無反應

◯胺基酸分子數在3個以上時，雙縮脲試劑會起反應

⑤ 茚三酮反應

蛋白質與茚三酮水溶液混合加熱後，會呈現紫紅色，稱為「茚三酮反應」。這是因為茚三酮能與胺基–NH₂產生反應，但茚三酮不會與苯胺反應，故可用於檢測蛋白質。茚三酮反應也可用於檢測雙肽或胺基酸。

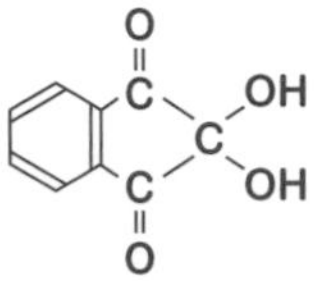

茚三酮

5 酵素

（1）酵素

速成重點！

酵素
- 在「**最適溫度**」與「**最適pH值**」下活性最強。
- 具有「**受質專一性**」。

有催化劑功能的蛋白質稱為「**酵素**」。生物體內有數萬種酵素，可做為各種反應的催化劑。

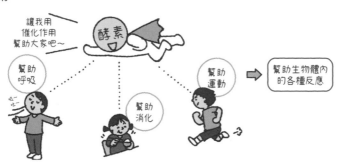

（2）蛋白質的消化

　　蛋白質能被胃液內的酵素「**胃蛋白酶**」以及胰液內的酵素「**胰蛋白酶**」水解，
先變成「多肽」，再變成「胺基酸」。

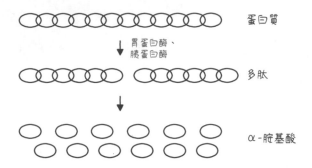

　　催化劑為蛋白質，故受熱後會變性，失去催化活性。

　　酵素的催化效率會因為溫度或pH值而有很大的變化。每種酵素都有它的「**最適
溫度**」與「**最適pH值**」，在這些條件下，酵素的活性最大。一般酵素的最適溫度在
37℃左右。胃蛋白酶適合在酸性環境下作用，澱粉酶適合在中性環境下作用，胰蛋
白酶則在弱鹼環境下的活性最大。

■酵素活性與pH的關係

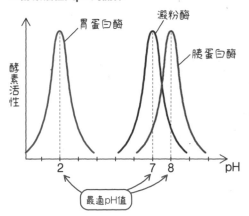

　　另外，酵素只能催化特定的反應物（稱為「**受質**」）進行反應。舉例來說，澱
粉酶只能催化澱粉的水解作用。這叫做「**受質專一性**」。

（3）輔酶

部分酵素在只有蛋白質部分存在的情況下沒有活性，需要在某些低分子量的非蛋白質物質同時存在的情況下，才能展現出活性。這些非蛋白質物質叫做「**輔酶**」。維生素就是代表性的輔酶。

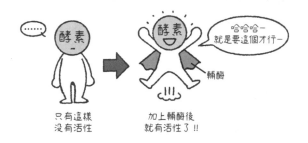

只有這樣
沒有活性

加上輔酶後
就有活性了!!

 維生素不足的話……

能協助生物代謝或生理現象的有機化合物，統稱為「維生素」，多為人類體內無法自行合成的物質。若缺乏這些物質，會出現各種特殊症狀。

①維生素A（視黃醇）：缺乏時會出現夜盲症。

②維生素B$_1$（硫胺）：缺乏時會出現腳氣病。

③維生素B$_2$（核黃素）：細胞呼吸作用中，傳遞電子與氫時的必要物質。

④維生素C（抗壞血酸）：擁有還原性，缺乏時會出現壞血病。

⑤維生素E（生育酚）：可防止氧化，促進血液循環。

另外，維生素D與骨頭的成長有關，缺乏時會出現佝僂病；維生素K與血液凝固有關，缺乏時血液會變得難以凝固。

_第32_講 核酸

> 細胞核內有DNA，存放著許多遺傳資訊。DNA由鹼基、糖以及磷酸組成。2股DNA鏈的鹼基會以氫鍵結合，形成雙螺旋結構。

1 核酸的結構

（1）基本結構

> **速成重點！**
>
> 核酸由**磷酸**、**糖**、**鹼基**組成。

　　核酸的名稱源自「細胞核內的酸性物質」，包含有「**去氧核糖核酸**（DNA：deoxyribonucleic acid）」與「**核糖核酸**（RNA：ribonucleic acid）」2種。分子內的磷酸與糖交互排列，彼此以酯鍵結合，每個糖再各與1個鹼基以糖苷鍵結合。這種由磷酸、糖以及含氮鹼基結合而成的結構，就叫做「**核苷酸**」。核酸就是由許多核苷酸脫水聚合而成的鏈狀分子（「**聚核苷酸**」）。

■ **核酸的基本結構範例**

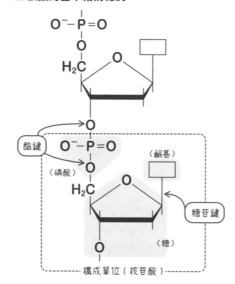

（2）糖與鹼基的結構

① 糖的結構

DNA內的糖為**去氧核糖**，RNA內的糖為**核糖**。

　　首先介紹糖的結構。RNA內的糖為「**核糖**」，分子式為$C_5H_{10}O_5$。3號碳與5號碳上的羥基分別與磷酸形成酯鍵，1號碳上的羥基則與鹼基形成糖苷鍵。

■**RNA的結構**

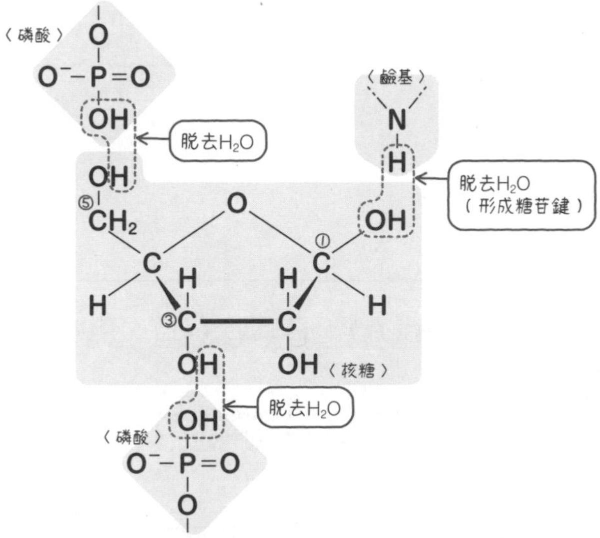

〈磷酸〉

〈鹼基〉

脫去H_2O

脫去H_2O
（形成糖苷鍵）

⑤CH_2

①

〈核糖〉

脫去H_2O

〈磷酸〉

　　而DNA內的糖則是「**去氧核糖**」，分子式為$C_5H_{10}O_4$。與核糖相同，3號碳與5號碳上的羥基分別與磷酸形成酯鍵，1號碳上的羥基則與鹼基形成糖苷鍵。

■DNA的結構

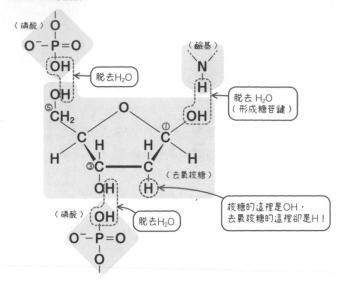

〈磷酸〉
脫去H₂O

〈鹼基〉
脫去 H₂O（形成糖苷鍵）

⑤ CH₂

③C

① C

〈去氧核糖〉

核糖的這裡是OH，
去氧核糖的這裡卻是H！

〈磷酸〉
脫去H₂O

② 鹼基的結構

速成重點！

DNA的鹼基包括**腺嘌呤（A）、鳥嘌呤（G）、胞嘧啶（C）、胸腺嘧啶（T）**。

RNA的鹼基包括**腺嘌呤（A）、鳥嘌呤（G）、胞嘧啶（C）、脲嘧啶（U）**。

再來是鹼基。DNA的鹼基有腺嘌呤、鳥嘌呤、胞嘧啶、胸腺嘧啶（簡稱為A、G、C、T），RNA的鹼基有腺嘌呤、鳥嘌呤、胞嘧啶、脲嘧啶（簡稱為A、G、C、U）。

參考 **核酸鹼基的結構**

核酸的鹼基包含以下幾種。

■DNA與RNA共通的鹼基

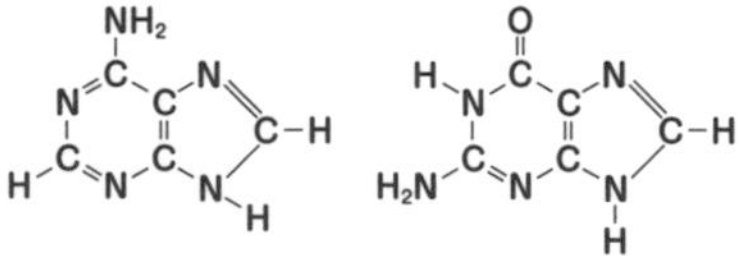

腺嘌呤（A）　　　　鳥嘌呤（G）　　　　胞嘧啶（C）

■各自特有的鹼基

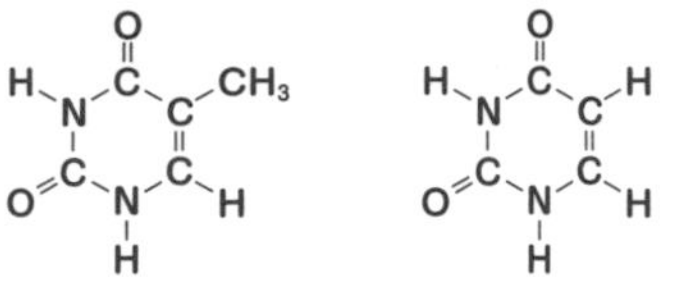

胸腺嘧啶（T）
〔DNA特有〕

腺嘧啶（U）
〔RNA特有〕

以DNA上的腺嘌呤為例，去氧核糖1號碳上的羥基會與腺嘌呤以糖苷鍵結合。順帶一提，精確來說，澱粉或纖維素內的糖苷鍵為「O-糖苷鍵」，DNA或RNA內的糖苷鍵則是「N-糖苷鍵」，兩者略有差異。

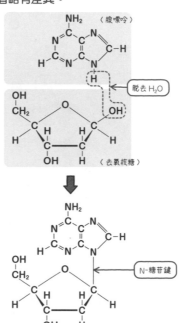

脫去 H₂O

（腺嘌呤）

（去氧核糖）

N-糖苷鍵

2 雙螺旋結構

速成重點！

鹼基配對為「**腺嘌呤（A）與胸腺嘧啶（T）**」、「**鳥嘌呤（G）與胞嘧啶（C）**」。

2股DNA鏈之間以氫鍵結合，形成「**雙螺旋結構**」。氫鍵在2個鹼基之間形成，腺嘌呤（A）會與胸腺嘧啶（T）配對，形成2個氫鍵；鳥嘌呤（G）會與胞嘧啶（C）配對，形成3個氫鍵。

■ DNA的雙螺旋結構

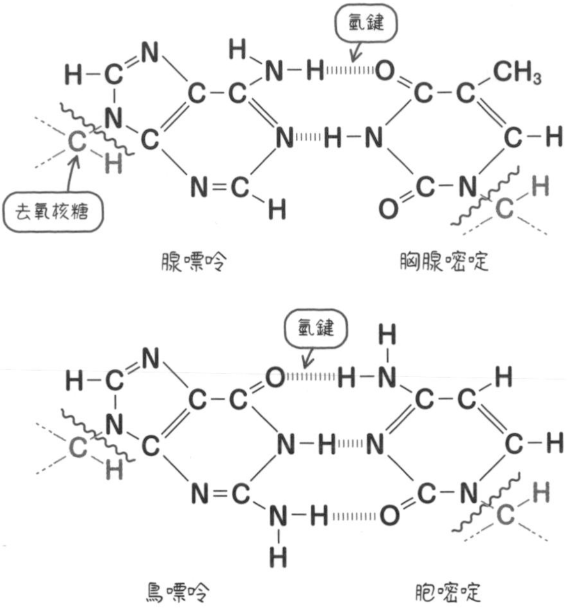

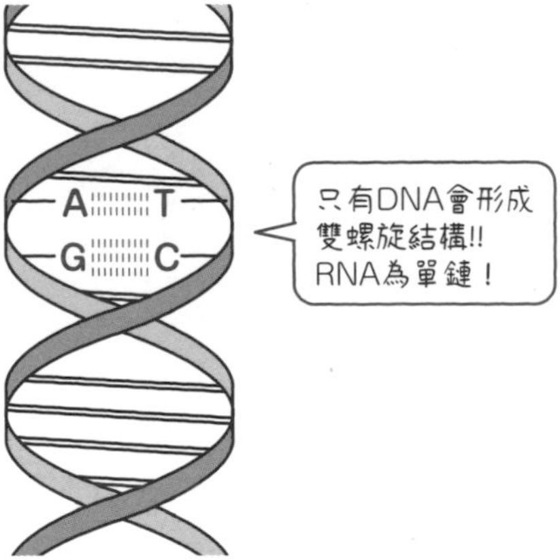

腺嘌呤　　　　　　　胸腺嘧啶

鳥嘌呤　　　　　　　胞嘧啶

只有DNA會形成雙螺旋結構!! RNA為單鏈！

第 **2** 章

合成高分子
化合物

33講　加成聚合與縮合聚合 ⋯⋯⋯⋯⋯⋯⋯⋯⋯⋯ p.330

34講　塑膠 ⋯⋯⋯⋯⋯⋯⋯⋯⋯⋯⋯⋯⋯⋯⋯⋯⋯⋯⋯ p.342

35講　功能性高分子化合物 ⋯⋯⋯⋯⋯⋯⋯⋯ p.348

自本節起，會介紹各種合成高分子化合物。合成高分子化合物是由石油等原料合成出來的產物。

1 加成聚合

（1）單體與聚合物

> 🔆 **速成重點！**
>
> 合成高分子化合物可人工製成。
> **單體聚合**後可得到**聚合物**。

合成高分子化合物由多個小分子聚合而成，做為原料的小分子稱為「**單體（monomer）**」，合成出來的高分子稱為「**聚合物（polymer）**」。

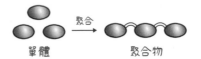

單體　　　　　　聚合物

代表性的反應形式包括「**加成聚合**」、「**縮合聚合**」、「**開環聚合**」等3種。

※其他還包括製造酚醛樹脂時所使用的「**加成縮合**」。（p.345）

（2）加成聚合

> 🔆 **速成重點！**
>
> 加成聚合時，會將單體分子內**碳碳雙鍵中的 π 鍵切斷**，
> 使多個單體分子連接成聚合物。

碳碳雙鍵中，1個鍵是較強的σ鍵，另一個是比較弱的π鍵。π鍵容易斷開，易產生加成反應（→p.210）。

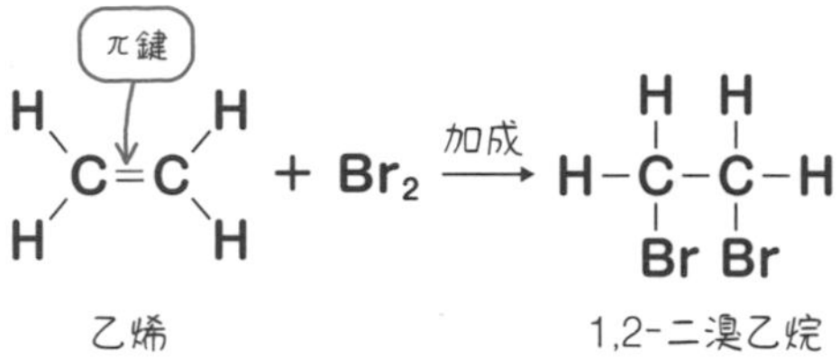
π鍵
加成
乙烯
1,2-二溴乙烷

加成反應時，斷開的π鍵會與其他原子重新鍵結。而在「**加成聚合**」反應中，會藉由斷開的π鍵連接起許多分子，形成高分子聚合物。

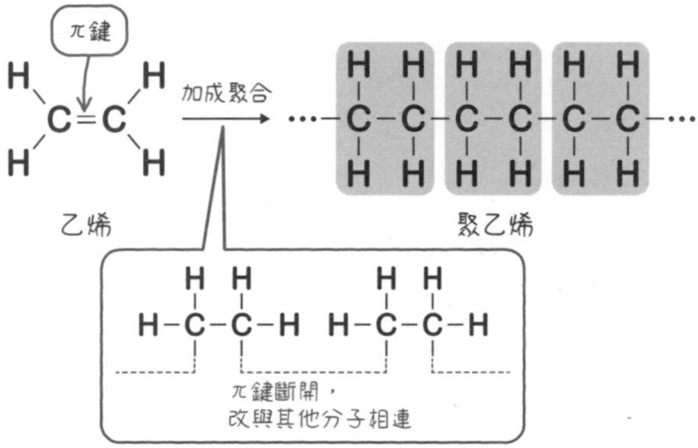
π鍵
加成聚合
乙烯
聚乙烯
π鍵斷開，
改與其他分子相連

(3) 以加成聚合合成的高分子

以下為幾種在加成聚合得到的高分子。

① 聚乙烯（PE）

由乙烯加成聚合生成。

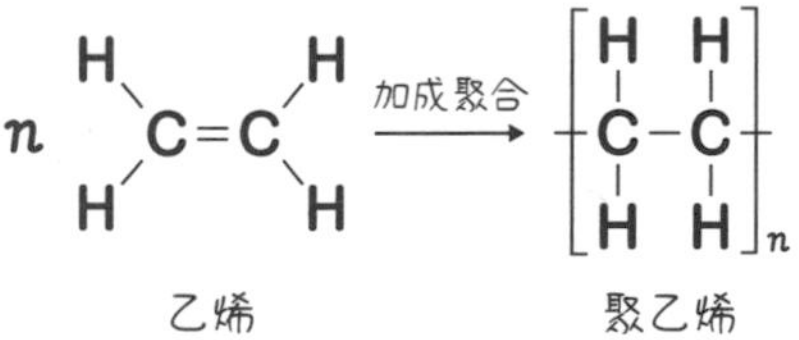
加成聚合
乙烯
聚乙烯

※n稱為「**聚合度**」。

② 聚丙烯（PP）

由乙烯加成聚合生成。

$$n \quad \begin{matrix} H \\ | \\ C \\ | \\ H \end{matrix} = \begin{matrix} H \\ | \\ C \\ | \\ CH_3 \end{matrix} \quad \xrightarrow{\text{加成聚合}} \quad \begin{bmatrix} H & H \\ | & | \\ -C-C- \\ | & | \\ H & CH_3 \end{bmatrix}_n$$

丙烯　　　　　　　　　聚丙烯

③ 聚氯乙烯（PVC）

乙炔與氯化氫在加成反應後可生成**氯乙烯**，氯乙烯加成聚合後可生成**聚氯乙烯**。

$$H-C\equiv C-H + HCl \xrightarrow{\text{加成}} \begin{matrix} H \\ | \\ C \\ | \\ H \end{matrix} = \begin{matrix} H \\ | \\ C \\ | \\ Cl \end{matrix}$$

乙炔　　　　氯化氫　　　　氯乙烯

$$n \quad \begin{matrix} H \\ | \\ C \\ | \\ H \end{matrix} = \begin{matrix} H \\ | \\ C \\ | \\ Cl \end{matrix} \quad \xrightarrow{\text{加成聚合}} \quad \begin{bmatrix} H & H \\ | & | \\ -C-C- \\ | & | \\ H & Cl \end{bmatrix}_n$$

氯乙烯　　　　　　　　聚氯乙烯

④ 聚丙烯腈

乙炔與氰化氫在加成反應後可生成**丙烯腈**。

丙烯腈加成聚合後可生成**聚丙烯腈**。聚丙烯腈的纖維與羊毛相似，也稱為「**聚丙烯腈纖維**」。

$$H-C\equiv C-H + H-C\equiv N \xrightarrow{\text{加成}} \begin{matrix} H \\ | \\ C \\ | \\ H \end{matrix} = \begin{matrix} H \\ | \\ C \\ | \\ C\equiv N \end{matrix}$$

乙炔　　　　氰化氫　　　　丙烯腈

$$n \quad \begin{matrix} H \\ | \\ C \\ | \\ H \end{matrix} = \begin{matrix} H \\ | \\ C \\ | \\ CN \end{matrix} \quad \xrightarrow{\text{加成聚合}} \quad \begin{bmatrix} H & H \\ | & | \\ -C-C- \\ | & | \\ H & CN \end{bmatrix}_n$$

丙烯腈　　　　　　　　聚丙烯腈

> 聚丙烯腈纖維
> 質輕柔軟，
> 與羊毛類似

⑤　聚醋酸乙烯酯（PVAc）

乙炔與醋酸在加成反應後可生成**乙酸乙烯酯**。

乙酸乙烯酯加成聚合後可生成**聚乙酸乙烯酯**。

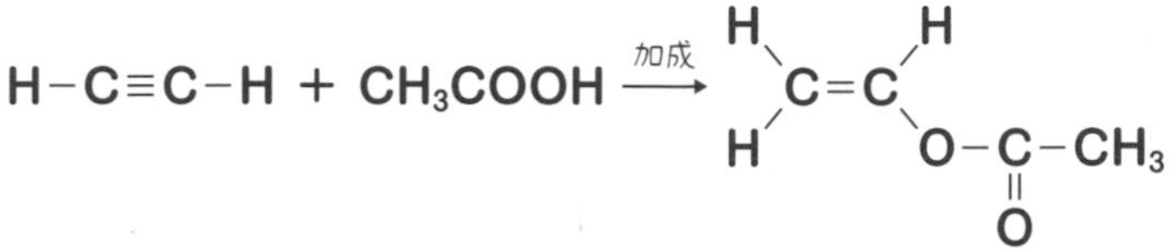

乙炔　　　　　　醋酸　　　　　　　　　乙酸乙烯酯

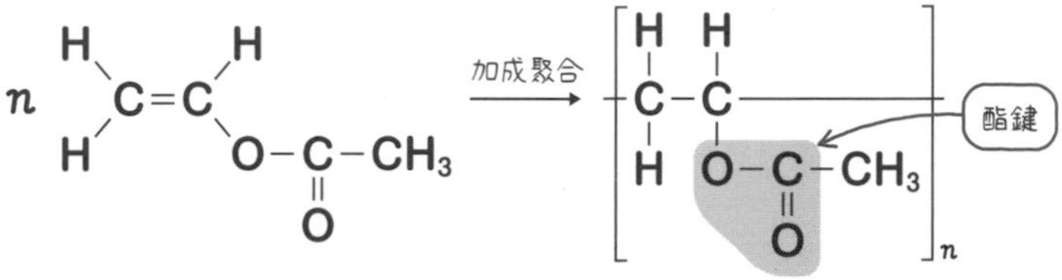

乙酸乙烯酯　　　　　　　　　聚乙酸乙烯酯

　　聚乙酸乙烯酯皂化後會生成**聚乙烯醇**。乙烯醇分子並不穩定，會馬上變成乙醛，所以一定要先合成出聚乙酸乙烯酯再皂化，才能製造出聚乙烯醇。

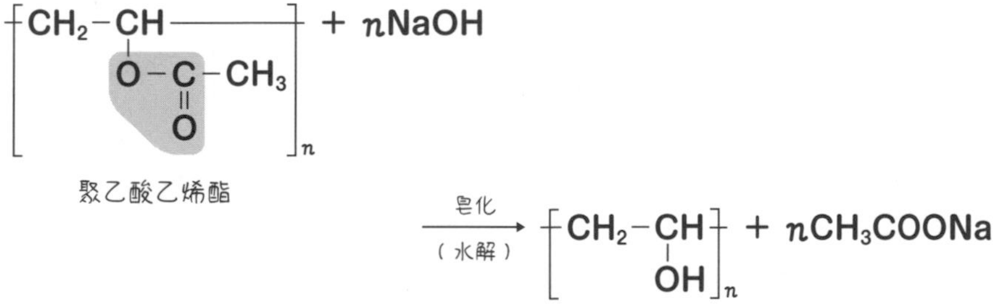

聚乙酸乙烯酯

聚乙烯醇

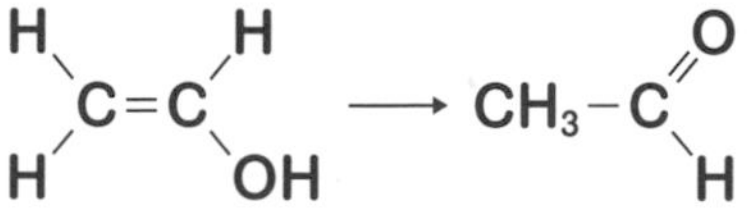

乙烯醇　　　　　　乙醛
（不穩定）

　　聚乙烯醇含有許多羥基，易溶於水。用甲醛將其「縮醛化」之後，可得到合成纖維「**維尼綸**」。維尼綸難溶於水，又有一定強度，可用於製作繩子與衣物。

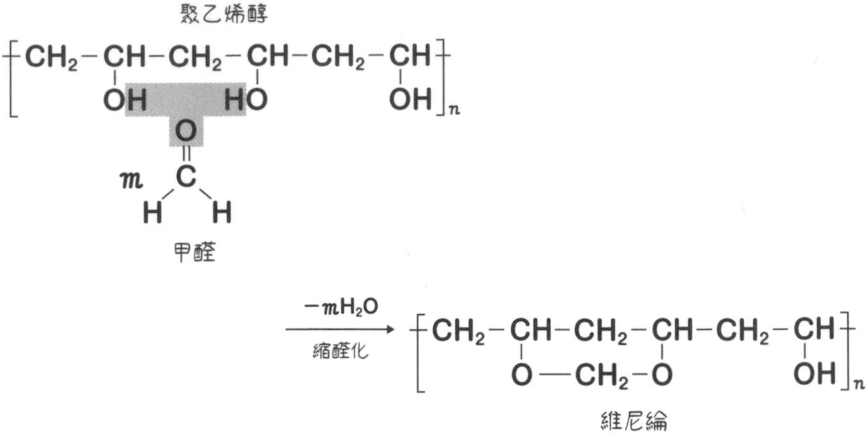

聚乙烯醇

$$\left[CH_2-CH-CH_2-CH-CH_2-CH \right]_n$$
$$\quad\quad\ OH \quad\quad HO \quad\quad\quad OH$$

$$m \quad C$$
$$H \quad H$$

甲醛

$$\xrightarrow[\text{縮醛化}]{-mH_2O}$$

$$\left[CH_2-CH-CH_2-CH-CH_2-CH \right]_n$$
$$\quad\quad\quad\ O-CH_2-O \quad\quad\quad OH$$

維尼綸

※縮醛化：羥基經脫水反應後形成酯鍵。

⑥ 聚苯乙烯（PS）

苯乙烯加成聚合後可生成**聚苯乙烯**。

將二氧化碳打入聚苯乙烯形成氣泡再固化後，就是所謂的「保麗龍」。

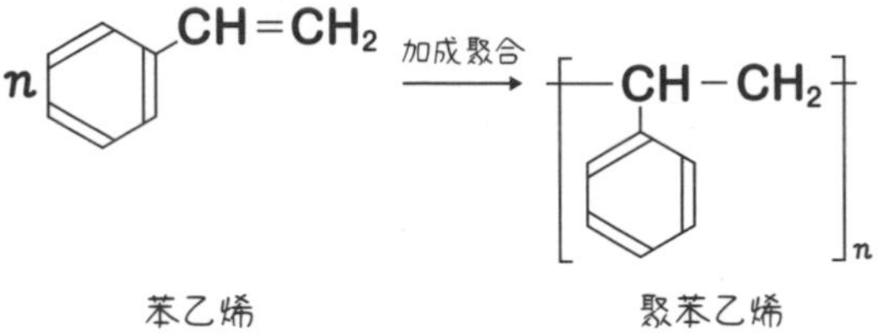

苯乙烯　　　　　　　聚苯乙烯

⑦ 聚四氟乙烯（PTFE）

四氟乙烯加成聚合後可生成**聚四氟乙烯**。聚四氟乙烯常用於平底鍋的表面加工（使食物不容易燒焦）。有時也稱為「鐵氟龍」，此為商品名。

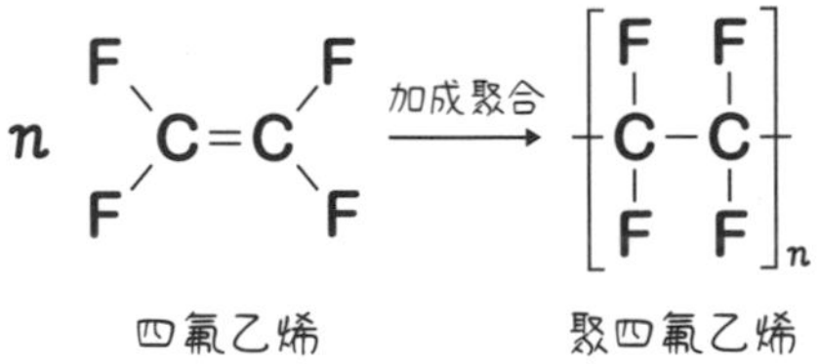

四氟乙烯　　　聚四氟乙烯

2 縮合聚合

（1）縮合聚合

💡 **速成重點！**

> 單體分子聚合時，如果分子間會**脫去1個簡單分子**，便屬於縮合聚合反應。

2個分子脫去1個簡單分子（通常是水分子）的反應，稱為「**縮合**」。譬如酯鍵與醯胺鍵的形成皆屬於縮合反應。

$$R-\overset{O}{\underset{OH}{C}} + HO-R' \xrightarrow{縮合} R-\overset{O}{\underset{O}{C}}-O-R' + H_2O \quad [酯鍵]$$

$$R-\overset{O}{\underset{OH}{C}} + \overset{H}{\underset{H}{N}}-R' \xrightarrow{縮合} R-\overset{O}{\underset{O}{C}}-\overset{H}{\underset{H}{N}}-R' + H_2O \quad [醯胺鍵]$$

多個單體分子縮合成聚合物即稱為「**縮合聚合**」。也就是說，單體分子間若脫去1個簡單分子，就會聚合成為聚合物。

（2）以縮合聚合合成的高分子

讓我們來看看有那些高分子是以縮合聚合合成的吧。

① 尼龍66（6,6-尼龍）（→p.270）

尼龍66（6,6-尼龍）是己二胺與己二酸交互排列而成的聚合物，彼此以醯胺鍵結合。

首先來看看「己二胺」這個物質。其原文名稱為hexamethylene diamine，名字很複雜吧。因為它有6個（hexa-）methylene（-CH_2-，甲烯基），故名為「hexamethylene」；有2個（di-）amine（-NH_2，胺基），故名為「diamine」。也就是說，它的名字只是單純表示結構而已。

■ 己二胺的結構

接著來看看「己二酸」的結構。這是碳鏈無分支的直鏈二羧酸（有2個羧基的化合物稱為「二羧酸」。→p.238）。

■ 己二酸的結構

己二胺與己二酸「縮合聚合」之後，可陸續脫去各個水分子，形成醯胺鍵。

$$n\,H_2N-(CH_2)_6-NH_2 + n \quad \underset{HO}{\overset{O}{\underset{}{\parallel}}}C-(CH_2)_4-\overset{O}{\overset{\parallel}{C}}OH$$

己二胺　　　　　　　　　己二酸
〈碳數6〉　　　　　　　〈碳數6〉

$$\xrightarrow{縮合聚合}\; H \left[\underset{H}{\overset{}{N}} - (CH_2)_6 - \underset{H}{N} - \underset{O}{\overset{}{C}} - (CH_2)_4 - \overset{}{C} \right]_n OH + (2n-1)H_2O$$

尼龍66

最後生成的高分子叫做「**尼龍66**」。尼龍內含有許多醯胺鍵，故屬於「聚醯胺纖維」。另外，「66」指的是碳數，己二胺與己二酸「碳數都是6」，所以是「66」。

來算算看尼龍66的式量吧。用一般方式計算，可以得到226。

■ 尼龍66的式量計算①

$$\left[\begin{matrix} N-(CH_2)_6-N-C-(CH_2)_4-C \\ | \qquad\qquad | \;\; || \qquad\qquad || \\ H \qquad\qquad H \;\; O \qquad\qquad O \end{matrix}\right]_n$$

15　　14×6=84　　15　28　　14×4=56　　28

$$15+84+15+28+56+28=\underline{226}\,(式量)$$

接著，讓我們用另一種比較聰明的方法來計算尼龍66的式量。己二胺的分子量為116，己二酸的分子量為146。而1個重複單位中「含有2個醯胺鍵」，所以式量為116＋146-18×2=226。

■ 尼龍66的式量計算②

己二胺：$$H_2N-(CH_2)_6-NH_2$$
16　＋　14×6　＋　16　=116

己二酸：$$HOOC-(CH_2)_4-COOH$$
45　＋　14×4　＋　45　=146

> 1個重複單位中
> 含有2個醯胺鍵

尼龍66：$$\left[\begin{matrix} N-(CH_2)_6-N-C-(CH_2)_4-C \\ | \qquad\qquad | \;\; || \qquad\qquad || \\ H \qquad\qquad H \;\; O \qquad\qquad O \end{matrix}\right]_n$$

$$116+146-18\times2=\underline{226}\,(式量)$$
2分子的H_2O

專 欄　人造絲是什麼？

　　1931年時，美國的卡羅瑟斯成功合成出了尼龍66。尼龍可做為絲襪的原料，當時被稱為「人造絲」。絲原本是指取自蠶繭，由蠶絲製成的動物纖維。人工製造的尼龍纖維擁有像絲一般的光澤，故被稱為「人造絲」。絲是蛋白質，含有許多「肽鍵（科學上與醯胺鍵相同）」，所以和擁有許多醯胺鍵的尼龍66有相似性質（現在的「人造絲」多指「縲縈」）。

合成尼龍66時，用的是碳數為6的己二酸。合成尼龍610時，則是用碳數為10的
癸二酸。嚴格來說，實際上用的是在羧基部分異於癸二酸的「癸二醯氯」。我們可以
在實驗室內用癸二醯氯輕鬆製造出尼龍。

$$\underset{\text{HO}}{\overset{\overset{\displaystyle O}{\|}}{C}}-(CH_2)_8-\underset{\text{OH}}{\overset{\overset{\displaystyle O}{\|}}{C}} \qquad \underset{\text{Cl}}{\overset{\overset{\displaystyle O}{\|}}{C}}-(CH_2)_8-\underset{\text{Cl}}{\overset{\overset{\displaystyle O}{\|}}{C}}$$

癸二酸　　　　　　　　　　癸二醯氯

　　將癸二醯氯溶於己烷中，將己二胺溶於氫氧化鈉水溶液中，再將上述2種溶液倒
在一起。己烷為有機溶劑，故會與水溶液分成2層。靜置一陣子，有機層與水層之間
會漸漸生成尼龍。

溶有癸二醯氯的
己烷溶液

己二胺與
氫氧化鈉的水溶液

靜置一陣子後
會生成尼龍

　　癸二醯氯與己二胺會脫去1個氯化氫，故屬於「縮合聚合」。氯化氫溶於水後會
形成鹽酸，故以氫氧化鈉「中和」掉，可提高反應效率。

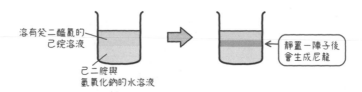

癸二醯氯　　　　　　　　　　　　己二胺

醯胺鍵

尼龍 610

② 聚對苯二甲酸乙二酯（PET）

聚對苯二甲酸乙二酯是乙二醇與對苯二甲酸交互排列而成的聚合物，彼此以酯鍵結合。

首先來看看「乙二醇」的結構。乙二醇有2個羥基，屬於「二元醇」。乙二醇相當於將乙烷的1號碳及2號碳的氫換成羥基，故正式名稱為「1,2-乙二醇」。

■乙二醇（1,2-乙二醇）的結構

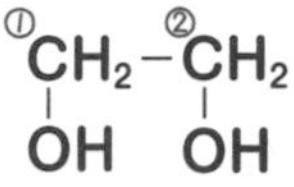

$$\overset{①}{C}H_2-\overset{②}{C}H_2$$
$$\;\;OH\quad\;\;OH$$

接著來看看對苯二甲酸的結構。對苯二甲酸的苯環上有2個羧基，彼此為對位關係，屬於芳香族羧酸。對二甲苯氧化後可得到對苯二甲酸。

■對苯二甲酸的結構

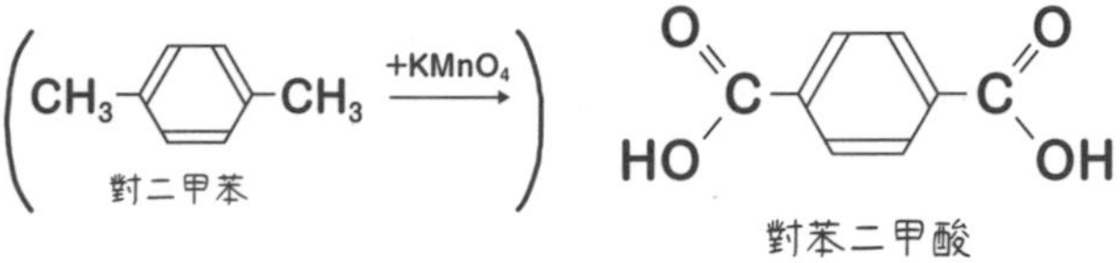

$$\left(CH_3-\!\!\bigcirc\!\!-CH_3\right)\xrightarrow{+KMnO_4}$$
對二甲苯

對苯二甲酸

乙二醇與對苯二甲酸「縮合聚合」時，會脫去水分子，形成酯鍵。

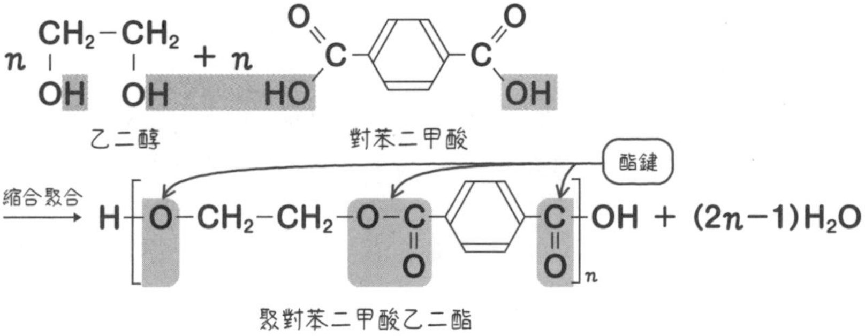

乙二醇　　　　　　　對苯二甲酸

酯鍵

$$\xrightarrow{縮合聚合}\; H\!-\!\!\left[O-CH_2-CH_2-O-\overset{O}{\underset{O}{C}}-\!\!\bigcirc\!\!-\overset{O}{\underset{}{C}}\right]_n\!\!-OH + (2n-1)H_2O$$

聚對苯二甲酸乙二酯

於是，最後生成的高分子化合物叫做「聚對苯二甲酸乙二酯（poly ethylene terephthalate）」。分子內含有許多酯鍵，故屬於「聚酯」。

另外，聚對苯二甲酸乙二酯也是寶特瓶的原料，是生活中常見又有名的化合物之一，請一定要牢牢記住。

最後，讓我們來算算看聚對苯二甲酸乙二酯的式量吧。

與尼龍66一樣，有2種計算方式。

■聚對苯二甲酸乙二酯的式量計算①

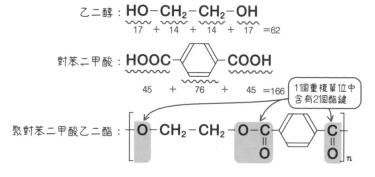

$$16+14+14+16+28+76+28=192（式量）$$

■聚對苯二甲酸乙二酯的式量計算②

乙二醇： HO–CH$_2$–CH$_2$–OH
17 ＋ 14 ＋ 14 ＋ 17 ＝62

對苯二甲酸： HOOC–〇–COOH
45 ＋ 76 ＋ 45 ＝166

> 1個重複單位中含有2個酯鍵

聚對苯二甲酸乙二酯：

$$62+166-18×2=192（式量）$$
2分子的H$_2$O

③ 開環聚合

ε-己內醯胺可進行「**開環聚合**」反應。

ε-己內醯胺是含有醯胺鍵的環狀結構化合物。斷開醯胺鍵再聚合後，可得到**尼龍6（6-尼龍）**。

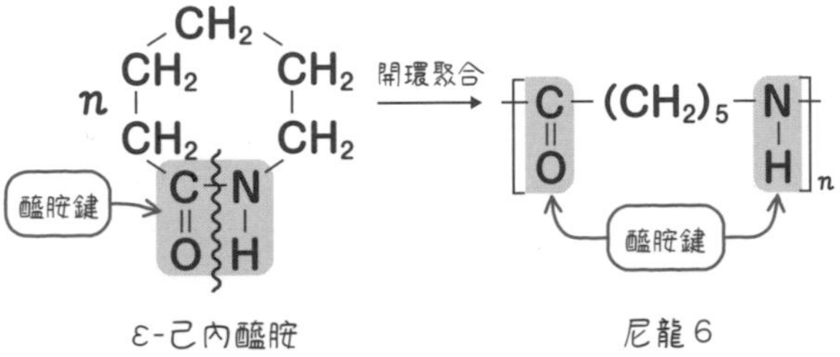

ε-己內醯胺　　　　　　　尼龍 6

尼龍6含有許多醯胺鍵，屬於聚醯胺纖維。「6」則表示 ε-己內醯胺的碳數為6。

這種聚合方式不會用到碳碳雙鍵，故不屬於加成聚合。另外，形成醯胺鍵的時候不會脫水（在單體的狀態下就已經有醯胺鍵）。因此，這種反應不是加成聚合，也不是縮合聚合，而是「打開環的聚合」，也就是「**開環聚合**」。

第34講 塑膠

我們日常生活中會用到許多塑膠產品。塑膠也被稱為「合成樹脂」，讓我們來看看塑膠的結構長什麼樣子吧。

合成高分子化合物中，用以製作成形品（容器或管路等）的材料稱為「**合成樹脂**」或「**塑膠**」。

塑膠可分為結晶部分較多的「**高密度塑膠**」，以及不定形（非結晶）部分較多的「**低密度塑膠**」。高密度塑膠較硬，機械強度較大，透明度較低；低密度塑膠則相反。

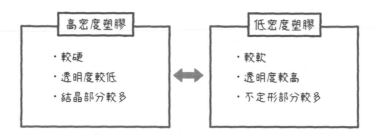

1 熱塑性塑膠

加熱後易軟化的塑膠為「**熱塑性塑膠**」。聚乙烯、聚丙烯、聚氯乙烯、聚苯乙烯、聚對苯二甲酸乙二酯（PET）等材質的分子為直線狀，加熱後分子劇烈運動，分子間作用力變弱，使這些材質容易軟化。

■ 熱塑性塑膠

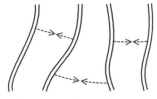

加熱後⋯

分子間力

分子呈直線狀結構

分子間力作用變弱，
使塑膠變軟

■ 熱塑性塑膠的例子

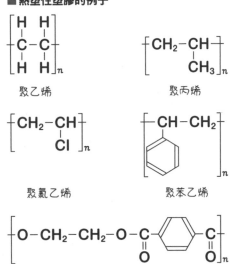

$$\left[\begin{array}{cc} H & H \\ | & | \\ -C & -C- \\ | & | \\ H & H \end{array}\right]_n$$

聚乙烯

$$\left[\begin{array}{c} CH_2-CH \\ | \\ CH_3 \end{array}\right]_n$$

聚丙烯

$$\left[\begin{array}{c} CH_2-CH \\ | \\ Cl \end{array}\right]_n$$

聚氯乙烯

$$\left[\begin{array}{c} -CH-CH_2 \\ \end{array}\right]_n$$

聚苯乙烯

$$\left[\begin{array}{c} -O-CH_2-CH_2-O-C--C- \\ \quad\quad\quad\quad\quad || \quad\quad\quad || \\ \quad\quad\quad\quad\quad O \quad\quad\quad O \end{array}\right]_n$$

聚對苯二甲酸乙二酯

除了上述高分子之外，還存在其他熱塑性塑膠。

重點在於「分子呈直線狀」！

聚甲基丙烯酸甲酯（也叫做壓克力）亦為熱塑性塑膠，常做為玻璃的替代材料，又稱有機玻璃。

$$n\ CH_2=\underset{\underset{O-CH_3}{\underset{||}{\underset{O}{C}}}}{\overset{CH_3}{\underset{|}{C}}}$$

加成聚合 →

$$\left[\begin{array}{c} CH_2-\overset{CH_3}{\underset{|}{C}}- \\ \underset{||}{\underset{O}{C}}-O-CH_3 \end{array}\right]_n$$

甲基丙烯酸甲酯

聚甲基丙烯酸甲酯

碳醯氯與雙酚A可聚合形成聚碳酸酯。聚碳酸酯可用於汽車的塑膠內裝、家電等，用途很廣。

碳醯氯　　　　　　　　　雙酚A

碳酸酯基（僅供參考）

加成反應
（−HCl）

聚碳酸酯

■ 熱塑性塑膠的性質與用途

名稱	性質	用途
聚乙烯	高密度產品為半透明堅硬材質。低密度產品為透明柔軟材質。	容器、塑膠袋、塑膠片等
聚丙烯	耐熱、機械強度大。	容器、汽車保險桿等
聚氯乙烯	不易燃燒、耐藥性強。	塑膠管、建材等
聚苯乙烯	透明且堅硬。	透明容器、文具等
聚對苯二甲酸乙二酯	透明且堅硬、耐藥性強。	寶特瓶、衣物原料等
聚甲基丙烯酸甲酯	透明且堅硬。	光纖、塑膠鏡片等
聚碳酸酯	透明且堅硬、耐衝擊。	汽車內裝、家電等

❷ 熱固性塑膠

　　加熱後會硬化的塑膠為「**熱固性塑膠**」。以下提到的酚醛樹脂、尿素甲醛樹脂皆屬於熱固性塑膠。這些分子呈立體網狀結構，加熱後會形成「**交聯結構**（cross-link，分子間會架起像橋一般的結構）」，使各單體進一步聚合，材質也變得更硬。

■**熱固性塑膠**

分子為立體網狀結構

加熱後…

進一步聚合，
變得更硬

（1）酚醛樹脂

　　苯酚與甲醛在反覆進行加成反應與縮合反應後，可生成「**酚醛樹脂**」。這種反應叫做「**加成縮合**」，反應時會生成「novolac」、「resol」等中間產物。

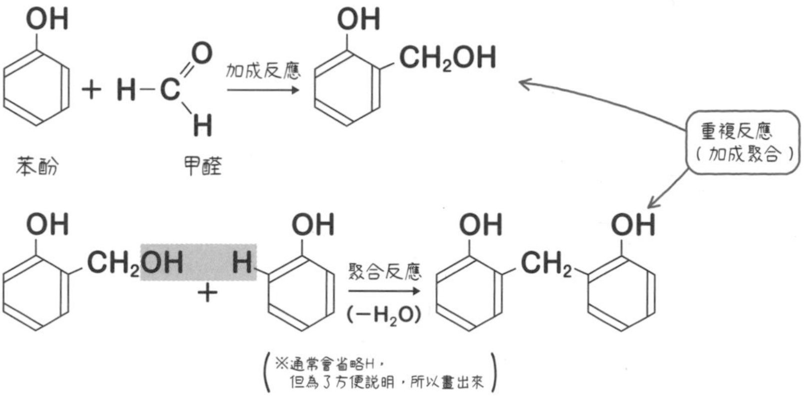

苯酚　　　　甲醛　　加成反應

重複反應
（加成聚合）

聚合反應

（−H_2O）

※通常會省略H，
但為了方便說明，所以畫出來

■**酚醛樹脂的合成**

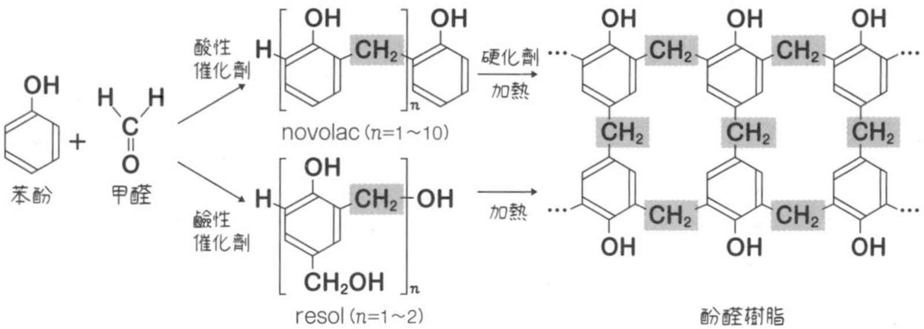

苯酚　　甲醛

酸性
催化劑

novolac（n=1～10）

鹼性
催化劑

resol（n=1～2）

硬化劑
加熱

加熱

酚醛樹脂

（2）尿素甲醛樹脂

尿素與甲醛在加成縮合反應後，可生成「**尿素甲醛樹脂**」。

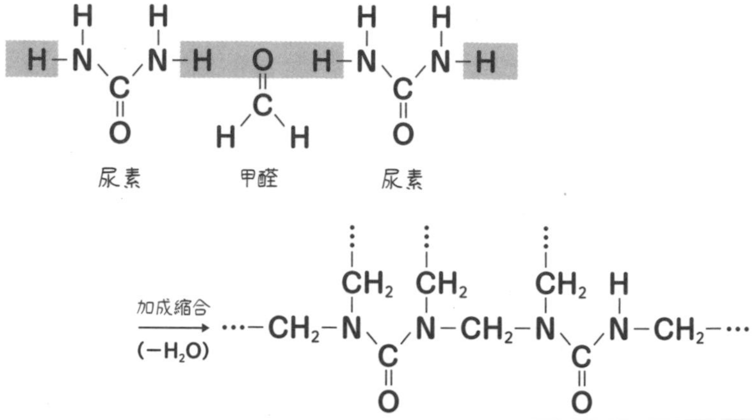

尿素　　　甲醛　　　尿素

加成縮合
（－H₂O）

尿素甲醛樹脂

（3）三聚氰胺甲醛樹脂（美耐皿）

三聚氰胺與甲醛在加成縮合反應後，可生成「**三聚氰胺甲醛樹脂**」。

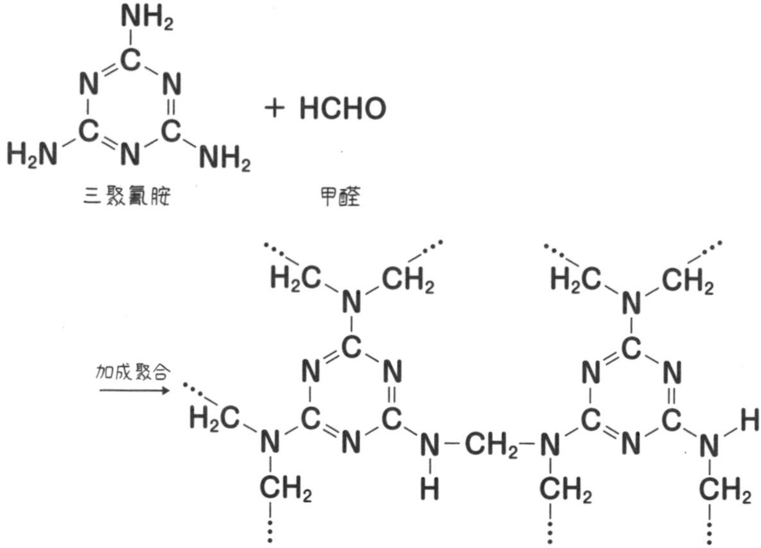

+ HCHO

三聚氰胺　　　　　　甲醛

加成聚合

三聚氰胺甲醛樹脂

■ 熱固性塑膠的性質與用途

名稱	性質	用途
酚醛樹脂	絕緣性優異。	插座、配電箱等
尿素甲醛樹脂	耐藥性強、易上色。	合板接著劑、鈕釦等
三聚氰胺甲醛樹脂	堅固、耐久性佳。	餐具、木材接著劑等

專欄　塑膠與環境

(1) 環境激素

　　含氯的高分子化合物（特別是聚氯乙烯）在低溫燃燒時會產生劇毒的「戴奧辛」。依照氯原子數目與位置的不同，戴奧辛也可分成許多種。不過我們提到戴奧辛時，說的通常是毒性最強的2,3,7,8－四氯雙苯環戴奧辛。

　　除了戴奧辛之外，塑膠也會釋出微量、但確實會對生物體造成各種影響的物質，這些物質稱為「內分泌干擾素（環境激素）」。

(2) 塑膠回收

　　塑膠難以自然分解，故為環境汙染的重要原因。我們應藉由回收工作，努力守護環境。

① 材料回收

將回收來的塑膠打碎、清洗後，重新塑形再利用。

② 能源回收

將塑膠完全燃燒，利用燃燒時釋出的熱。

③ 化學回收

在熱、催化劑的幫助下，以化學方式分解塑膠，做為其他產品的原料等。

第35講 功能性高分子化合物

近年來，人們開發出了各種有特殊功能的高分子化合物，活用在各個領域上。

有些高分子化合物的陽離子能與其他陽離子交換，有些高分子化合物能被微生物自然分解，這些有特殊功能的高分子化合物，稱為「**功能性高分子化合物**」。

1 離子交換樹脂

（1）陽離子交換樹脂

> **速成重點！**
>
> 陽離子交換樹脂含有**磺酸基**。

能用自己的陽離子交換其他陽離子的樹脂叫做「**陽離子交換樹脂**」。苯乙烯加成聚合後可生成聚苯乙烯。若在苯乙烯中混入少量對二乙烯苯，再啟動共聚合反應（2種以上單體的加成聚合），便會形成有「**交聯結構**」的共聚物。

之後再磺化，就可以得到陽離子交換樹脂了。

陽離子交換樹脂含有磺酸基，所以有強酸性，易釋出氫離子。譬如說，如果讓鈉離子通過，陽離子交換樹脂就會吸住鈉離子，並釋放出氫離子，就像是「交換」了鈉離子與氫離子一樣。

```
····−CH₂−CH−CH₂−CH−CH₂−····
        |         |         |
       [benzene] [benzene] [benzene]

····−CH₂−CH−CH₂−CH−CH₂−CH−····
        |         |
    [benzene]  [benzene]
               |
         [benzene]

····−CH₂−CH−
        |
    [benzene]
```

磺化 →

```
····−CH₂−CH−CH₂−CH−CH₂−····
        |         |         [SO₃H]
    [benzene] [benzene]
       |
     [SO₃H]

····−CH₂−CH−CH₂−CH−CH₂−CH−····
        |
    [benzene]

····−CH₂−CH−····
```

磺酸基會接在
苯乙烯單體的對位

陽離子交換樹脂

■ **陽離子交換樹脂**

$$R-SO_3H + Na^+ \rightleftharpoons R-SO_3Na + H^+$$

交換

磺酸基為強酸，
會釋放出氫離子

同時吸收鈉離子

將陽離子交換樹脂裝填至管柱內，再倒入氯化鈉水溶液，下方就會流出鹽酸。

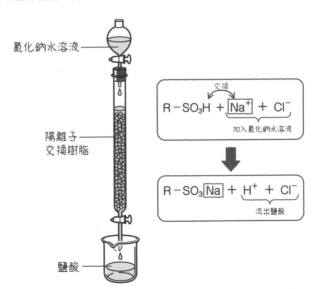

氯化鈉水溶液

陽離子
交換樹脂

鹽酸

交換

$$R-SO_3H + \boxed{Na^+} + Cl^-$$

加入氯化鈉水溶液

↓

$$R-SO_3\boxed{Na} + H^+ + Cl^-$$

流出鹽酸

（2）陽離子交換膜

陽離子交換膜是只讓陽離子通過的膜。

　　將陽離子交換樹脂製成膜狀，就是所謂的「**陽離子交換膜**」（→p.154）。膜上磺基通常接著鈉離子。

　　陽離子交換膜「只讓陽離子（通常是鈉離子）通過」，這個性質常用在電解操作上。

■ 陽離子交換膜

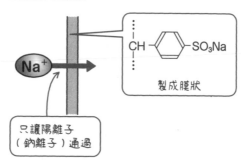

　　將陽離子交換膜置於電解槽中央，隔開兩邊。在陽極室內倒入濃氯化鈉水溶液，陰極室內倒入稀薄氫氧化鈉水溶液，電解後，陽極室的氯離子會愈來愈少，陰極室的氫氧根離子則愈來愈多。

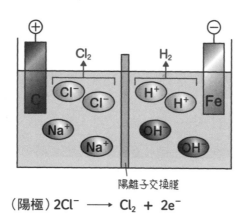

（陽極）$2Cl^- \longrightarrow Cl_2 + 2e^-$

（陰極）$2H_2O + 2e^- \longrightarrow H_2 + 2OH^-$

　　這樣下去，陽極室會逐漸帶有正電，陰極室則逐漸帶有負電。不過鈉離子會從陽極室移動到陰極室，故兩邊不會有電荷差異。

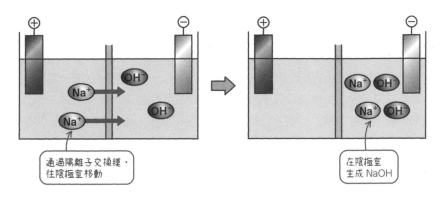

通過陽離子交換膜，往陰極室移動

在陰極室生成 NaOH

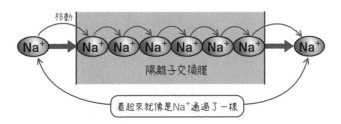

參考　為什麼陽離子交換膜只讓陽離子通過呢？

　　陽離子交換膜內部有許多鈉離子緊密排列在一起。當有鈉離子從一端進入膜內時，膜內所有鈉離子會一起往另一邊移動，使另一端的鈉離子離開膜，整體看來就像是鈉離子「通過了膜一樣」。

移動

看起來就像是Na⁺通過了一樣

陽離子交換膜

　　即使氫氧根離子想進去膜內，也會因為內部「已經被鈉離子擠滿」，而無法通過膜。

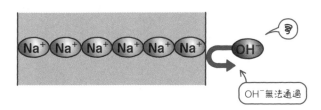

OH⁻無法通過

　　所以，陽離子交換膜「只讓陽離子（通常是鈉離子）通過」。

（3）陰離子交換樹脂

速成重點！

陰離子交換樹脂含有**銨鹽結構**。

　　能夠交換陰離子的樹脂稱為「**陰離子交換樹脂**」。含有銨鹽結構，易釋放出氫氧根離子。譬如說，如果讓氯離子通過，陰離子交換樹脂就會吸住氯離子，並釋放出氫氧根離子，就像是「交換」了氯離子與氫氧根離子一樣（也就是說，「交換」了「陰離子」）。

■**陰離子交換樹脂**

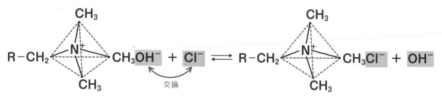

陽離子交換樹脂與陰離子交換樹脂並用，就可以由海水製造出純水。

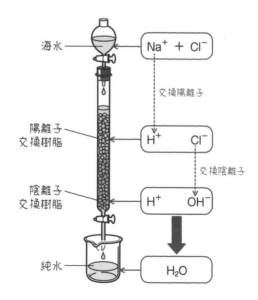

2 擁有吸水性的高分子

💡 速成重點！

擁有吸水性的高分子，多含有**離子化的羧基**。

聚丙烯酸鈉的吸水性相當強，因此常用在紙尿布上。

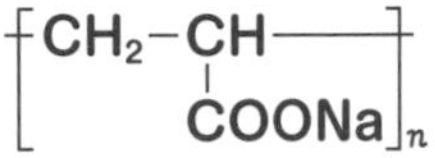

$$\left[\begin{array}{c} CH_2-CH \\ \quad\quad | \\ \quad\quad COONa \end{array} \right]_n$$

聚丙烯酸鈉

羧基易離子化。故聚丙烯酸鈉碰到水時，鈉離子會溶解於水中，使滲透壓上升，因而能吸入更多水。

另外，鈉離子解離後，成為陰離子的羧基部分會彼此排斥，加大空間，故能吸收更多的水分。

■ 聚丙烯酸鈉的吸水機制

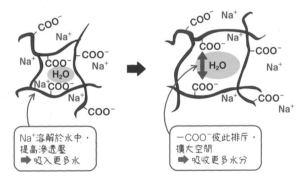

3 有生物可分解性的高分子化合物

（1）聚醯胺

酒石酸二甲酯為酒石酸的甲酯。酒石酸二甲酯與己二胺在縮合聚合後可生成「聚醯胺」。

$$\left(\begin{array}{c} \underset{HO}{\overset{O}{\underset{\shortmid}{\overset{\shortmid}{C}}}} - \underset{OH}{\overset{\shortmid}{CH}} - \underset{OH}{\overset{\shortmid}{CH}} - \underset{OH}{\overset{O}{\overset{\shortmid}{C}}} \right)$$

酒石酸

$$n\ H_3C-O-\underset{\overset{\shortparallel}{O}}{C}-\underset{OH}{\overset{\shortmid}{CH}}-\underset{OH}{\overset{\shortmid}{CH}}-\underset{\overset{\shortparallel}{O}}{C}-O-CH_3 \ +\ n\ H_2N-(CH_2)_6-NH_2$$

酒石酸二甲酯　　　　　　　　　　己二胺

$$\xrightarrow{\text{縮合聚合}} \left[\underset{\overset{\shortparallel}{O}}{C}-\underset{OH}{\overset{\shortmid}{CH}}-\underset{OH}{\overset{\shortmid}{CH}}-\underset{O\ H}{\overset{\shortmid}{C}-N}-(CH_2)_6-\underset{H}{\overset{\shortmid}{N}} \right]_n \ +\ 2n\ CH_3-OH$$

醯胺鍵　　　　　　　　（甲醇）

這種聚醯胺分子含有羥基，故可被微生物分解。

（2）聚酯

α-羥基酸是同一個碳上同時接有羧基與羥基的化合物。R為氫時是乙醇酸、R為甲基時是乳酸。這些分子在縮合聚合後能生成具有生物可分解性的聚酯（聚乙醇酸、聚乳酸）。

$$HO-\underset{\overset{\shortmid}{R}}{CH}-\underset{OH}{\overset{O}{\overset{\shortparallel}{C}}}$$

α-羥基酸

$$n\ HO-CH_2-\underset{OH}{\overset{O}{\overset{\shortparallel}{C}}} \ \xrightarrow{\text{縮合聚合}} \ \left[O-CH_2-\underset{\overset{\shortparallel}{O}}{C} \right]_n \ +\ n\ H_2O$$

乙醇酸　　　　　　　　　　　　酯鍵　聚乙醇酸

$$n\ HO-\underset{\overset{\shortmid}{CH_3}}{CH}-\underset{OH}{\overset{O}{\overset{\shortparallel}{C}}} \ \xrightarrow{\text{縮合聚合}} \ \left[O-\underset{\overset{\shortmid}{CH_3}}{CH}-\underset{\overset{\shortparallel}{O}}{C} \right]_n \ +\ n\ H_2O$$

乳酸　　　　　　　　　　　　酯鍵　聚乳酸

第4部 高分子化合物

第3章

高分子化合物與
人類生活

第36講 橡膠 p.356

第37講 纖維 p.361

第36講 橡膠

橡膠有彈性，可在一定程度內伸縮。是什麼樣的結構讓它有這種性質呢？本節將介紹所有橡膠的基礎——天然橡膠的結構。

1 橡膠的原料

介紹橡膠的原料前，請先確認一下「1,3-丁二烯（丁二烯）」的結構，要注意的是「有2個碳碳雙鍵」。

$$\overset{①}{C}=\overset{②}{C}-\overset{③}{C}=\overset{④}{C}$$

1,3-丁二烯

■ 橡膠的例子

$$CH_2=CH-CH=CH_2$$

1,3-丁二烯

$$\begin{array}{c} CH_2=C-CH=CH_2 \\ | \\ CH_3 \end{array}$$

異戊二烯

$$\begin{array}{c} CH_2=C-CH=CH_2 \\ | \\ Cl \end{array}$$

氯丁二烯

$$\left(\begin{array}{c} CH_2=C-CH=CH_2 \\ | \\ X \end{array}\right)$$

的結構

2 天然橡膠

（1）天然橡膠的結構

> 速成重點！
>
> 天然橡膠為**異戊二烯的加成聚合物**。

取自橡膠樹樹液的「**天然橡膠**」成分為聚異戊二烯，也就是異戊二烯的加成聚合物。異戊二烯有2個碳碳雙鍵，加成聚合後還會剩下1個，而這個雙鍵會移到分子中央。另外，異戊二烯存在順反異構物，不過天然橡膠都是「順式」的異戊二烯。天然橡膠也叫做「**生橡膠**」。

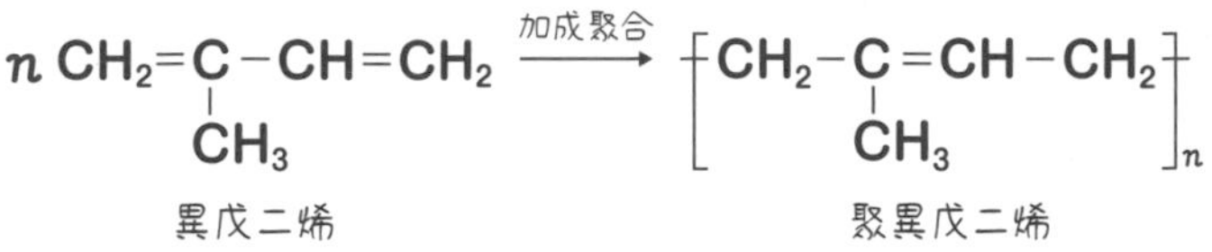

$$n \; CH_2=C-CH=CH_2 \xrightarrow{\text{加成聚合}} \left[CH_2-C=CH-CH_2 \right]_n$$

異戊二烯　　　　　　　　　　　　聚異戊二烯

■ **天然橡膠（聚異戊二烯：順式）的結構**

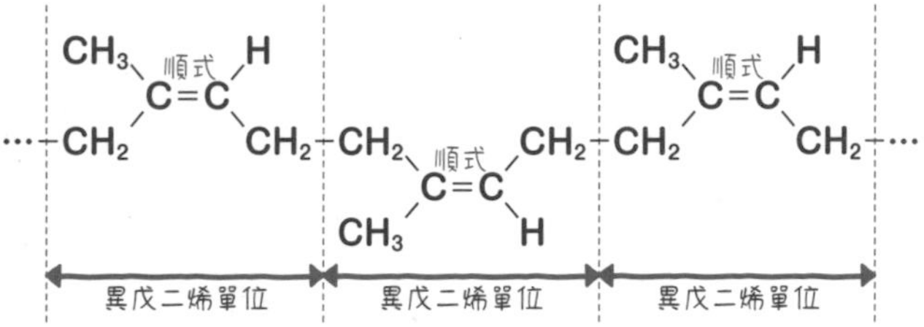

異戊二烯單位　　異戊二烯單位　　異戊二烯單位

（2）硫化

> **速成重點！**
>
> **硫化**後可形成**交聯結構**，增加彈力與強度。

在天然橡膠內加入5～8%的硫並加熱後，雙鍵會變成單鍵，以硫原子在橡膠分子間形成「**交聯結構**」，這可增加橡膠的彈力與強度，提升其使用上的耐久度。這個步驟稱為「**硫化**」。

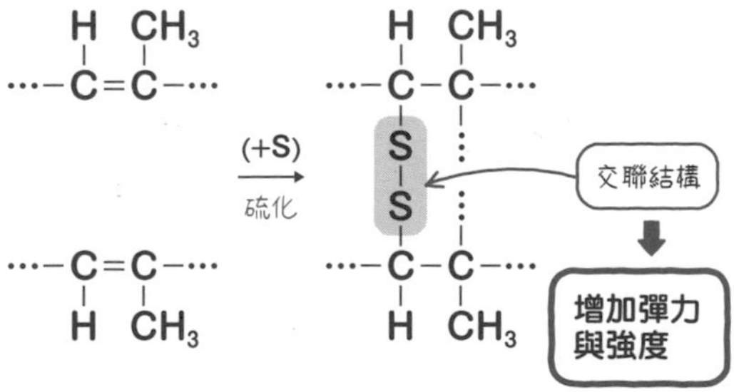

3 合成橡膠

天然橡膠以外的橡膠皆屬於「合成橡膠」。

（1）丁二烯橡膠（BR）與氯丁二烯橡膠（CR）

1,3-丁二烯在加成聚合後生成的橡膠，稱為**丁二烯橡膠**（BR）。聚合的單位可以是順式，可以是反式，也可以只有1個雙鍵參與聚合反應。

$$CH_2=CH-CH=CH_2$$
1,3-丁二烯

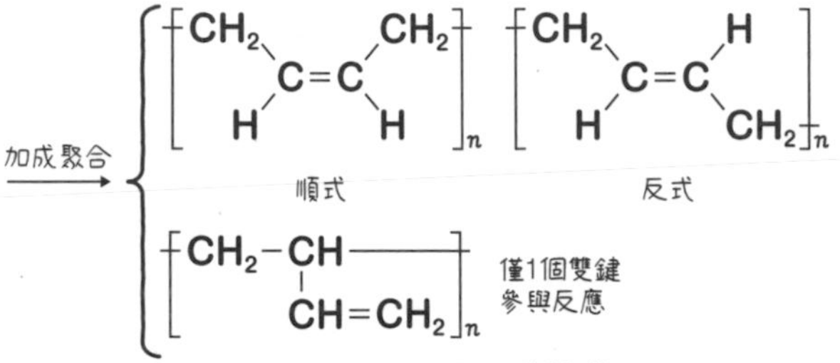

丁二烯橡膠
（ Butadiene Rubber ）

同樣的，氯丁二烯加成聚合後生成的橡膠，稱為氯丁二烯橡膠（CR）。

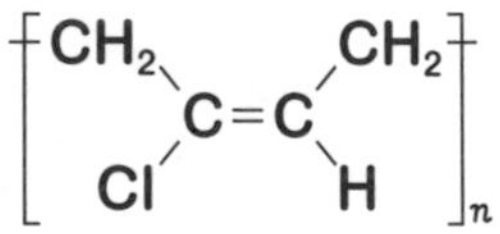

氯丁二烯橡膠（順式）
（ Chloroprene Rubber ）

（2）丁苯橡膠（SBR）

苯乙烯與丁二烯共聚合後生成的橡膠，稱為**丁苯橡膠**（SBR或Buna S）。

$$m \underset{\text{苯乙烯}}{\left[\text{CH=CH}_2 \text{ 苯環} \right]} + n \underset{\text{丁二烯}}{\text{CH}_2\text{=CH}-\text{CH=CH}_2}$$

$$\xrightarrow{\text{共聚合}} \underset{\text{丁苯橡膠}}{\left[\text{CH}-\text{CH}_2 \right]_m \left[\text{CH}_2-\text{CH=CH}-\text{CH}_2 \right]_n}$$

（Styrene-Butadiene Rubber）

（3）丁腈橡膠（NBR）

丙烯腈與丁二烯共聚合後可生成**丁腈橡膠（NBR）**，可用於需要耐油性的軟管或緩衝材料。

$$m \underset{\text{丙烯腈}}{\left[\begin{array}{c} H \\ H \end{array} C=C \begin{array}{c} H \\ C\equiv N \end{array} \right]} + n \underset{\text{丁二烯}}{\text{CH}_2\text{=CH}-\text{CH=CH}_2}$$

$$\xrightarrow{\text{共聚合}} \underset{\text{丁腈橡膠}}{\left[\begin{array}{c} \text{CH}_2-\text{CH} \\ | \\ \text{C}\equiv\text{N} \end{array} \right]_m \left[\text{CH}_2-\text{CH=CH}-\text{CH}_2 \right]_n}$$

（Nitrile Butadiene Rubber）

（4）氟橡膠

二氟乙烯與六氟丙烯共聚合後可生成**氟橡膠**，擁有優異的耐熱性與耐藥性。

$$m \underset{\text{二氟乙烯}}{\left[\begin{array}{c} H \\ H \end{array} C=C \begin{array}{c} F \\ F \end{array} \right]} + n \underset{\text{六氟丙烯}}{\text{CF}_2\text{=CF}-\text{CF}_3}$$

$$\xrightarrow{\text{共聚合}} \underset{\text{氟橡膠}}{\left[\text{CH}_2-\text{CF}_2 \right]_m \left[\begin{array}{c} \text{CF}_2-\text{CF} \\ | \\ \text{CF}_3 \end{array} \right]_n}$$

（5）矽氧橡膠

矽氧烷分子由矽與氧交互排列而成，可聚合成合成橡膠——聚矽氧烷。耐熱性、耐寒性、耐藥性、電流絕緣性皆相當優異。

$$\underset{\underset{CH_3}{|}}{\overset{\overset{CH_3}{|}}{Si}}-O-\underset{\underset{O}{|}}{\overset{\overset{CH_3}{|}}{Si}}-O-\underset{\underset{CH_3}{|}}{\overset{\overset{CH_3}{|}}{Si}}-O-\underset{\underset{CH_3}{|}}{\overset{\overset{CH_3}{|}}{Si}}-O\cdots$$

$$\cdots-O-\underset{\underset{CH_3}{|}}{Si}-O-\underset{\underset{CH_3}{|}}{\overset{\overset{CH_3}{|}}{Si}}-O-\cdots$$

■ 合成橡膠的性質與用途

名稱	性質	用途
丁二烯橡膠 （BR）	耐磨耗性高。 回彈性高。	輪胎、軟管等
氯丁二烯橡膠 （CR）	機械強度高。 耐熱性強。	腰帶、機械零件等
丁苯橡膠 （SBR）	耐磨耗性高。 耐熱性強。	輪胎、鞋底等
丁腈橡膠 （NBR）	耐磨耗性高。 具耐油性。 耐熱性強。	軟管、緩衝材料等
氟橡膠	耐熱、耐藥性優異。	墊圈、電路零件等
矽氧橡膠	耐熱、耐寒、耐藥性優異。 電流絕緣性優異。	化學用品、醫療器材等

纖維

可做為衣物等原料的纖維，大致上可分成棉、絲等天然纖維，以及尼龍、聚酯等合成纖維。另外還有再生纖維與半合成纖維。

❶ 天然纖維

取自植物的植物纖維、取自動物的動物纖維等存在於自然界的纖維，皆屬於「天然纖維」。

（1）植物纖維

> 棉與麻的主成分為**纖維素**。

「棉」取自棉花。麻可分為「亞麻（linen）」與「苧麻（Ramie）」2種，我們所用的麻纖維取自這2種植物的莖。

棉與麻的主成分皆為「纖維素（$(C_6H_{10}O_5)_n$）」（→p.302）。

（2）動物纖維

> 絲的主成分為**絲蛋白**與**絲膠蛋白**。
> 羊毛的主成分為**角蛋白**，是**吸水性最強**的纖維。

「絲」取自蠶繭，是由蠶絲製成的動物纖維，含有絲蛋白與絲膠蛋白等2種蛋白質。

「羊毛」則是由名為角蛋白的蛋白質組成。

蛋白質中含有吸水性強的羥基與胺基，故吸水性相當優異。其中又以羊毛為吸水性最強的纖維。

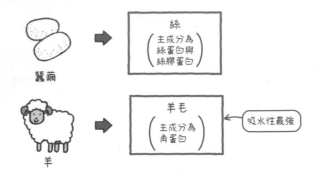

蠶繭　→　絲
（主成分為
絲蛋白與
絲膠蛋白）

羊　→　羊毛
（主成分為
角蛋白）　←　吸水性最強

2 化學纖維

天然纖維以外的纖維，皆屬於「**化學纖維**」。

(1) 再生纖維

💡 **速成重點！**

再生纖維在化學分子層次上與**纖維素**相同。

將纖維素（天然纖維）溶於溶劑中，再用酸性溶液拉出纖維，使纖維再生，就是所謂的「**再生纖維**」。再生纖維在化學分子層次上仍與纖維素相同。

氫鍵

纖維素　溶於溶劑　→　溶劑　用酸性溶液拉出纖維　→　氫鍵　再生纖維（縲縈）

(2) 半合成纖維

💡 **速成重點！**

將纖維素的部分（74%以上）羥基乙醯化後，
可得到醋酸纖維，屬於「**半合成纖維**」。

纖維素（天然纖維）經化學處理後，產物為「**半合成纖維**」。將纖維素與醋酸、醋酸酐、少量濃硫酸混合後，可使羥基乙醯化，得到三醋酸纖維素。

將一部分（74%以上）的酯鍵水解，並纖維化後，可以得到「**醋酸纖維**」。醋酸纖維在化學分子層次上類似「二醋酸纖維素」。

$$[C_6H_7O_2(OH)_3]_n \xrightarrow[\text{乙醯化}]{(+(CH_3CO_2)O)} [C_6H_7O_2(OCOCH_3)_3]_n$$

纖維素　　　　　　　　　　　　　　　　三醋酸纖維素

$$\xrightarrow[\text{部分．水解}]{} [C_6H_7O_2(OCOCH_3)_2(OH)]_n$$

二醋酸纖維素
↓
醋酸纖維

（3）合成纖維

💡 **速成重點！**

合成纖維包括**聚醯胺**與**聚酯**等。

以石油等為原料，經聚合反應形成高分子化合物再纖維化後，可得到「**合成纖維**」。

經加成聚合合成的纖維包括**維尼綸**（→p.333）與**聚丙烯腈纖維**（**聚丙烯腈**，→p.332）等。

經縮合聚合合成的纖維則包括屬於「**聚醯胺**」的**尼龍66**（**6,6-尼龍**）（→p.335）、**芳香聚醯胺纖維**等，以及屬於「**聚酯**」的**聚對苯二甲酸乙二酯**（→p.339）。

n Cl-C-☐-C-Cl + n H₂N-☐-NH₂

對苯二甲醯氯　　　　　　　　對苯二胺

縮合聚合 → [C-☐-C-N-☐-N]ₙ + 2n HCl

芳香聚醯胺纖維

英數字、希臘字母

1,3-丁二烯	356,358
1-丙醇	231
2,4,6-三硝基甲苯（TNT）	284
2,4,6-三硝基苯酚（苦味酸）	284
2,4,6-三溴苯酚	284
2-丁醇	241
2-丙醇	189,226,233
6,6-尼龍	270,335,337,363
6-尼龍	341
amorphous	173
bronze	184
Buna S	358
DNA	324
fructose	292
glucose	289,291
J（焦耳）	58
lactose	295
maltose	294
monomer	330
polymer	330
RNA	324
sucrose	295
α-半乳糖	292
α-胺基酸	306,307
α-葡萄糖	289,291
α螺旋	316,317
β-半乳糖	292,295
β-果糖	293
β-葡萄糖	289,291
β摺板	316,317
γ-胺基丁酸	307
ε-己內醯胺	341
π鍵	210
σ鍵	210

1～5劃

一元醇	222
一氧化氮	122
一氧化碳	128,170
一級結構	317
一級醇	224
乙二醇	339
乙炔	128,189,219
乙苯	271
乙烯	189,211,228
乙烯醇	221,245
乙烷	201
乙酸乙烯酯	220,245,333
乙酸乙酯	189,243
乙醇	223,225,227,231
乙醇鈉	227
乙醚	228
乙醛	221,225,231,245
乙醯化	268,274
乙醯水楊酸	273
乙醯苯胺	268
丁二烯	359
丁二烯橡膠（BR）	358,360
丁苯橡膠（SBR）	358,360
丁烷	202,205
丁腈橡膠（NBR）	359,360
丁醇	240
二元醇	222
二氟乙烯	359
二氧化矽	170
二氧化硫	120,130,165
二氧化氮	122,130,132
二氧化碳	116,130,170
二級結構	317
二級醇	224,233
二羧酸	238
二鉻酸根離子	146
二鉻酸鉀	146
二醋酸纖維素	363
十二烷基	252
十氧化四磷	135,136,239
三肽	316
三相點	31
三級結構	318
三級醇	224
三碳糖	289
三聚氰胺甲醛樹脂（美耐皿）	346,347
三醋酸纖維素	363
三鍵	219
凡特何夫定律	48
己二胺	335,354
己二酸	335
己烷	202

不可逆反應	68
不乾性油	247
不飽和	196
不飽和度	285
不飽和脂肪酸	235,236,237
不飽和鍵	197
不對稱碳	240
不鏽鋼	185
中和熱	64
丹尼爾電池	98
五員環結構	293
五氧化二磷	135
元素分析	190
六方最密堆積	8,14
六氟丙烯	359
六員環結構	293
六氯環己烷	262
六碳糖	289
分子內脫水	242
分子式	188,190
分子間力	32
分液漏斗	280
分壓	25
化學平衡	74
化學平衡定律	80
化學纖維	362
反式	214,238
反應速率	68
反應速率式	69
反應速率常數	69
反應熱	58
天門冬胺酸	309
天然高分子化合物	288
天然橡膠	356,357
天然纖維	361
支鏈胺基酸	310
支鏈澱粉	299
月桂酸	237
水合	38
水泥	173
水的離子積	87,88
水玻璃	171
水楊酸	272
水楊酸甲酯	273
水楊酸鈉	272
水溶液	36
水解	244,265
水層	280
王水	184
丙胺酸	309,314
丙烯腈	220,332,359
丙烷	201
丙酮	189,226,233
丙酸	231
丙醛	231

功能性高分子化合物 ………… 348
加水分解反應 …………… 156
加成反應 ……… 197,211,219,262
加成聚合 ………212,330,331
加成縮合 …………… 345
半合成纖維 ……… 362,363
半乳糖 …………… 292
半乾性油 …………… 247
半透膜 …………… 47
半電池 …………… 98
去氧核糖 …………… 325
去氧核糖核酸 …………… 324
可逆反應 …………68,74
四氧化三鐵 …………… 183
四級結構 …………… 318
尼龍6 …………… 341
尼龍610 …………… 338
尼龍66 ………270,335,337,363
布朗運動 …………… 53
平衡常數 …………… 80
平衡移動原理 …………… 76
必需胺基酸 …………… 306
戊烷 …………… 202
本生燈 …………… 150
正反應 …………68,74
正極 …………… 98
甘油 …………… 245,246
甘胺酸 …………… 308
生成熱 …………62,64
生物可分解性 …………… 353
生橡膠 …………… 357
甲苯 …………… 271
甲烷 …………128,201
甲酚 …………… 264
甲醇 …………… 223,230,232
甲醛 …………… 230,232
白胺酸 …………… 310
白銅 …………… 184
石英 …………… 174
石英玻璃 …………… 174
石膏 …………… 146
石墨 …………… 169
石墨烯 …………… 169
示性式 …………188,189
立體異構物 …………… 214

6～10劃

交聯結構 …………… 344,348,357
光學異構物 …………… 240
共振結構 …………… 258
再生纖維 …………… 362
再結晶（法） …………… 41
冰晶石 …………… 157
合成高分子化合物 ……… 288,330
合成清潔劑 …………… 252
合成樹脂 …………… 342
合成橡膠 …………… 358
合成纖維 …………… 363
合金 …………… 184
同系物 …………… 202
同素異形體 …………… 164
同離子效應 …………… 96
向上排氣法 …………… 133,134
向下排氣法 …………… 133,134
多元醇 …………… 222
多肽 …………… 316
多醣 …………… 297
安息香酸 …………… 270,282
安息香酸鈉 …………… 281
有機化合物 …………… 188
有機肥料 …………… 168
有機層 …………… 280
次單元 …………… 318
次氯酸 …………… 161
羊毛 …………… 361
色蛋白 …………… 319
亨利定律 …………… 50
位置異構物 …………… 260
低級脂肪酸 …………… 236
低密度塑膠 …………… 342
冷卻曲線 …………… 43
吡喃型 …………… 293
含氧酸 …………… 165
吸熱反應 …………… 58
呋喃型 …………… 293
完全燃燒 …………… 61
尿素甲醛樹脂 …………… 346,347
廷得耳效應 …………… 53
形狀記憶 …………… 185
形狀記憶合金 …………… 185
杜拉鋁 …………… 185
汞 …………… 179
汽化熱 …………60,64
沉澱 …………… 137
皂化 …………… 244,249
肝糖 …………… 302
角蛋白 …………… 361
乳化作用 …………… 250,251
乳酸 …………… 239
乳糖 …………… 295

亞油酸 …………… 237,246
亞麻酸 …………… 237,246
兩性元素 ……… 113,114,178,181
兩性氧化物 …………112,113
兩性離子 …………… 312
典型元素 …………… 111
取代反應 …………… 204,260,283
取代基 …………… 204,260
受質 …………… 322
受質專一性 …………… 321,322
奈米碳管 …………… 169
官能基 …………189,198
延胡索酸 …………… 238
放熱反應 …………… 58
昇華 …………… 164
昇華熱 …………60,64
昇華壓曲線 …………… 30
明礬 …………… 180
果糖 …………… 292
沸點上升 …………… 45
沸點上升度 …………… 46
油 …………… 247
油脂 …………… 246
油酸 …………… 237,246
法拉第常數 …………… 107
法拉第電解定律 …………106,107
波以耳－查理定律 …………… 22
波以耳定律 …………… 21
波特蘭水泥 …………… 173
炔 …………… 219
狀態方程式 …………… 23
狀態變化 …………… 59
直鏈 …………… 196
直鏈澱粉 …………… 299
矽 …………… 170
矽氧橡膠 …………… 360
矽酸 …………… 171
矽膠 …………136,171
肥皂 …………… 248,249
肥料三元素 …………… 168
肽鍵 …………… 316
芳香族 …………… 197
芳香族化合物 …………… 197,256
芳香族化合物的分離 …………… 280
芳香族胺基酸 …………… 310
芳香族羧酸 …………… 270
芳香烴 …………… 259
芳香聚醯胺纖維 …………… 363
金 …………… 184
金屬元素 …………111,176
金屬結晶 …………… 8
金屬精鍊 …………… 156
青銅 …………… 184
非金屬元素 …………111,160
非晶質 …………… 173

非極性溶劑……………………… 36
保護膠體………………………… 52
哈伯－博施法…………………… 151
查理定律………………………… 22
氟………………………………… 161
氟化氫…………………………119,131
氟橡膠…………………………359,360
洗淨作用………………………250,251
活化能…………………………… 71
活化錯合物……………………… 71
玻璃……………………………… 173
界面活性作用…………………… 253
界面活性劑……………………… 253
相圖……………………………… 30
紅磷……………………………… 168
紅鐵鏽…………………………… 183
胃蛋白酶………………………… 322
胞嘧啶（C）…………………… 326
苯……………………221,256,275,277
苯乙烯…………………………… 359
苯丙胺酸………………………… 310
苯甲醇…………………………263,271
苯胺……………………………266,282
苯胺黑…………………………… 266
苯胺鹽酸鹽……………………… 267
苯酚…………263,264,281,282,283
苯酚鈉…………………265,272,281
苯酚類…………………………… 263
苯環……………………………… 259
苯磺酸…………………………… 261
苯磺酸鈉………………………… 265
負極……………………………… 98
面心立方晶格…………………… 8,10
風化……………………………… 176
原子半徑………………………… 10
柴瑟夫規則……………………… 218
核苷酸…………………………… 324
核蛋白…………………………… 319
核酸……………………………… 324
核糖……………………………… 325
核糖核酸………………………… 324
氣液平衡………………………… 30
氣體……………………………… 20
氣體收集法……………………… 133
氣體的乾燥劑…………………… 134
氣體製造方法…………………… 116
氧……………………………125,164
氧乙炔火焰……………………… 219
氧化反應………………………98,102
氧化物…………………………… 112
氧化釩…………………………… 153
氧化銅（Ⅰ）…………………… 183
氧化銅（Ⅱ）…………………… 183
氧化膜…………………………179,182
氧化鋁…………………………… 180

氧化鐵（Ⅲ）…………………… 183
氨…………117,131,133,134,151,167
氨鹼法…………………………… 155
真鍮……………………………… 184
索爾維法………………………… 155
胰蛋白酶………………………… 322
胸腺嘧啶（T）………………… 326
胺………………………………… 266
胺基……………………………… 198
胺基酸…………………………… 313
能量圖…………………………… 58
脂肪……………………………… 247
脂肪族…………………………… 197
脂肪族化合物…………………197,200
脂肪酸…………………………… 236
脂蛋白…………………………… 319
脂酶……………………………… 248
臭氧……………………………127,164
茚三酮反應……………………… 321
逆反應…………………………68,74
配位數…………………………… 11
配位鍵…………………………… 147
酒石酸…………………………… 239
酒石酸二甲酯…………………… 354
酒精發酵………………………289,292
馬口鐵…………………………… 186
馬可尼可夫法則………………… 217
馬來酸…………………………… 238
馬來酸酐………………………238,275
高分子化合物…………………212,288
高級脂肪酸……………………237,246
高級結構………………………… 318
高密度塑膠……………………… 342

乾性油…………………………… 247
乾燥劑…………………………… 134
乾餾……………………………… 233
偶氮染料………………………268,269
偶氮基…………………………… 269
偶聯反應………………………… 269
勒沙特列原理…………………… 76
動物纖維………………………… 361
排水集氣法……………………… 133
接觸法…………………………… 153
斜方硫…………………………… 165
殺菌作用………………………132,161
氫………………………………126,220
氫化油…………………………… 248
氫氟酸…………………………… 161
氫氧化物………………………… 137
氫氧化鈉………………………… 153
氫氧化鐵（Ⅲ）………………… 54
氫氧根離子……………………… 137
氫鍵……………………………… 37
烯………………………………… 209
烴基……………………………… 203
烷………………………………… 201
烷基……………………………… 203
球狀蛋白質……………………… 318
理想氣體………………………23,32
理想氣體狀態方程式…………… 23
異丙苯…………………………… 264
異丙苯法………………………… 264
異戊二烯………………………356,357
異白胺酸………………………… 310
異構物…………………………… 205
疏水基…………………………… 250
疏水膠體………………………… 52
硫……………………………165,315,320
硫化……………………………… 357
硫化物…………………………… 143
硫化氫…………………………119,131,166
硫酸……………………………153,166
硫酸根離子……………………… 146
硫酸銅（Ⅱ）五水合物………… 183
硫酸鹽…………………………… 146
硫離子…………………………… 143
脫水反應………………………… 227
脫水作用………………………… 128
脫水縮合………………………… 243
脲嘧啶（U）…………………… 326
船形……………………………… 208
莫耳沸點上升…………………… 46
莫耳凝固點下降………………… 43
蛋白質…………………………… 315
蛋白質變性……………………… 319
透析……………………………… 54

酚醛樹脂⋯⋯⋯⋯⋯ 345,347
陰極⋯⋯⋯⋯⋯⋯⋯⋯ 102
陰離子交換樹脂⋯⋯⋯⋯ 352
陶瓷材料⋯⋯⋯⋯⋯⋯ 172
陶瓷器⋯⋯⋯⋯⋯⋯⋯ 172
鳥嘌呤（G）⋯⋯⋯⋯ 326
鹵化⋯⋯⋯⋯⋯⋯⋯⋯ 261
鹵化銀⋯⋯⋯⋯⋯⋯⋯ 184
鹵素⋯⋯⋯⋯⋯⋯⋯⋯ 160
麥芽糖⋯⋯⋯⋯⋯⋯⋯ 294
單位晶格⋯⋯⋯⋯⋯⋯⋯8
單原子分子⋯⋯⋯⋯⋯ 160
單斜硫⋯⋯⋯⋯⋯⋯⋯ 165
單醣⋯⋯⋯⋯⋯⋯⋯⋯ 288
單鍵⋯⋯⋯⋯⋯⋯⋯⋯ 201
單體⋯⋯⋯⋯⋯⋯⋯⋯ 330
富勒烯⋯⋯⋯⋯⋯⋯⋯ 169
幾何異構物⋯⋯⋯⋯⋯ 214
惰性氣體（稀有氣體）⋯⋯ 160
斐林試劑的還原反應
⋯⋯⋯⋯ 183,232,289,290
晶格⋯⋯⋯⋯⋯⋯⋯⋯⋯8
晶質⋯⋯⋯⋯⋯⋯⋯⋯ 174
最適pH值⋯⋯⋯⋯ 321,322
最適溫度⋯⋯⋯⋯⋯ 321,322
棕櫚酸⋯⋯⋯⋯⋯⋯⋯ 237
椅形⋯⋯⋯⋯⋯⋯⋯⋯ 208
植物纖維⋯⋯⋯⋯⋯⋯ 361
氮⋯⋯⋯⋯⋯ 127,166,320
氯⋯ 124,130,132,161,162,261
氯乙烯⋯⋯⋯⋯⋯ 220,332
氯丁二烯⋯⋯⋯⋯⋯⋯ 356
氯丁二烯橡膠⋯⋯⋯ 358,360
氯化物⋯⋯⋯⋯⋯⋯⋯ 142
氯化重氮苯⋯⋯⋯⋯⋯ 268
氯化氫⋯ 119,130,161,220
氯化鈉⋯⋯⋯⋯⋯ 17,153
氯化鈣⋯⋯⋯⋯ 135,136,191
氯化銫⋯⋯⋯⋯⋯⋯⋯ 18
氯苯⋯⋯⋯⋯⋯⋯ 261,265
氯離子⋯⋯⋯⋯⋯⋯⋯ 142
氰化氫⋯⋯⋯⋯⋯⋯⋯ 220
無電鍍⋯⋯⋯⋯⋯⋯⋯ 186
無機肥料⋯⋯⋯⋯⋯⋯ 168
無聲放電⋯⋯⋯⋯⋯⋯ 127
焰色反應⋯⋯⋯⋯⋯⋯ 149
發煙硫酸⋯⋯⋯⋯⋯⋯ 153
發酵酶⋯⋯⋯⋯⋯⋯⋯ 292
硝化⋯⋯⋯⋯⋯⋯⋯⋯ 261
硝化甘油⋯⋯⋯⋯⋯⋯ 245
硝基⋯⋯⋯⋯⋯⋯ 198,261
硝基苯⋯⋯⋯⋯ 261,267,282
硝酸⋯⋯⋯⋯⋯⋯ 151,245
硬水⋯⋯⋯⋯⋯⋯⋯⋯ 252
硬脂酸⋯⋯⋯⋯⋯⋯ 237,246

等電點⋯⋯⋯⋯⋯⋯⋯ 313
結構式⋯⋯⋯⋯⋯⋯⋯ 188
結構異構物⋯⋯ 205,240,260
絲⋯⋯⋯⋯⋯⋯⋯⋯⋯ 361
絲蛋白⋯⋯⋯⋯⋯⋯⋯ 361
絲膠蛋白⋯⋯⋯⋯⋯⋯ 361
萘⋯⋯⋯⋯⋯⋯⋯ 259,275
鈉⋯⋯⋯⋯⋯⋯⋯ 176,315
鈉鈣石灰玻璃⋯⋯⋯⋯ 174
鈉鈣玻璃⋯⋯⋯⋯⋯⋯ 174
鈍化⋯⋯⋯⋯⋯⋯ 179,182
鈣⋯⋯⋯⋯⋯⋯⋯ 177,315
鈣離子⋯⋯⋯ 145,146,148
開環聚合⋯⋯⋯⋯ 330,341
間（meta）⋯⋯⋯⋯⋯ 260
間苯二甲酸⋯⋯⋯⋯⋯ 274
陽極⋯⋯⋯⋯⋯⋯⋯⋯ 102
陽極處理⋯⋯⋯⋯⋯⋯ 180
陽離子交換膜⋯⋯⋯ 154,350
陽離子交換樹脂⋯⋯⋯ 348
順反異構物⋯⋯⋯⋯⋯ 214
順式⋯⋯⋯⋯⋯⋯ 214,238
黃銅⋯⋯⋯⋯⋯⋯⋯⋯ 184
黃磷⋯⋯⋯⋯⋯⋯⋯⋯ 168
催化劑⋯⋯⋯⋯ 72,79,125
塑膠⋯⋯⋯⋯⋯⋯⋯⋯ 342
填充率⋯⋯⋯⋯⋯⋯⋯ 12
奧士華法⋯⋯⋯⋯ 122,151
微胞⋯⋯⋯⋯⋯⋯⋯⋯ 250
極性溶劑⋯⋯⋯⋯⋯⋯ 36
溴⋯⋯⋯⋯⋯⋯⋯ 164,261
溴苯⋯⋯⋯⋯⋯⋯⋯⋯ 261
溶度積⋯⋯⋯⋯⋯⋯ 93,94
溶液⋯⋯⋯⋯⋯⋯⋯⋯ 36
溶解平衡⋯⋯⋯⋯⋯⋯ 92
溶解度⋯⋯⋯⋯⋯⋯⋯ 39
溶解度曲線⋯⋯⋯⋯⋯ 39
溶解熱⋯⋯⋯⋯⋯⋯⋯ 64
溶質⋯⋯⋯⋯⋯⋯⋯⋯ 36
溶劑⋯⋯⋯⋯⋯⋯⋯⋯ 36
硼矽酸鹽玻璃⋯⋯⋯⋯ 174
碘⋯⋯⋯⋯⋯⋯⋯⋯⋯ 164
碘仿⋯⋯⋯⋯⋯⋯⋯⋯ 234
碘仿反應⋯⋯⋯⋯ 234,242
碘與澱粉的反應⋯ 164,299,300
羥基⋯⋯⋯ 198,222,239,273
羧基酸⋯⋯⋯⋯⋯⋯⋯ 239
羧基⋯⋯ 198,235,238,239,273
羧酸⋯⋯⋯⋯ 225,235,243
腺嘌呤（A）⋯⋯⋯⋯ 326
葡萄糖⋯⋯⋯⋯⋯⋯⋯ 289
解離⋯⋯⋯⋯⋯⋯⋯⋯ 83
解離平衡⋯⋯⋯⋯⋯⋯ 83
解離度⋯⋯⋯⋯⋯⋯⋯ 83
解離常數⋯⋯⋯⋯⋯ 83,313

過冷⋯⋯⋯⋯⋯⋯⋯⋯ 44
過渡元素⋯⋯⋯⋯⋯ 111,182
過渡態⋯⋯⋯⋯⋯⋯⋯ 71
道耳吞分壓定律⋯⋯⋯ 26
酪胺酸⋯⋯⋯⋯⋯⋯⋯ 310
酮⋯⋯⋯⋯⋯⋯ 226,230,233
酮基⋯⋯⋯⋯⋯⋯⋯⋯ 198
酯⋯⋯⋯⋯⋯⋯⋯ 243,246
酯化⋯⋯⋯⋯⋯⋯ 243,273
酯鍵⋯⋯⋯⋯⋯⋯⋯⋯ 198
鉀⋯⋯⋯⋯⋯⋯⋯⋯⋯ 176
鉛⋯⋯⋯⋯⋯⋯⋯ 114,181
鉛（Ⅱ）離子⋯⋯ 142,146,147
鉛玻璃⋯⋯⋯⋯⋯⋯⋯ 175
鉛蓄電池⋯⋯⋯⋯⋯⋯ 101
電池⋯⋯⋯⋯⋯⋯⋯⋯ 98
電泳⋯⋯⋯⋯⋯⋯⋯⋯ 55
電流⋯⋯⋯⋯⋯⋯⋯⋯ 107
電動勢⋯⋯⋯⋯⋯⋯⋯ 98
電解⋯⋯⋯⋯⋯⋯ 102,153
電解精鍊⋯⋯⋯⋯⋯⋯ 156
電鍍⋯⋯⋯⋯⋯⋯⋯⋯ 186
飽和⋯⋯⋯⋯⋯⋯⋯⋯ 196
飽和脂肪酸⋯⋯ 235,236,237
媒糵⋯⋯⋯⋯⋯⋯⋯⋯ 362
實用電池⋯⋯⋯⋯⋯⋯ 101
實際氣體⋯⋯⋯⋯⋯⋯ 32
實驗式⋯⋯⋯⋯⋯ 188,190,193
對（para）⋯⋯⋯⋯⋯ 260
對苯二甲酸⋯⋯⋯ 274,339
對苯偶氮基苯酚⋯⋯⋯ 269
對羥偶氮苯⋯⋯⋯⋯⋯ 269
摺板結構⋯⋯⋯⋯⋯⋯ 317
滲透⋯⋯⋯⋯⋯⋯⋯⋯ 47
滲透壓⋯⋯⋯⋯⋯⋯⋯ 47
漂白作用⋯⋯⋯⋯ 132,161
漂白粉⋯⋯⋯⋯⋯⋯⋯ 163
熔化曲線⋯⋯⋯⋯⋯⋯ 30
熔化熱⋯⋯⋯⋯⋯⋯ 60,64
熔鹽電解⋯⋯⋯⋯ 106,157
碳⋯⋯⋯⋯⋯⋯⋯⋯⋯ 169
碳水化合物⋯⋯⋯⋯⋯ 288
碳氫化合物⋯⋯⋯⋯⋯ 195
碳酸根離子⋯⋯⋯⋯⋯ 145
碳酸鈉⋯⋯⋯⋯⋯⋯⋯ 155
碳酸鹽⋯⋯⋯⋯⋯⋯⋯ 145
精密陶瓷材料⋯⋯⋯⋯ 175
精製漂白粉⋯⋯⋯⋯⋯ 163
維尼綸⋯⋯⋯⋯⋯⋯ 333,363
維生素⋯⋯⋯⋯⋯⋯⋯ 323
聚乙烯（PE）⋯⋯⋯⋯ 331
聚乙烯醇⋯⋯⋯⋯⋯⋯ 333
聚乙醇酸⋯⋯⋯⋯⋯⋯ 354
聚丙烯（PP）⋯⋯⋯⋯ 332
聚丙烯腈⋯⋯⋯⋯⋯ 332,363

聚丙烯腈纖維 …………… 332,363
聚丙烯酸鈉 ……………… 353
聚四氟乙烯（PTFE） …… 334
聚合物 …………………… 330
聚乳酸 …………………… 354
聚苯乙烯（PS） ………… 334
聚核苷酸 ………………… 324
聚異戊二烯 ……………… 357
聚氯乙烯（PVC） ……… 332
聚酯 ……………… 276,354,363
聚對苯二甲酸乙二酯（PET）
　　　　　……… 276,339,363
聚醋酸乙烯酯（PVAc） … 333
聚醯胺 ……………… 353,363
蒸氣壓 …………………… 27
蒸氣壓下降 ……………… 45
蒸氣壓曲線 ……………… 28,30
赫斯定律 ………………… 65
輔酶 ……………………… 323
酵素 ……………… 248,321
酸性氧化物 …………… 112,113
酸性胺基酸 ……………… 309
酸酐 ……………… 239,275
鉻 ………………………… 182
鉻酸根離子 ……………… 146
鉻酸鹽 …………………… 146
銀 ………………………… 184
銀氨溶液 ………………… 233
銀離子 …………… 139,142,146
銀鏡反應 ……… 232,233,289,290
銅 ………………………… 183
銅（Ⅱ）離子 …………… 141
銅綠 ……………………… 183
價數 ……………………… 56
潮解性 …………………… 136,176
熟石膏 …………………… 146
熱化學方程式 …………… 59
熱固性塑膠 ……………… 344
熱塑性塑膠 ……………… 342
緩衝液 …………………… 90
羰基 ……………… 198,230
羰基化合物 ……………… 230
膠狀硫 …………………… 165
膠體 ……………………… 51
膠體粒子 ………………… 51
膠體溶液 ………………… 51
蔗糖 ……………………… 295
複合蛋白質 ……………… 319
複鹽 ……………………… 180
質量作用定律 …………… 80
質量莫耳濃度 …………… 39
鄰（ortho） …………… 260
鄰苯二甲酸 ……………… 274,275
鄰苯二甲酸酐 …………… 274,275
醇 ………………… 222,243

醇的氧化 ………………… 225
醋酸 ……… 189,220,225,231,239
醋酸酐 …………… 239,268,273
醋酸鈣 …………………… 233
醋酸纖維 ………………… 363
鋁 ………………… 114,156,179
鋁土礦 …………………… 156
鋁熱反應 ………………… 180
鋁熱劑 …………………… 180
鋁離子 …………………… 138
鋅 ………………… 114,178
鋅離子 …………………… 138
銀離子 …………… 145,146,147
鋰電池 …………………… 100,101
鋰離子電池 ……………… 100,101
麩胺酸 …………………… 309,314

16～20劃

凝固點下降 ……………… 42
凝固點下降度 …………… 42
凝析 ……………………… 52
橡膠 ……………………… 356
澱粉 ……………………… 298
濃度平衡常數 …………… 80
濃硫酸 …………………… 135,136
燃料電池 ………………… 101
燃燒熱 …………………… 61,64
糖 ………………… 324,325
糖苷鍵 …………………… 294
膳食纖維 ………………… 305
螢石 ……………………… 119
親水基 …………………… 250
親水膠體 ………………… 51
錫 ………………… 114,181
錯離子 …………………… 147
錳 ………………………… 182
錳乾電池 ………………… 101
鍺 ………………………… 181
儲氫合金 ………………… 185
壓力平衡常數 …………… 80
環己烷 …………… 208,262
環狀 ……………………… 196
環狀不飽和碳氫化合物 …… 257
環狀結構 ………………… 291
環狀飽和碳氫化合物 …… 208
環烯 ……………………… 213
環烷 ……………………… 208
磷 ………………… 168,315
磷酸 ……………………… 324
磺化 ……………………… 261
磺酸基 …………… 198,261,348
縮合 ……………………… 335
縮合聚合 ………… 276,330,335
總壓 ……………………… 25
臨界點 …………………… 31
薑黃反應 ………………… 320
螺旋狀結構 ……………… 317
螺旋結構 ………………… 298,299
還原反應 ………… 98,102
醚 ………………… 222,228
醚鍵 ……………… 198,228
醛 ………………… 225,230,233
醛基 ……………… 198,230,291
醣蛋白 …………………… 319
醣類 ……………………… 288
鍍層 ……………………… 186
鍍鋅鋼瓦 ………………… 186
鎂 ………………… 177,315
擴散 ……………………… 37
簡單蛋白質 ……………… 319
轉化糖 …………………… 296

醯胺···································· 267
醯胺鍵······························ 198,267
鎘···································· 179
鎳鉻合金···························· 185
鎳鎘電池·························100,101
雙性離子···························· 312
雙肽································ 316
雙硫鍵································ 318
雙縮脲試劑反應···················· 320
雙螺旋結構·················· 327,328
雙醣································ 294
雙鍵································ 209
離子化傾向························· 144
離子交換膜法····················· 154
離子交換樹脂····················· 348
離胺酸··························· 309,314
蟻酸·······················231,236,237
鏈狀······························· 196
鏈狀不飽和碳氫化合物··· 209,219
鏈狀結構······················· 289,291
鏈狀羧酸························· 236
鏈狀飽和碳氫化合物············ 201
鏡像異構物·················· 239,240
礬土·····························157,180

21～25劃

纈胺酸····························· 310
鐵···································182,315
鐵（Ⅱ）離子····················· 140
鐵（Ⅲ）離子····················· 140
纖維二糖·························· 305
纖維二糖酶························ 305
纖維狀蛋白質····················· 318
纖維素···················302,361,362
纖維素酶·························· 305
變性······························· 319
體心立方晶格····················· 8,12
鹼土金屬·························· 177
鹼石灰···························136,191
鹼性氧化物························ 112
鹼性胺基酸······················· 309
鹼金屬···························· 176
鹼基······························· 324,326
鹼熔······························· 265
鹽析································· 51

27劃

鑽石································· 169

著者

二見太郎

考入東京大學理科三類，醫學部醫學科畢業。

曾於大型補習班擔任約20年的化學科講師

（後10年以線上授課為主），2007年

獨自成立網路補習班「二見總研」。

除了化學以外，也會教導其他理組學科的重要概念。

上過他的課後，其他科的成績也會跟著提升，因而備受好評。

另外，在他還是考生的時候就很擅長計算。

所以在說明化學的計算題時，一定會提到數值的概算步驟，

廣受前段考生的支持。

他還會「引導學生們思考」需記憶的項目，

讓這些內容變得更為精簡，

所以初學者也很喜歡他上的課。

二見總研首頁

http://www.futamisouken.com/

Staff List

書籍設計	插畫
五味朋代（株式會社Phrase）	サタケシュンスケ
企畫編輯	編輯協力
小椋惠梨	秋下幸惠　石割とも子　渡辺泰葉
DTP	校正
株式會社四國寫研	福森美惠子　佐々木貴浩　鈴木康通　出口明憲
圖版製作	
有限會社熊ART　株式會社ART工房	

Futami Taro no Hayawakari Kagaku（Kagaku Kiso + Kagaku）
©Taro Futami/Gakken
First published in Japan 2020 by Gakken Plus Co., Ltd., Tokyo
Traditional Chinese translation rights arranged with Gakken Plus Co., Ltd.

國家圖書館出版品預行編目資料

高中化學：重點整理、有效學習!/二見太
　郎著；陳朕疆譯. -- 初版. -- 臺北市：臺
灣東販股份有限公司, 2021.01
372面；14.8×21公分
ISBN 978-986-511-544-9(平裝)

1.化學 2.中等教育

524.36　　　　　　109017054

重點整理、有效學習！
高中化學

2021年 1 月 1 日初版第一刷發行
2023年10月15日初版第四刷發行

著　　　者　　二見太郎
譯　　　者　　陳朕疆
編　　　輯　　劉晧如
美 術 編 輯　　竇元玉
發 行 人　　若森稔雄
發 行 所　　台灣東販股份有限公司
　　　　　　　＜地址＞台北市南京東路4段130號2F-1
　　　　　　　＜電話＞(02)2577-8878
　　　　　　　＜傳真＞(02)2577-8896
　　　　　　　＜網址＞http://www.tohan.com.tw
郵 撥 帳 號　　1405049-4
法 律 顧 問　　蕭雄淋律師
總 經 銷　　聯合發行股份有限公司
　　　　　　　＜電話＞(02)2917-8022

TOHAN